跨文化交际与
大学英语教学研究

岳 进 孙祝斌 韩 双 ◎ 著

时代文艺出版社
SHIDAI WENYI CHUBANSHE

图书在版编目（CIP）数据

跨文化交际与大学英语教学研究 / 岳进, 孙祝斌, 韩双著. -- 长春：时代文艺出版社, 2024.8. -- ISBN 978-7-5387-7595-2

Ⅰ.H319.3

中国国家版本馆CIP数据核字第2024C8Q734号

跨文化交际与大学英语教学研究
KUA WENHUA JIAOJI YU DAXUE YINGYU JIAOXUE YANJIU

岳　进　孙祝斌　韩　双　著

| 出 品 人：吴　刚 |
| 责任编辑：王　琦 |
| 装帧设计：文　树 |
| 排版制作：隋淑凤 |

出版发行：时代文艺出版社
地　　址：长春市福祉大路5788号　龙腾国际大厦A座15层（130118）
电　　话：0431-81629751（总编办）　0431-81629758（发行部）
官方微博：weibo.com/tlapress
开　　本：710mm×1000mm　1/16
印　　张：18.5
字　　数：266千字
印　　刷：廊坊市广阳区九洲印刷厂
版　　次：2024年8月第1版
印　　次：2024年8月第1次印刷
书　　号：ISBN 978-7-5387-7595-2
定　　价：86.00元

图书如有印装错误　请与印厂联系调换　（电话：0316-2910469）

前　言

在全球化的背景下，跨文化交际能力显得尤为重要。随着国际交流的日益频繁，不仅要求大学生具备扎实的专业知识，更需要他们拥有良好的跨文化交际能力，以适应多元文化的工作环境和国际合作的挑战。大学英语教学作为高等教育体系中的重要环节，肩负着培养学生英语应用能力和跨文化交际能力的重要任务。因此，深入研究跨文化交际与大学英语教学的关系，对于提升大学生的国际竞争力具有深远的影响。

跨文化交际，简而言之，就是不同文化背景的人们在交际过程中，通过语言、符号等交流工具来传递信息、沟通思想的行为。在大学英语教学中融入跨文化交际的内容，不仅可以帮助学生更好地理解和掌握英语语言，还能培养他们在国际交流中所需的文化敏感性和适应性。然而，当前大学英语教学在跨文化交际方面的培养还存在诸多不足，如教材内容单一、教学方法陈旧、缺乏真实的跨文化交际环境等，这些问题制约了学生跨文化交际能力的提升。

今天，大学英语教学的目标已不仅仅是传授语言知识，更重要的是培养学生的综合素质，特别是跨文化交际能力。这种能力的培养需要多方面的努力，包括教材内容的更新、教学方法的创新、教师自身素质的提升等。鉴于此，本研究旨在将跨文化交际与大学英语教学的紧密结合，分析当前教学中存在的问题，并提出切实可行的改进策略。作者将从多个维度出发，包括教材编写、教学方法创新、教师队伍建设等方面，力求构建一个全面、系统的跨文化交际能力培养体系。通过该项研究，期望能够对大学英语教学改革提出一些建议，使其更加符合全球化背景下的人才培养需求。

目　录

第一章　跨文化交际概述

　　第一节　跨文化交际的定义与特点 ……………………………… 001
　　第二节　跨文化交际的历史与发展 ……………………………… 004
　　第三节　跨文化交际的重要性 …………………………………… 011
　　第四节　跨文化交际中的文化差异 ……………………………… 017
　　第五节　跨文化交际的障碍与对策 ……………………………… 024

第二章　跨文化交际在英语教学中的体现

　　第一节　跨文化交际在英语教学中的体现 ……………………… 030
　　第二节　大学英语教学中的文化导入 …………………………… 036
　　第三节　跨文化交际能力的培养策略 …………………………… 041
　　第四节　大学英语教材中的跨文化交际内容 …………………… 051

第三章　跨文化交际中的语言教学

　　第一节　跨文化交际中的语言交际技巧 ………………………… 056
　　第二节　语言教学中的文化敏感性培养 ………………………… 063
　　第三节　英语教学中的语用失误与对策 ………………………… 071

第四节　跨文化交际中的语言策略 …………………………… 079

第五节　英语习语与俚语的文化内涵教学 …………………… 087

第四章　跨文化交际中的非语言交际

第一节　非语言交际的分类 …………………………………… 096

第二节　体态语在跨文化交际中的运用 ……………………… 100

第三节　跨文化交际中的时间观念与空间观念 ……………… 108

第四节　服饰与饮食文化在跨文化交际中的体现 …………… 114

第五节　跨文化交际中的礼仪与习俗 ………………………… 122

第六节　非语言交际的教学实践与策略 ……………………… 130

第五章　跨文化交际中的文化冲突与适应

第一节　文化冲突的产生与原因 ……………………………… 139

第二节　文化适应的过程与策略 ……………………………… 145

第三节　跨文化交际中的文化休克现象 ……………………… 153

第四节　培养学生的跨文化适应能力 ………………………… 160

第五节　文化适应与大学英语教学 …………………………… 168

第六章　跨文化交际能力的培养与实践

第一节　跨文化交际能力的构成 ……………………………… 174

第二节　大学英语教学中跨文化交际能力的培养途径 ……… 182

第三节　实践活动中的跨文化交际 …………………………… 189

第四节　跨文化交际能力与英语综合应用能力的提升 ……… 197

第七章　跨文化交际与英语听说读写教学

第一节　跨文化交际在英语听力教学中的运用 ……………… 204

第二节　口语教学中的跨文化交际技巧 ……………………… 213

第三节　跨文化交际与英语阅读理解的深化 ………………… 220

第四节　英语写作中的跨文化意识培养 …………………… 225
第五节　跨文化交际与英语翻译的准确性 …………………… 232
第六节　听说读写教学中跨文化交际的综合应用 …………… 240

第八章　跨文化交际与英语教学评价

第一节　跨文化交际在英语教学评价中的地位 ……………… 249
第二节　英语教学评价中的文化因素考量 …………………… 256
第三节　跨文化交际能力的评价标准与方法 ………………… 264
第四节　文化适应与英语教学评价的关联 …………………… 272
第五节　跨义化交际视角下的英语教学评价体系构建 ……… 276

参考文献 ……………………………………………………………… 285

第一章　跨文化交际概述

第一节　跨文化交际的定义与特点

一、跨文化交际的基本定义

在全球化的背景下，跨文化交际日益成为国际交流的重要组成部分。它不仅仅涉及到语言沟通，更涵盖了文化理解、价值观认同、行为习惯等多个方面。

（一）跨文化交际的基本定义

跨文化交际（Intercultural Communication）是指来自不同文化背景的人们之间的交际。这种交际不仅包括口头和书面的语言交流，还涵盖了非语言交流，如肢体语言、面部表情、穿着打扮等。在跨文化交际中，交际双方的文化背景、价值观、风俗习惯等都可能成为影响交际效果的重要因素。

（二）跨文化交际的多维度探讨

文化差异是跨文化交际中最为显著的特点。不同的文化背景下，人们的思维方式、行为习惯、价值观等都会有所不同。因此，在跨文化交际中，我们需要认识到这些差异，并学会从对方的角度出发，理解对方的言行举止。同时，我们也需要尊重并接纳这些差异，以促进双方之间的和谐交流。语言沟通是跨文化交际中最直接、最常见的交流方式。然而，由于不同文化背景下的语言习惯和表达方式存在差异，因此我们需要提高自己的语言表达能力，用对方能够理解的语言进行沟通。此外，非语言沟通在跨文化交际中也具有重要的作用。肢体语言、面部表情、穿着打扮等都可能传递出重要的信息。因此，我们需要关注非语言沟通的方式和技巧，更好地理解对方，表达自己。

跨文化适应是跨文化交际中的重要能力。在跨文化交际中，我们需要适应不同的文化环境，包括语言、饮食、生活习惯等方面。同时，我们也需要学会处理跨文化冲突。当交际中出现误解和冲突时，我们需要冷静分析原因，并寻求合适的解决方案。这不仅可以化解冲突，还可以增进双方之间的理解和信任。

（三）跨文化交际在国际社会中的作用

跨文化交际是国际交流与合作的重要基础。通过跨文化交际，不同国家、不同民族的人们可以更好地理解彼此的文化和价值观，增进相互之间的了解和信任，有助于促进国际交流与合作，推动全球化进程的发展。跨文化交际有助于增进文化多样性和包容性。在跨文化交际中，我们可以接触到不同的文化元素和思想观念，了解不同文化背景下的生活方式和价值观。这有助于我们拓宽视野，增强对不同文化的理解和尊重，有助于我们形成更加包容的心态。

跨文化交际对于个人的成长与发展也具有重要意义。通过跨文化交际，我们可以提高自己的跨文化意识和跨文化能力，增强自己的综合素质。同时，跨文化交际也有助于我们拓展人脉资源，结识不同文化背景的朋友和合作伙伴，为个人的事业发展和人生规划提供更多的机会和可能性。

二、跨文化交际的主要特点

跨文化交际的首要特点就是复杂性。这种复杂性源于不同文化之间的差异和多样性。每个文化都有其独特的价值观、习惯和行为规范，这些差异在跨文化交际中往往成为潜在的障碍。因此，跨文化交际需要参与者具备高度的文化敏感性和跨文化意识，能够理解和尊重不同文化的差异，并灵活应对各种文化冲突。在跨文化交际中，非语言交流的重要性不容忽视，它们往往能够传递出比语言更为丰富和复杂的信息。由于不同文化背景下的非语言交流方式可能存在差异，因此，在跨文化交际中，我们需要特别关注非语言交流的方式和技巧，以避免因误解而导致的交流障碍。

文化适应是跨文化交际中的一个重要过程。在跨文化交际中，参与者需要适应不同的文化环境，包括语言、饮食、生活习惯等方面。这种适应过程需要参与者具备开放的心态和灵活的思维，能够主动融入新的文化环境，并学会用新的文化视角看待问题。同时，文化适应也涉及到身份认同的问题。在跨文化交际中，参与者需要思考自己的身份和文化归属，以及如何在新的文化环境中保持自己的文化特色和身份认同。

跨文化冲突也是跨文化交际中不可避免的问题。但是跨文化冲突并非只有负面影响，它也可以成为推动文化交流和文化融合的动力。在跨文化交际中，我们需要学会妥善处理跨文化冲突，通过沟通和协商等方式解决分歧和矛盾。

在全球化背景下，跨文化交际能力已经成为个人和组织成功的关键因素之一。具备跨文化交际能力的人能够更好地适应不同的文化环境，与不同文化背景的人进行有效的沟通和合作，从而在国际舞台上取得更大的成功。

跨文化交际作为国际交流的重要形式，具有复杂性、非语言交流的重要性、价值观的差异与冲突、语言障碍与语言选择、文化适应与身份认同、跨文化冲突与解决以及跨文化交际能力的重要性等特点。这些特点使跨文化交际既充满挑战又充满机遇。因此，我们需要不断提高自己的跨文化意识和跨文化能力，以更好地适应全球化进程的发展并推动国际交流与合作。同时，我们也需要关注跨文化交际中的文化多样性和包容性，尊重不同文化的差异和特色，推动不同文化之间的交流。

第二节　跨文化交际的历史与发展

一、早期跨文化交际的雏形与背景

跨文化交际，作为一种涉及不同文化背景的人们之间交流的行为，其历史可追溯至人类社会的早期。从最初的部落间交换到后来的国际贸易、宗教传播和文化交流，跨文化交际的雏形在不同历史时期、不同地域背景下逐渐显现。

（一）早期跨文化交际的雏形

在人类社会的早期，由于生产力水平低下，部落之间的物质交换成为了一种常见的交际方式。这种交换不仅满足了部落对稀缺资源的需求，也促进了部落间的联系。同时，在古代的亚欧大陆，丝绸之路的开辟也为东西方之间的物质交换和文化交流提供了重要途径。这种物质交换虽然是出于生存和发展的实际需要，但其背后的文化碰撞与融合也为跨文化交际的萌芽奠定了基础。

随着生产力的发展，贸易与商业活动兴起，成为跨文化交际的重要驱动力。在古代，丝绸之路、海上丝绸之路等贸易路线为东西方之间的商品交换和文化交流提供重要通道。这些贸易活动不仅促进了经济的发展，也推动了文化的交流与融合。例如，中国的丝绸、瓷器等商品通过丝绸之路传至欧洲，为欧洲文化带来了新的元素；同时，欧洲的科技、文化等也通过贸易活动传入中国，促进了中西文化的交流与融合。

（二）早期跨文化交际的背景

地理环境的多样性是早期跨文化交际产生的重要背景之一。不同的地理环境孕育了不同的文化形态，形成了各具特色的文化景观。例如，亚欧大陆的东西两端分别孕育了东方文化和西方文化；非洲大陆则孕育了独特的非洲文化。这些不同的文化形态在地理位置上的相邻或隔绝，为跨文化交际的产生提供了可能性和必要性。社会制度的差异也是早期跨文化交际产生的重要背景之一。不同的社会制度孕育了不同的价值观念、行为规范和文化传统。这些文化传统上的差异在跨文化交际中往往成为潜在的障碍和冲突点，但同时也为跨文化交际提供了更多的探讨和研究的空间。

科技的进步和交通工具的发展为早期跨文化交际提供了更为便捷和高效的手段。在古代，由于交通不便、信息不畅，跨文化交际往往受到很大的限制。然而，随着科技的进步和交通工具的发展，人们可以更加便捷地跨越地理障碍，进行跨文化交际。例如，航海技术的发展使得人们可以通过海上丝绸之路进行跨国贸易和文化交流；火车、汽车等交通工具的出现则使得人们可以更加快速地穿越陆地边境进行交往。科技的发展不仅推动了经济的繁荣和文化的交流，也为跨文化交际的兴起提供了重要支持。

人类的探索精神和好奇心是推动早期跨文化交际产生的重要动力之一。自古以来，人类就有着探索未知、追求真理的冲动和愿望。这种探索精神和好奇心促使人们不断地跨越地理和文化障碍，与不同文化背景的人们进行交流和互动。例如，古代的探险家们通过长途跋涉、翻山越岭等方式探索未知的地域和文化；现代的旅行者则通过旅游、留学等方式亲身体验不同文化的魅力。这种探索精神和好奇心不仅丰富了人们的视野和经历，也为跨文化交际的兴起提供了动力。

二、跨文化交际理论的逐步成熟

跨文化交际，作为一个复杂而又充满挑战的领域，随着全球化的深入推进，其重要性日益凸显。跨文化交际理论作为指导人们在不同文化背景下进行有效交流的理论基础，其发展历程也经历了从萌芽到逐步成熟的过程。

（一）跨文化交际理论的萌芽阶段

跨文化交际理论的萌芽阶段可以追溯到古代文明时期。在古代，不同民族、不同国家之间的交往就已经开始了，虽然这些交往受限于地理、政治等因素，但已经孕育了跨文化交际的雏形。在这一阶段，人们对于文化差异的认知还较为模糊，对于如何在不同文化背景下进行有效交流也缺乏深入的思考。然而，正是这些早期的交往实践，为跨文化交际理论的萌芽奠定了基础。

（二）跨文化交际理论的启动阶段

随着近代工业革命的兴起和全球化的初步发展，不同文化之间的交往日益频繁，跨文化交际的需求也日益迫切。在这一背景下，跨文化交际理论开始进入启动阶段。在这一阶段，人们开始关注文化差异对交流的影响，并尝试通过语言学、心理学、社会学等学科理论来探讨跨文化交际的规律和方法。这些研究虽然还不够深入和全面，但为跨文化交际理论的进一步发展奠定了基础。

（三）跨文化交际理论的加速阶段

20世纪70年代，随着全球化进程的加快和跨文化交流的日益频繁，跨文化交际理论进入了加速阶段。在这一阶段，跨文化交际学作为一门独立的学科得以确立，并吸引了越来越多的学者参与研究。同时，随着心理学、社会学、传播学等相关学科的发展，跨文化交际理论也进一步地丰富和完善。在这一时期，一些重要的理论著作和学术成果相继问世，如爱德华·霍尔的《无声的语言》等，这些著作不仅为跨文化交际理论的发展提供了重要的理论基础，也为实践中的跨文化交际提供了有效的指导。

（四）跨文化交际理论的成熟阶段

进入21世纪后，随着全球化的深入推进和信息技术的发展，跨文化交际理论进入了成熟阶段。在这一阶段，跨文化交际理论已经形成了一个相对完整的体系，涵盖了文化认知、文化适应、跨文化沟通等多个方面。同时，随着国际交往的日益频繁，跨文化交际理论也面临着新的挑战和机遇。在这一背景下，跨文化交际理论不断吸收其他学科的理论成果和实践经验，形成了更加全面、深入和系统的理论体系。

在成熟阶段，跨文化交际理论的研究重点逐渐从理论构建转向实践应用。学者们开始关注如何在不同文化背景下进行有效的跨文化交际，并探索了一系列实用的方法和技巧。例如，在跨文化交际中，如何克服语言障碍、如何理解并尊重对方的文化习俗、如何避免文化冲突等问题成为研究的重点。同时，随着信息技术的发展，网络跨文化交际也成为了新的研究领域。学者们开始探讨如何利用互联网等新媒体平台进行有效的跨文化交际，以及如何在网络环境中处理文化差异和冲突等问题。

此外，在成熟阶段，跨文化交际理论还面临着一些新的挑战和问题。例如，随着全球化的深入推进，不同文化之间的交流和融合日益加深，但同时也带来了文化同质化的问题。如何在保持文化多样性的同时促进不同文化之间的交流和融合成为了一个重要的议题。同时，随着全球人口流动的加剧和多元社会文化的形成，跨文化交际中的文化适应问题也日益凸显。如何帮助人们更好地适应新的文化环境、克服文化冲突和焦虑等问题成为新的研究重点。

三、全球化背景下跨文化交际的加速发展

在全球化的背景下，各国之间的经济、政治、文化交流日益频繁，跨文化交际作为连接不同文化背景的桥梁，其重要性愈发凸显。随着全球化的深入推进，跨文化交际不仅在广度和深度上实现了快速发展，而且在形式和内容上也呈现出多样化的趋势。

（一）全球化对跨文化交际的推动作用

经济全球化是全球化背景下最为显著的特征之一，它促进了各国之间

的经济合作与贸易往来。随着跨国公司的兴起和国际贸易的繁荣，不同文化背景的人们需要在工作中频繁交流，这就为跨文化交际提供了广阔的空间。同时，经济全球化也促进了资源的全球配置，使得各国之间的文化交流和融合更加紧密。

信息技术的飞速发展极大地推动了跨文化交际的发展。互联网、社交媒体等新媒体平台的普及，使得人们可以随时随地获取世界各地的信息，了解不同文化的风俗习惯、价值观念等。这种信息的快速传播和共享，不仅拓宽了人们的视野，也促进了不同文化之间的交流和融合。此外，信息技术的发展还使远程沟通成为可能，人们可以通过视频会议、在线聊天等方式进行跨文化交际，进一步推动了跨文化交际的普及和发展。

在全球化的背景下，文化多样性成为人们追求的重要目标。不同文化之间的交流和融合不仅可以丰富人们的文化体验，还可以促进文化的创新和发展。因此，人们对于跨文化交际的需求也日益增加。这种需求推动了跨文化交际理论的研究和实践的深入发展，使得跨文化交际成为了一个热门的研究领域。

（二）跨文化交际加速发展的表现

在全球化的背景下，跨文化交流活动日益增多。各种国际会议、展览、文化节等活动频繁举办，吸引了来自世界各地的参与者。这些活动不仅为人们提供了了解不同文化的机会，也促进了不同文化之间的交流和融合。此外，随着旅游业的发展，越来越多的人选择到异国他乡旅游，亲身体验不同文化的魅力，这也为跨文化交际提供了更多的实践机会。在全球化的背景下，跨文化教育也逐渐普及。越来越多的学校和教育机构开始重视跨文化教育，将其纳入课程体系中。通过跨文化教育，学生们可以了解不同文化的历史、传统、价值观念等，培养他们的跨文化意识和跨文化交际能力。这种教育的普及不仅有助于培养具有国际视野的人才，也有助于推动不同文化之间的交流和融合。

在全球化的背景下，跨文化沟通技巧也得到了提升。人们开始意识到在不同文化背景下进行有效沟通的重要性，并积极学习相关的沟通技巧和方法。例如，在商务沟通中，人们需要了解不同文化背景下的商务礼仪和谈判风格；在旅游中，人们需要了解当地的文化习俗和禁忌等。沟通技巧的提升有助于人们更好地适应不同文化环境，促进跨文化交流的有效进行。

（三）跨文化交际加速发展的影响

跨文化交际的加速发展促进了不同文化之间的融合与创新。通过跨文化交流，人们可以了解不同文化的特点，从而推动文化的创新和发展。同时，文化融合也有助于减少文化冲突和误解，增进不同文化之间的理解和尊重。在全球化的背景下，跨文化交际能力已经成为企业和个人竞争力的重要组成部分。拥有跨文化交际能力的人可以更好地适应全球化的发展趋势，更好地参与国际竞争。同时，企业也需要具备跨文化交际能力，才能更好地拓展国际市场，应对国际竞争。

跨文化交际的加速发展对于社会进步与发展具有重要意义。通过跨文化交际，人们可以了解不同国家的发展经验和教训，从而为本国的发展提供借鉴和启示。同时，跨文化交流也有助于推动全球治理体系的完善和发展，为构建人类命运共同体提供有力支持。

四、当代跨文化交际的新趋势与挑战

在全球化的背景下，跨文化交际作为连接不同文化背景个体和群体的桥梁，其重要性愈发显著。随着科技、经济、政治的快速发展，跨文化交际展现出新的趋势，同时也面临着前所未有的挑战。

（一）当代跨文化交际的新趋势

随着互联网和移动通信技术的普及，数字化与网络化已成为当代跨文化交际的新趋势。社交媒体、即时通讯工具、在线教育平台等数字化工具使得跨文化交际更加便捷、高效。人们可以随时随地与来自不同文化背景的人进行交流和互动，这极大地拓宽了跨文化交际的广度和深度。在全球化的推动下，文化多样性逐渐成为当代跨文化交际的显著特征，人们开始更加尊重和欣赏不同文化的独特性和价值，这有助于减少文化冲突和误解，增进不同文化下人们之间的理解和友谊。

随着全球化的深入发展，跨文化教育逐渐普及。这不仅有助于培养具有国际视野的人才，也有助于推动不同文化之间的交流和融合。在全球化的经济背景下，跨国公司和国际贸易的繁荣促进了跨文化商务活动的增加。企业需要在不同文化背景的市场中开展业务，与来自不同文化背景的合作伙伴和客户进行交流和合作。这要求企业具备跨文化交际能力，以应对不同文化背景下的商业挑战。

（二）当代跨文化交际面临的挑战

尽管全球化促进了文化多样性和包容性，但不同文化之间的差异仍然存在。在跨文化交际中，由于文化差异导致的文化冲突和误解时有发生。这可能导致交流障碍、合作困难甚至冲突升级。因此，如何有效应对文化冲突和误解是当代跨文化交际面临的重要挑战之一。语言是跨文化交际的重要工具，但不同文化背景下的语言差异可能导致交流障碍。尽管英语等通用语言在全球范围内广泛应用，但并非所有人都能熟练掌握这些通用语言。此外，即使掌握了通用语言，也可能因为口音、词汇、语法等方面的差异而导致交流困难。因此，如何克服语言障碍是当代跨文化交际面临的挑战之一。

在跨文化交际中，文化适应是一个重要的问题。不同文化背景下的个体需要适应新的文化环境，包括价值观念、行为习惯、社交规范等。然而，由于文化差异的存在，个体在适应新文化环境时可能面临困难和挑战。例如，不同文化背景下的商务礼仪、谈判风格等可能存在差异，这可能影响商务活动的顺利进行。因此，如何帮助个体更好地适应新文化环境是当代跨文化交际面临的又一重要挑战。

在数字化与网络化的跨文化交际中，网络安全和隐私保护成为重要问题。互联网和移动通信技术的发展使得个人信息和数据容易被泄露和滥用。在跨文化交际中，人们需要分享个人的信息和数据进行交流和合作，但这也可能带来网络安全和隐私保护的风险。因此，如何保障网络安全和隐私保护是当代跨文化交际面临的又一挑战。

（三）应对策略

在跨文化交际中，增强跨文化意识是应对挑战的关键。只有增强了跨文化意识，在跨文化交际保持较高的敏感性，才能克服跨文化交际中遇到的障碍。

在跨文化交际中，提供文化支持是帮助个体适应新文化环境的重要措施。企业、学校等机构可以为个体提供文化适应培训、心理咨询等服务，以帮助他们更好地适应新的文化环境。此外，个体也可以通过自我学习、参与社交活动等方式提高文化适应能力。

在数字化与网络化的跨文化交际中，加强网络安全与隐私保护是保障个体信息安全的重要措施。个体需要提高网络安全意识，避免在互联网上泄露个人信息和数据。同时，政府和企业也需要加强网络安全管理和监管，以保障个体信息安全和隐私保护。

第三节　跨文化交际的重要性

一、跨文化交际促进国际间的理解与合作

随着全球化的深入发展，国际间的交流与合作日益频繁，而跨文化交际作为连接不同文化背景的桥梁，在促进国际间的理解与合作中发挥着举

足轻重的作用。跨文化交际不仅有助于消除文化误解和偏见，还能增进各国人民之间的友谊和互信，为国际关系的和谐发展提供有力支持。

（一）跨文化交际的重要性

跨文化交际的重要性主要体现在以下几个方面：

1. 增进文化理解：跨文化交际有助于人们深入了解不同文化的历史、习俗等，从而增进对彼此文化的理解和尊重。增进文化理解是消除文化偏见和误解的基础，也是促进国际间友好关系的关键。

2. 加强国际合作：在国际事务中，各国之间的合作往往需要跨越文化障碍。通过跨文化交际，各国人民可以更好地理解彼此的利益诉求和文化背景，从而在合作中更加顺畅地沟通和协商。基于文化理解的合作会更加稳固和持久，有助于推动国际事务的解决和发展。

3. 促进文化交流与传播：跨文化交际不仅有助于增进文化理解，还能促进文化的交流与传播。通过文化交流活动，不同文化之间的独特魅力和价值得以展现和传播，有助于丰富人们的文化生活和促进文化的多样性。

（二）跨文化交际促进国际间理解与合作的具体实践

教育领域是跨文化交际的重要阵地。在学校教育中，应加强对学生的跨文化教育，培养他们的跨文化意识和跨文化交际能力。通过课程设置、教学实践等方式，让学生了解不同文化的历史、习俗、价值观念等，提高他们的文化敏感性和文化适应能力。同时，学校还应鼓励学生参与国际交流项目，让他们亲身体验不同文化背景下的生活和学习氛围，增进对国际社会的了解和认识。

商业领域是跨文化交际的重要应用领域。在国际商务活动中，企业需要面对来自不同文化背景的客户、合作伙伴和竞争对手。为了在国际市场上取得成功，企业必须具备跨文化交际能力，以更好地了解客户的需求和期望，建立稳固的合作关系，应对竞争对手的挑战。同时，企业还应注重培养员工的跨文化意识，使他们能够在国际商务活动中更加自如地沟通和交流。

二、跨文化交际可以提升全球化环境中的竞争力

在全球化的推动下，国与国之间的界限逐渐模糊，国际交流与合作日益频繁，跨文化交际能力成为人们在全球化环境中提升竞争力的重要因素。

（一）提升跨文化交际能力

语言是跨文化交际的重要工具。掌握一门或多门外语有助于我们更好地与不同文化背景的人进行交流。通过学习外语，我们可以了解不同国家的文化背景、历史传统以及社会习俗等，为跨文化交际打下坚实的语言基础。了解不同文化是提高跨文化交际能力的重要前提，我们可以通过阅读书籍、观看电影、参加文化活动等方式，了解不同文化的历史、传统等。同时，也可以与来自不同文化背景的人进行交流，深入了解他们的生活方式、思维方式以及行为习惯等，有助于个人更好地适应全球化环境，减少文化冲突和误解。

在跨文化交际过程中，我们需要保持开放的心态，尊重并理解不同文化的差异。同时，也要学会调整自己的行为和表达方式，以适应不同文化背景下的交往需求。通过培养跨文化意识，我们可以更好地融入全球化环境，提升自己的竞争力。参与跨文化实践活动是提高跨文化交际能力的重要途径。个人可以通过参加国际交流项目、留学、实习等方式，亲身体验不同文化背景下的生活和学习。这种实践经验有助于我们更深入地了解不同文化，提高自己的跨文化交际能力。同时，我们也可以在实践中不断反思和总结，不断完善自己的跨文化交际能力。

沟通技巧是跨文化交际能力的重要组成部分。我们还需要学会使用恰当的语言和表达方式，与不同文化背景的人进行有效沟通。同时，也要注重非语言沟通能力的培养，如面部表情、肢体语言等。通过提高沟通技巧，

使我们可以更好地与他人合作,实现共同目标。

(二)跨文化交际对个人竞争力的提升作用

在全球化环境中,我们需要面对来自不同文化背景的挑战和机遇。通过跨文化交际,我们可以更好地适应不同文化背景下的工作和生活环境,增强自己的适应能力,同时还可以提高我们的个人竞争力。跨文化交际有助于拓展人脉资源,通过与来自不同国家和地区的人建立联系和友谊,我们可以结交到更多志同道合的朋友和合作伙伴,有助于我们在全球化环境中更好地发展自己的事业和扩大影响力。

在全球化背景下,企业越来越注重员工的跨文化交际能力。具备跨文化交际能力的员工能够更好地适应企业的国际化发展需求,为企业创造更多价值。因此,提升跨文化交际能力有助于我们在职业生涯中更具竞争力,获得更多的职业机会和发展空间。

三、跨文化交际培养具备国际视野的人才

在跨文化交际不断发展的前提下,培养具备国际视野的人才显得尤为重要。跨文化交际作为连接不同文化背景的桥梁,对于培养具备国际视野的人才具有重要意义。

(一)培养具备国际视野的跨文化交际人才

跨文化教育是培养具备国际视野人才的重要途径。拓宽国际视野是培养具备国际视野人才的重要目标。在教育过程中,应注重拓宽学生的国际视野,让他们了解不同国家和地区的政治、经济、文化等方面的情况。通过组织国际交流活动、举办国际文化周等方式,让学生接触到来自不同国家和地区的人们,了解他们的生活方式、思维方式以及价值观念等。这种国际视野的拓宽有助于学生更全面地认识世界,增强自身的国际竞争力。跨文化沟通能力是具备国际视野的人才必备的能力之一。在教育过程中,

应注重培养学生的跨文化沟通能力,包括口头表达、书面表达、非语言沟通等方面的技能。通过角色扮演、模拟谈判、文化冲突解决等方式,让学生在实际操作中提高跨文化沟通能力。同时,还应注重培养学生的批判性思维和跨文化批判能力,使他们能够在跨文化交流中保持独立思考和理性判断。

实践教育是培养具备国际视野人才的重要环节。在教育过程中,应注重加强实践教育,让学生通过实践活动亲身感受。通过组织国际实习、国际志愿服务等方式,让学生亲身体验不同文化背景下的工作和生活环境,增强他们的跨义化适应能力和国际竞争力。同时,还应注重培养学牛的团队协作能力和创新能力,使他们在跨文化合作中能够更好地发挥自己的作用。

(二)跨文化交际培养具备国际视野人才的意义

1. 应对全球化挑战:培养具备国际视野的人才有助于个人更好地适应全球化环境,应对各种挑战和机遇。

2. 推动国际交流与合作:具备国际视野的人才能够更好地理解不同国家和地区的文化背景和利益诉求,从而在国际交流与合作中发挥更大的作用,他们可以成为推动国际事务解决和发展的重要力量。

3. 促进个人全面发展:跨文化交际不仅有助于培养个人的跨文化交际能力和国际竞争力,还有助于促进个人的全面发展。通过接触不同文化和人群,可以拓展自己的视野和思维方式,提高自己的综合素质和创新能力。

四、跨文化交际推动文化的交流与融合

在跨文化交际的场景中,不同文化背景下的个体和群体,通过语言、非语言行为、习俗等方式进行互动,促进了文化之间的交流与理解。这种交流与融合不仅丰富了人类文化的多样性,也为全球社会的和谐与发展奠

定了坚实的基础。

（一）跨文化交际对文化交流与融合的推动作用

跨文化交际为不同文化之间的交流搭建了桥梁。通过语言、非语言行为、习俗、价值观等方式的交流，人们可以深入了解不同文化的内涵和特点，从而增进对彼此文化的理解和尊重。这种交流有助于打破文化隔阂和偏见，促进文化之间的平等对话和互动。

在跨文化交际过程中，不同文化之间的元素会相互渗透和融合。例如，在国际旅游中，游客可以体验不同国家的饮食文化、服饰文化、建筑风格等，这些文化元素会在游客心中留下深刻印象，并可能在其本国文化中产生一定影响。同样，在国际商务合作中，不同国家的商业文化和商业习惯也会相互影响和融合。这种文化元素的融合有助于丰富人类文化的多样性，推动文化的创新和发展。

跨文化交际有助于文化观念的更新。在交流过程中，人们会接触到不同的文化观念和价值观，这些观念和价值观可能会与自己的文化观念和价值观产生冲突或碰撞。然而，正是这种冲突和碰撞会促使人们自我反思，并可能产生新的文化观念和价值观。文化观念的更新有助于推动文化的发展和进步，提高人类文化的整体水平。

跨文化交际有助于营造和谐的国际环境。通过文化交流和融合，不同国家和地区的人们可以增进对彼此文化的理解和尊重，从而减少文化冲突和误解。和谐的国际环境有助于推动国际事务的解决和发展，促进全球社会的繁荣和稳定。同时，和谐的国际环境也有助于增强各国之间的信任和合作，为全球经济、政治、文化等领域的合作与发展创造有利条件。

（二）跨文化交际推动文化交流与融合的案例

国际电影节和音乐节是跨文化交际推动文化交流与融合的重要途径。通过举办国际电影节和音乐节，各国电影人和音乐家有机会展示自己的作品和才华，与来自不同国家和地区的观众进行交流和互动。这种交流有助于增进不同文化之间的理解和尊重，推动电影和音乐艺术的创新和发展。

国际交流与合作项目也是跨文化交际推动文化交流与融合的重要途径。例如，国际学生交流项目、国际合作研究项目等，可以为来自不同文化背景的个体和群体提供了相互学习和交流的机会。通过参与这些项目，人们可以深入了解不同文化的内涵和特点，增进对彼此文化的理解和尊重。同时，这些项目也有助于培养具备国际视野和跨文化交际能力的人才，为社会的和谐与发展贡献力量。

第四节　跨文化交际中的文化差异

一、跨文化交际中社会习俗与日常行为的差异

跨文化交际作为文化交流的重要方式，不仅涉及语言层面的沟通，更涉及社会习俗和日常行为的差异。这些差异可能会导致误解、冲突和隔阂，但同时也为文化之间的交流和融合提供了丰富的素材和动力。

（一）社会习俗与日常行为在跨文化交际中的差异

社会习俗和日常行为是文化的重要组成部分，它们反映了不同文化背景下的生活方式和道德标准。在跨文化交际中，社会习俗与日常行为的差异主要表现在以下几个方面：

1.礼仪规范是不同文化背景下人们在交往过程中遵循的行为准则。由于文化背景的差异，不同文化在礼仪规范上存在着显著的差异。例如，在某些文化中，人们在见面时需要握手、拥抱或亲吻脸颊来表示友好和尊重；而在其他文化中，人们可能以鞠躬或点头致意来表示友好。这些差异可能会导致在跨文化交际中出现误解或尴尬的情况。餐桌礼仪是不同文化背景下人们在用餐时遵循的行为规范。由于饮食习惯、餐具使用和餐桌布置等

方面的差异，不同文化在餐桌礼仪上存在着显著的差异。此外，在餐桌上的交谈、敬酒和劝菜等方面也存在差异，可能会导致在跨文化交际中出现不适或冲突的情况。

2.时间观念是不同文化背景下人们对时间的认知和理解。由于文化背景的差异，不同文化在时间观念上存在着显著的差异。例如，在某些文化中，人们更注重准时和效率，强调时间的紧迫性和珍贵性；而在其他文化中，人们可能更注重灵活性和人情味儿，对时间的要求相对宽松。这种差异可能会导致在跨文化交际中出现时间安排上的冲突或误解。

3.空间距离是不同文化背景下人们在交往过程中保持的物理距离。由于文化背景的差异，不同文化在空间距离上存在着显著的差异。例如，在某些文化中，人们习惯保持较近的身体距离，以表示亲密和友好；而在其他文化中，人们可能更注重保持一定的身体距离，以表示尊重和隐私。这种差异可能会导致在跨文化交际中出现不适或尴尬的情况。

（二）社会习俗与日常行为差异产生的原因

不同文化的历史背景是社会习俗和日常行为存在差异的重要因素。历史传统、战争冲突等因素都会对文化产生深远的影响，从而形成不同的社会习俗和日常行为。地理环境也是社会习俗和日常行为形成的重要因素。不同的气候、地形和资源条件会影响人们的生产方式和生活方式，从而产生差异。

（三）如何应对社会习俗与日常行为的差异

了解不同文化的社会习俗和日常行为是应对差异的前提。通过学习和了解不同文化的历史背景、地理环境和社会制度等方面的知识，可以更好地理解不同文化背景下的社会习俗和日常行为。尊重文化差异是应对差异的关键。在跨文化交际中，我们需要尊重不同文化背景下的社会习俗和日常行为，避免以自己的标准去评判他人。同时，我们也需要学会适应不同文化背景下的社会习俗和日常行为，以便更好地进行沟通和合作。在跨文化交际中，社会习俗和日常行为可能会随着时间和环境的变化而发生变化。因此，我们需要保持灵活性和适应性，随时调整自己的行为和沟通方式，以适应不同文化背景下的社会习俗和日常行为。

尽管不同文化背景下的社会习俗和日常行为存在差异，但我们也应该在跨文化交际中寻求共同点。通过寻找不同文化之间的共同点，我们可以建立起相互理解和信任的关系，减少误解和冲突的发生。

二、跨文化交际中语言交际与非语言交际的差异

跨文化交际涉及不同文化背景的人们之间的交流与互动，其中语言交际和非语言交际是两种主要的交流方式。尽管两者在跨文化交际中都扮演着重要角色，但它们之间存在着显著的差异。

（一）语言交际与非语言交际的定义

语言交际是指通过语言（包括口头和书面）进行的信息传递、理解和回应的过程。它是人类社会中最为常见和重要的交流方式之一，涉及到词汇、语法、句法和语境等多个层面。语言交际可以明确地传达思想、观点和感受，有助于促进人们之间的沟通与理解。

非语言交际是指通过身体语言、面部表情、手势、眼神、空间距离、服饰等方式进行的信息传递、理解和回应的过程。它同样是人类社会中重要的交流方式之一，可以传递语言交际无法完全表达的信息。非语言交际往往具有直观、生动、富有感染力的特点，有助于增强交流的生动性和有效性。

（二）语言交际与非语言交际的特点

1. 语言交际的特点

（1）明确性：语言交际能够明确地传达信息，使接收者准确理解说话者的意图。

（2）系统性：语言交际具有完整的词汇、语法和句法系统，能够表达

复杂的思想和观点。

（3）文化性：语言交际受到文化背景的影响，不同文化背景下的语言交际具有不同的特点和风格。

（4）多样性：语言交际具有多种形式和风格，如口头语言、书面语言、正式语言、非正式语言等。

2.非语言交际的特点

（1）直观性：非语言交际通过身体语言、面部表情等方式直接传递信息，具有直观性强的特点。

（2）生动性：非语言交际能够生动地表达情感和态度，增强交流的感染力和说服力。

（3）文化性：非语言交际同样受到文化背景的影响，不同文化背景下的非语言交际具有不同的特点和含义。

（4）补充性：非语言交际能够补充和强化语言交际的信息，使交流更加完整和深入。

（三）语言交际与非语言交际在跨文化交际中的作用

1.语言交际的作用

（1）传递信息：语言交际是跨文化交际中传递信息的主要方式，能够明确、系统地表达思想和观点。

（2）建立联系：通过语言交际，人们可以建立联系、增进了解、促进合作。

（3）沟通情感：语言交际能够表达情感、传递情感信息，有助于增进人与人之间的情感联系。

（4）促进理解：语言交际有助于人们理解不同文化背景下的价值观和思维方式，促进文化之间的交流与融合。

2.非语言交际的作用

（1）强化信息：非语言交际能够强化语言交际的信息，使交流更加生动、直观。

（2）表达情感：非语言交际能够生动地表达情感和态度，有助于增进人与人之间的情感联系。

（3）传递文化信息：非语言交际能够传递不同文化背景下的特定信息和符号，促进文化之间的理解与沟通。

（4）弥补语言障碍：在跨文化交际中，当语言交际存在障碍时，非语言交际能够发挥重要作用，弥补语言障碍带来的困扰。

（四）跨文化交际中语言交际与非语言交际的差异与应对策略

1. 差异

（1）表达方式：二者的表达方式不同，语言交际的表达方式的重点是语言，而非语言交际则侧重于身体语言和面部表情等。

（2）文化敏感性：语言交际的文化敏感性主要体现在词汇、语法和句法的选择上，而非语言交际的文化敏感性则更多地体现在身体语言、面部表情等方面。

（3）信息传递效率：语言交际能够明确、系统地传递信息，但可能会受到语言障碍和文化差异的影响；而非语言交际则能够直观地传递信息，但在某些情况下可能存在解读上的困难。

2. 应对策略

（1）增进文化了解：通过了解不同文化背景下的语言交际和非语言交际的特点和差异，使我们可以更好地进行跨文化交际。

（2）尊重文化差异：在跨文化交际中，尊重彼此的文化差异是建立良好关系的基础。对于不同的语言交际和非语言交际方式，应保持开放和包容的态度。

（3）提高跨文化交际能力：通过学习和实践，提高自己在跨文化交际中的语言交际和非语言交际能力。这包括提高语言能力、增强非语言交际的敏感性和准确性等。

（4）寻求共同点：在跨文化交际中，尽管存在差异和障碍，但我们可以寻求共同点，通过共同的语言和非语言交际方式促进交流和合作。

三、跨文化交际中时间观念与工作节奏的差异

在跨文化交际中，不同文化背景下的时间观念和工作节奏差异显著，这些差异不仅影响着人们的日常生活习惯，还对商务合作、项目管理等方面产生深远影响。

（一）时间观念与工作节奏的定义

时间观念是指人们对时间的认知、理解和重视程度。不同文化背景下的人们对时间的看法和态度各不相同，形成了各具特色的时间观念。例如，有些文化强调时间的精确性和计划性，而有些文化则更注重时间的灵活性和随机性。

工作节奏是指在工作过程中，人们对时间的分配、利用和掌控的方式。工作节奏的快慢直接影响着工作效率和质量。在不同文化背景下，工作节奏也存在着显著的差异。例如，有些文化倡导快节奏、高效率的工作方式，而有些文化则更注重工作的稳定性和可持续性。

（二）跨文化交际中时间观念与工作节奏的差异

1.时间观念的差异

（1）单时制与多时制

单时制（Monochronic Time）强调时间的精确性和计划性，认为时间是一种有限的资源，应该被充分利用和安排。在这种时间观念下，人们倾向于按照预定的计划和时间表来工作和生活，注重效率和质量。而多时制（Polychronic Time）则更注重时间的灵活性和随机性，认为时间是可以随意安排和调整的。在这种时间观念下，人们更注重人际关系的建立和维护，对时间的安排和利用相对较为宽松。

（2）准时与灵活

在跨文化交际中，准时与灵活也是时间观念差异的重要体现。在一些文化中，准时被视为一种基本的礼貌和尊重，人们会尽量按照约定的时间与人会面。而在另一些文化中，人们则更注重灵活性，对时间的安排和利用相对较为宽松。这种差异可能导致在商务会议、项目合作等方面出现误解和冲突。

2. 工作节奏的差异

（1）快节奏与慢节奏

在跨文化交际中，工作节奏的快慢差异十分显著。在一些文化中，快节奏被视为一种积极的工作态度，人们倾向于在短时间内完成更多的任务，追求高效率和高产出。而在另一些文化中，人们则更注重工作的稳定性和可持续性，倾向于保持较慢的工作节奏。这种差异可能导致在项目管理、团队合作等方面产生冲突。

（2）任务导向与关系导向

除了工作节奏的快慢外，任务导向与关系导向也是工作节奏差异的重要体现。在一些文化中，人们更注重任务的完成和目标的实现，倾向于以任务为导向进行工作和生活。而在另一些文化中，人们则更注重人际关系的建立和维护，倾向于以关系为导向进行工作和生活。这种差异可能导致在工作分配、决策过程等方面出现误解和冲突。

（三）差异产生的原因

不同文化背景下的历史传统等因素会影响人们对时间和工作的看法和态度，文化背景的差异导致了时间观念和工作节奏的差异。经济发展水平也是影响时间观念和工作节奏的重要因素。在经济发达的国家或地区，人们更加注重效率和产出，倾向于快节奏的工作方式。而在经济欠发达的国家或地区，人们则更注重稳定性和可持续性，倾向于慢节奏的工作方式。

（四）应对策略

在跨文化交际中，了解并尊重不同文化背景下的时间观念和工作节奏差异是建立良好关系的基础。我们应该保持开放和包容的态度，尊重彼此的文化差异和习惯。在跨文化交际中，我们需要根据对方的文化背景和时间观念调整自己的工作方式。例如，在与注重准时和效率的人交流时，我们应该尽量按照约定的时间进行工作和生活；而在与注重灵活性和人际关系的人交流时，我们则需要更加注重与对方的沟通和合作。

在跨文化交际中，建立有效的沟通机制是减少误解和冲突的关键。我们应该在交流中明确表达自己的想法和期望，并倾听对方的意见和建议。同时，我们还需要学会使用跨文化沟通技巧，如避免直接冲突、寻求共同点等。在跨文化交际中，培养跨文化意识是提高自己适应能力和应对差异的重要途径。我们应该积极学习不同文化背景下的时间观念和工作节奏特点，提高自己的跨文化交际能力。

第五节　跨文化交际的障碍与对策

一、跨文化交际中的语言障碍及其克服方法

跨文化交际已经成为现代人生活中不可或缺的一部分，由于语言、文化、历史等多种因素的差异，跨文化交际中常常会遇到各种障碍，其中语言障碍是最为突出和普遍的问题。

（一）跨文化交际中的语言障碍

不同语言之间的语音、语调特点差异较大，发音不准确或语调不同可能导致交流困难。例如，某些语言的元音和辅音发音方式可能与另一种语言完全不同，语调的高低、快慢、升降等也可能因语言而异。这些差异可

能导致听者难以理解说话者的意图，从而产生语言障碍。不同语言在词汇、语义上也存在巨大差异。有些词汇在不同语言中可能没有直接对应词，或者可能在不同语境下有着不同的意思。这种差异可能导致交流双方对同一事物或概念产生误解，影响跨文化交际的顺利进行。

语言与文化紧密相连，不同文化背景的人们可能对同一件事物有不同的理解和诠释。在跨文化交际中，如果双方对文化背景缺乏了解或存在误解，就可能产生语言障碍。例如，某些文化中的礼仪、习俗、价值观等可能与另一种文化完全不同，如果双方不了解这些差异，就可能导致交流中的冲突和误解。不同文化背景下的人们在交际策略上也存在差异。例如，有些文化强调直接、明确的表达方式，而有些文化则更注重委婉、含蓄的表达方式。如果双方不了解这些差异，就可能导致跨文化交际中的困惑和误解。

（二）克服跨文化交际中语言障碍的方法

提高语言能力是克服跨文化交际中语言障碍的基础。通过学习和掌握多种语言，我们可以更好地理解不同文化背景下的语言特点，提高听、说、读、写等各方面的能力。此外，我们还应该注重语音、语调、词汇、语法等方面的训练，以确保能够准确地表达自己的意思并理解对方的意图。

了解文化背景是克服跨文化交际中语言障碍的关键。在跨文化交际中，我们应该尊重并了解不同文化背景下的礼仪、习俗、价值观等方面的差异。通过学习和了解这些差异，我们可以更好地理解对方的言行举止和思维方式，从而减少误解和冲突。同时，我们还应该尊重对方的文化习惯和价值观，避免使用可能引起对方不适或反感的语言表达方式。在跨文化交际中，除了语言交流外，我们还可以借助非语言交流方式来传达信息，帮助双方更好地理解对方的意图和感受。

在跨文化交际中，借助翻译工具也是解决语言障碍的一种有效途径。现代科技的发展使得翻译工具变得越来越智能化和便捷化。我们可以使用在线翻译软件、语音识别软件或手持翻译机等工具来帮助我们进行交流。然而，需要注意的是，翻译工具也可能存在一定的误差和局限性，因此在使用时应该谨慎并尽量核实和确认翻译结果。

在跨文化交际中，倾听对方的意见和反馈是解决语言障碍的有效方法。通过倾听，我们可以更好地理解对方的需求和意图，并作出相应的调整和回应。同时，我们还可以通过对方的反馈来确认自己的理解是否正确，从而及时纠正错误，避免冲突。在倾听和反馈的过程中，我们应该保持耐心和尊重，避免打断对方的发言或表达自己的不满情绪。

培养跨文化意识是克服跨文化交际中语言障碍的长期任务。我们应该不断学习，培养跨文化意识，提高对不同文化的敏感性和包容性。同时，我们还应该注重在实践中不断锻炼自己的跨文化交际能力，提高自己的跨文化适应能力和应对能力。

二、跨文化交际中的刻板印象与偏见的消除策略

在全球化日益加深的今天，跨文化交际已成为人们日常生活和工作中不可或缺的一部分。但是，人们在跨文化交际中常常会受到刻板印象和偏见的影响，导致交流的不顺畅和误解的产生。因此，如何消除刻板印象和偏见，促进不同文化间的和谐交流与合作，成为了一个亟待解决的问题。

（一）跨文化交际中的刻板印象与偏见

刻板印象是指人们对某一群体或个体持有的固定、笼统、简化的观念或看法。在跨文化交际中，刻板印象可能导致人们对来自不同文化背景的人产生错误的预期和判断，从而影响交流的效果。刻板印象不仅不准确，而且可能导致人们在交流中对对方的能力产生过高或过低的评价，进而影响交流的氛围和效果。

偏见是指人们对某一群体或个体持有的不公正、不合理的态度或看法。

在跨文化交际中，偏见可能导致人们对他人产生歧视、排斥或敌意，从而阻碍交流的进行。这种偏见不仅损害了交流双方的关系，而且可能导致文化间的冲突和隔阂。

（二）消除跨文化交际中刻板印象与偏见的策略

增强跨文化意识和跨文化敏感性是消除刻板印象和偏见的首要策略。人们应该意识到不同文化背景下的价值观、习俗、信仰等方面的差异，并尊重这些差异。通过学习和了解不同文化，人们可以更好地理解对方的行为和言语，从而减少刻板印象和偏见的影响。同时，人们还应该具备跨文化敏感性，即在交流中能够敏锐地察觉到对方的文化背景和特点，并据此调整自己的交流方式和策略。促进多元文化交流与互动是消除刻板印象和偏见的有效途径。通过增加不同文化间的接触和交流机会，人们可以更加深入地了解彼此的文化背景和价值观，从而减少误解和偏见。例如，学校可以组织不同文化背景的学生参加文化交流活动，让他们通过互动和体验来了解彼此的文化；企业可以招聘来自不同文化背景的员工，通过团队合作和交流来增强彼此的了解和信任。此外，媒体也应该发挥积极作用，增进人们对不同文化的了解和认同。

倡导平等、尊重和包容的文化价值观是消除刻板印象和偏见的重要原则。在跨文化交际中，我们应该尊重对方的文化背景和价值观，避免使用歧视性或贬低性的语言和行为。同时，我们还应该倡导平等和包容的文化价值观，即认为所有文化都是平等的，没有高低贵贱之分；尊重并包容不同文化之间的差异和多样性。这种文化价值观有助于减少刻板印象和偏见的影响，促进不同文化间的和谐交流与合作。

参加跨文化沟通与交际技巧的培训是消除刻板印象和偏见的重要手段。通过培训，人们可以提升自己的跨文化交际能力。这种培训可以帮助人们更好地应对跨文化交际中的挑战和困难，减少刻板印象和偏见的影响。

在跨文化交际中，人们应该具备反思与自我调整的能力。当发现自己存在刻板印象或偏见时,应该及时进行反思并调整自己的态度和行为。通过反思和自我调整,人们可以逐渐消除自己的刻板印象和偏见,更好地适应不同文化背景下的交流环境。

三、跨文化交际中的建立有效跨文化交际的技巧与原则

随着国际间政治、经济、文化交流的日益频繁,如何建立有效的跨文化交际成为摆在人们面前的重要课题。

(一)建立有效跨文化交际的技巧

建立有效跨文化交际的首要技巧是增强跨文化意识和跨文化敏感性。这包括对不同文化的尊重、理解和包容。人们应该意识到不同文化之间的差异,并努力去了解这些差异背后的原因和内涵。同时,人们还应该具备跨文化敏感性,即能够敏锐地察觉到不同文化背景下的言语、行为和非言语表达方式的差异,并据此调整自己的交流方式和策略。

语言技能是建立有效跨文化交际的关键。人们应该学习和掌握多种语言,尤其是那些与自己日常生活和工作密切相关的语言。通过提高语言能力,人们可以更加准确地表达自己的意图和需求,减少因语言差异导致的误解和冲突。此外,人们还应该学习并理解不同文化背景下的语言习惯和表达方式,以便更好地适应不同文化背景下的交流环境。

倾听与观察是建立有效跨文化交际的重要技巧。在跨文化交际中,人们应该保持开放的心态,认真倾听对方的意见和观点,并观察对方的行为和言语。通过倾听和观察,人们可以更好地理解对方的文化背景和价值观,发现彼此之间的共同点,从而减少误解和冲突。同时,倾听和观察还有助于建立信任关系,为进一步的交流打下良好的基础。

灵活适应与调整是建立有效跨文化交际的必备技巧。在跨文化交际中,人们应该具备灵活适应的能力,能够根据不同的文化背景和交流环境调整

自己的交流方式和策略。当遇到误解或冲突时，人们应该保持冷静和理智，通过积极的沟通和协商来解决问题。同时，人们还应该具备自我调整的能力，能够在交流中不断反思自己的行为和言语，以便更好地适应不同文化背景下的交流环境。

（二）建立有效跨文化交际的原则

平等与尊重是建立有效跨文化交际的基本原则。在跨文化交际中，人们应该尊重对方的文化背景和价值观，避免使用歧视性或贬低性的语言和行为。同时，人们还应该坚持平等原则，认为所有文化都是平等的，没有高低贵贱之分。这种平等与尊重的态度有助于增进相互了解和信任，减少误解和冲突。开放与包容是建立有效跨文化交际的重要原则。在跨文化交际中，人们应该保持开放的心态，愿意接受并理解不同文化背景下的差异和多样性。同时，人们还应该具备包容心，能够包容对方的行为和言语与自己的文化背景和价值观存在差异。这种开放与包容的态度有助于促进不同文化间的和谐交流与合作。

沟通与协商是建立有效跨文化交际的关键原则。在跨文化交际中，人们应该注重与对方进行积极的沟通和协商，以便更好地理解对方的意图和需求，并寻求共同的解决方案。通过沟通和协商，人们可以及时发现并解决误解和冲突，从而推动交流的顺利进行。

诚实与守信是建立有效跨文化交际的基本道德原则。在跨文化交际中，人们应该保持诚实和守信的态度，不隐瞒事实真相或欺骗对方。同时，人们还应该遵守承诺和约定，履行自己的责任和义务。这种诚实与守信的态度有助于增强彼此之间的信任和尊重，促进跨文化交流的顺利进行。

第二章　跨文化交际在英语教学中的体现

第一节　跨文化交际在英语教学中的体现

一、跨文化交际在英语教学目标中的地位

当前，英语作为国际交流的主要语言之一，其教学目标已经不仅仅是语言知识的传授，更包括跨文化交际能力的培养。跨文化交际能力是指在不同文化背景的人们之间进行有效沟通的能力，它涉及语言、文化、社会、心理等多个方面。

（一）跨文化交际在英语教学目标中的地位

传统的英语教学往往侧重于语言知识的传授，如语法、词汇、句型等，而忽视了跨文化交际能力的培养。然而，在全球化的背景下，英语不仅是交流的工具，更是文化交流的桥梁。因此，跨文化交际能力的培养应成为英语教学的重要目标之一。通过培养学生的跨文化交际能力，可以使学生更好地理解和适应不同文化背景的交际场合，提高他们在国际交流中的沟通能力和竞争力。

英语综合运用能力包括听、说、读、写四个方面，而跨文化交际能力是这四个方面的综合运用。在跨文化交际中，学生需要运用所学的语言知

识，结合文化背景知识，进行有效的沟通。这种沟通不仅涉及语言本身，还涉及文化、社会、心理等多个方面。因此，跨文化交际能力是英语综合运用能力的体现，也是英语教学目标的重要组成部分。

跨文化交际能力的培养有助于学生了解不同国家和民族的文化差异，拓宽他们的国际视野。在全球化的时代，具备国际视野的人才更容易适应国际化的工作环境和多元文化交流。通过跨文化交际教育，学生可以更好地了解世界，理解不同文化背景下的人们的思维方式、价值观和行为习惯，从而增强自己的国际意识和跨文化沟通能力。

（二）跨文化交际在英语教学中的重要性

跨文化交际能力的培养不仅有助于学生提高英语水平，还有助于学生的全面发展。在跨文化交际中，学生需要运用多种能力，如沟通能力、合作能力、创新能力等。这些能力的培养有助于提高学生的综合素质和竞争力，为他们未来的职业发展和社会适应能力打下坚实的基础。

在全球化的背景下，具备跨文化交际能力的人才更受企业和组织的青睐。他们能够更好地适应国际化的工作环境和多元文化交流活动，为企业的发展作出贡献。因此，跨文化交际能力的培养有助于学生增强就业竞争力，提高他们在职场上的适应能力。

跨文化交际能力的培养有助于推动国际交流与合作。通过跨文化交际教育，学生可以更好地了解不同国家和民族的文化差异和共同点，与他人相互理解和尊重。这种理解和尊重有助于促进国际交流与合作的发展，推动世界的和平与发展。

（三）跨文化交际的教学策略

在英语教学中，教师应注重融入文化元素，让学生在学习语言的同时了解相关文化背景知识。这样可以使学生更好地理解和运用语言知识。为了培养学生的跨文化交际能力，教师应创设跨文化交流情境，让学生在模拟的情境中感受不同文化背景下的沟通方式。教师可以组织角色扮演、小组讨论等活动,让学生在模拟的跨文化交流情境中锻炼自己的交际能力。

教师可以引入多元文化教学资源,如英文原著、英文电影、英文歌曲等,让学生在欣赏和学习中了解不同国家和民族的文化差异和共同点。这些教学资源可以丰富学生的文化知识储备,提高他们的跨文化交际能力。加强国际合作与交流是培养学生跨文化交际能力的重要途径。学校可以与国外学校建立合作关系,开展学生互访、教师交流等活动,让学生直接与不同文化背景的人们接触和交流。这样可以使学生更好地了解不同文化背景下的生活方式和思维方式,提高他们的跨文化交际能力。

二、教材中跨文化交际内容的融入

为了有效提升学生的跨文化交际能力,教材中跨文化交际内容的融入显得尤为重要。

(一)跨文化交际内容融入教材的重要性

随着全球化的加速,各国之间的交流日益频繁,跨文化交际能力成为现代人才必备的技能之一。将跨文化交际内容融入教材,有助于培养学生的国际视野和跨文化沟通能力,使其更好地适应社会发展的需要。

跨文化交际能力的培养不仅涉及语言知识的学习,还包括文化、社会、心理等多个方面的内容。将跨文化交际内容融入教材,可以使学生在学习语言的同时,了解不同国家的文化背景、价值观念、社会习俗等,从而提高其英语综合运用能力。

跨文化交际内容融入教材可以帮助学生了解不同文化背景下的人们的生活方式和思维方式,与他人相互理解和尊重。这种理解和尊重有助于培养学生的全球意识和跨文化沟通能力,进而促进其全面发展。

(二)跨文化交际内容融入教材的策略

在教材编写过程中,应明确跨文化交际内容的融入目标,即培养学生的跨文化交际能力。这包括了解不同国家的文化背景、价值观念、社会习俗等，以及掌握跨文化沟通的技巧和策略。为了让学生更好地了解不同文化，教材中可以融入多元文化元素，如不同国家的文学作品、音乐、电影等。这些元素可以帮助学生直观地感受不同文化的魅力，增进对多元文化的理解和尊重。

教材中可以设计一些跨文化交际任务，如角色扮演、小组讨论、案例分析等。这些任务可以让学生在模拟的跨文化交流情境中锻炼自己的交际能力，提高跨文化沟通能力。为了使学生更好地理解和掌握跨文化交际的技巧和方法，教材中可以引入一些跨文化交际理论，如文化维度理论、跨文化交际模型等。这些理论可以帮助学生理解不同文化之间的差异和共同点，为跨文化交流提供理论支持。

（三）具体案例分析

以某英语教材为例，该教材在跨文化交际内容的融入方面采取了以下策略：

在词汇和语法教学中，该教材注重融入文化元素。例如，在教授与节日相关的词汇时，教材会介绍不同国家的节日文化，如圣诞节、感恩节、春节等，并引导学生了解这些节日的起源、庆祝方式以及背后的文化内涵。在语法教学中，教材也会引导学生注意不同文化背景下的语言习惯差异，如礼貌用语、称呼方式等。

该教材设计了一系列跨文化交流任务，如角色扮演、小组讨论等。在角色扮演中，学生需要扮演不同文化背景下的人物，进行模拟的跨文化交流。在小组讨论中，学生需要就某个跨文化交流话题展开讨论，分享自己的观点和看法。这些任务可以让学生在实践中锻炼自己的跨文化交际能力。

该教材在介绍跨文化交际内容时，引入了文化维度理论等跨文化交际理论。这些理论帮助学生理解不同文化之间的差异和共同点，为跨文化交流提供理论支持。同时，教材还通过案例分析等方式，让学生更好地理解这些理论在实际跨文化交流中的应用。

（四）面临的挑战与解决方案

为了在教材中有效融入跨文化交际内容，应精心选择和编排教材内容。这需要我们具备丰富的跨文化知识和教学经验，以确保教材内容的准确性和实用性。跨文化交际内容的教学需要教师具备较高的教学能力和素质。为了提升教师的教学能力和素质，我们可以开展相关培训和学习活动，提高教师的教学水平和能力。

为了激发学生的学习兴趣和动力，我们需要采用多种教学方法和手段，吸引学生的课堂注意力。同时，我们还需要关注学生的学习反馈和效果评估，及时调整教学策略和方法。

三、英语课堂上跨文化交际的实践环节

跨文化交际能力已经成为英语学习者必备的一项技能，英语课堂作为培养学生语言能力和文化素养的重要场所，应当充分融入跨文化交际的实践环节，帮助学生提升跨文化交际能力。

（一）跨文化交际实践环节的重要性

跨文化交际实践环节能够让学生在模拟的跨文化交流情境中，亲身体验不同文化背景下的沟通方式和技巧，从而提升其跨文化交际能力。这种能力对于未来的职场发展和国际交流至关重要。跨文化交际实践环节通常具有趣味性和互动性，能够激发学生的学习兴趣和动力。学生在参与实践活动的过程中，能够感受到学习的乐趣和成就感，从而更加积极地投入到英语学习中。

（二）跨文化交际实践环节的实施策略

为了让学生在实践中更好地体验跨文化交际，教师需要设计多样化的实践活动。让学生在不同的情境中感受不同文化背景下的沟通方式和技巧。

为了让学生更好地了解真实的跨文化交际场景，教师可以引入一些真实的案例或视频，让学生观看并分析其中的跨文化交际过程。同时，教师还可以邀请来自不同国家的外教或留学生来到课堂，与学生面对面地交流，让学生亲身体验跨文化交际的过程。

在跨文化交际实践环节中，教师需要注重学生跨文化交际技巧的训练。这些技巧包括语言技巧、非语言技巧、文化敏感性等。教师可以通过讲解、示范、练习等方式，帮助学生掌握这些技巧，并在实践中进行运用。在跨文化交际实践环节结束后，教师需要引导学生进行反思和总结。学生需要思考自己在实践中的表现和不足之处，并总结跨文化交际的经验和教训。这种反思和总结有助于学生更好地认识自己的跨文化交际能力水平和需要改进的地方。

（三）跨文化交际实践环节的具体案例

以下是一个英语课堂上跨文化交际实践环节的具体案例：

教师将学生分成若干小组，每个小组代表一个不同的国家。每个小组需要准备一段介绍自己国家文化的演讲，并回答其他小组提出的问题。在演讲过程中，学生需要运用所学的语言知识和文化知识，展示自己所代表的国家的独特魅力。在提问环节，学生需要运用跨文化交际技巧，尊重其他国家的文化，避免冒犯或误解。通过这个活动，学生不仅能够展示自己的语言能力和文化素养，还能够深入了解其他国家的文化，增进相互理解和尊重。

（四）跨文化交际实践环节面临的挑战与应对方法

由于学生的语言能力和文化素养存在差异，他们的跨文化交际能力也会有所不同。为了应对这一挑战，教师可以根据学生的实际情况进行分组，让能力相近的学生在一起进行实践活动。同时，教师还需要关注每个学生的表现，给予及时的指导和帮助。跨文化交际实践环节需要涉及多个方面的资源和人力投入，如场地、设备、外教等。为了应对这一挑战，教师可以提前与相关部门和人员沟通协调，确保实践活动的顺利进行。同时，教师还可以利用现有的教学资源和技术手段，如多媒体教学设备、网络教学资源等，提高实践活动的效率和质量。

跨文化交际实践环节需要学生积极参与和互动，但有些学生可能会因为害羞、不自信等原因而不愿意参与。为了应对这一问题，教师可以采取一些鼓励措施，如给予参与的学生加分、颁发证书等，提高学生的参与度和积极性。同时，教师还需要关注学生的心理状态，及时给予鼓励和支持。

第二节 大学英语教学中的文化导入

一、大学英语教学中文化导入的必要性与方法

英语作为全球通用语言，其在国际交流中的重要性日益凸显。大学英语教学作为培养学生英语能力的重要途径，不仅要注重语言知识的传授，更应强调文化导入的重要性。

（一）大学英语教学中文化导入的必要性

在全球化的背景下，各国之间的文化交流日益频繁。英语教学不仅仅是语言知识的传授，更是文化交流的桥梁。通过文化导入，学生可以更好地了解不同国家的文化背景、价值观念、社会习俗等，来拓宽视野，提高跨文化交际能力。这对于培养学生的国际视野和全球意识具有重要意义。传统的英语教学往往以语言知识为中心，缺乏趣味性和互动性。而文化导入可以使教学内容更加丰富多样，增加课堂的趣味性和互动性。学生可以通过了解不同国家的文化，感受到英语学习的乐趣，从而更加积极地投入到学习中。

跨文化交际能力是现代社会必备的一项技能。通过文化导入，学生可

以了解不同文化背景下的交际方式和技巧，学会在跨文化交际中避免冲突和误解。这对于学生未来的职业发展和国际交流具有重要意义。通过文化导入，学生可以了解不同国家的文化特点、历史渊源、艺术表现等，从而提高自己的文化素养。这种素养不仅有助于学生更好地理解英语文学作品和影视作品，还有助于他们更好地参与国际文化交流。

（二）大学英语教学中文化导入的方法

在英语教学过程中，教师可以适时地融入文化背景知识。例如，在教授英语单词和短语时，可以介绍其背后的文化内涵和历史背景；在讲解课文时，可以分析文章所反映的文化现象和社会背景。这样可以让学生在学习语言知识的同时，了解相关的文化背景知识。多媒体教学资源是文化导入的重要工具。教师可以通过播放英语国家的纪录片、电影、音乐等，让学生直观地感受不同国家的文化特色和生活方式。此外，教师还可以利用网络资源，为学生提供丰富的文化学习材料，如文化网站、电子书籍等。

举办文化主题活动是文化导入的有效方式之一。教师可以根据教学内容和学生兴趣，组织各种形式的文化主题活动，如英语角、文化节、文化讲座等。这些活动可以让学生亲身体验不同国家的文化，增强对不同文化的理解和认同。

加强与英语国家的交流与合作是文化导入的重要途径。学校可以积极与英语国家的学校建立合作关系，开展师生互访、学术交流等活动。这些活动可以让学生亲身感受英语国家的文化氛围和教育环境，从而更深入地了解英语国家的文化。培养学生的自主学习能力是文化导入的长期目标。教师可以通过引导学生阅读英语国家的文学作品、观看影视作品、参加文化交流活动等方式，激发学生的自主学习兴趣。同时，教师还可以为学生提供相关的学习资源和指导，帮助他们更好地进行自主学习。

二、大学英语教学中通过文化对比加深学生理解

在全球化的今天，仅仅掌握语言技能是远远不够的，理解并尊重不同文化背景下的交际方式和价值观同样关键。大学英语教学在传授语言知识的同时，也应注重文化对比，以帮助学生更深入地理解英语文化，增强跨文化交际能力。

（一）文化对比在英语教学中的重要性

通过文化对比，学生可以了解到不同文化背景下的价值观念、社会习俗、交际方式等方面的差异。这种对比能够帮助学生打破文化壁垒，拓宽文化视野，使他们更加开放和包容地看待世界。通过文化对比，学生可以更加深入地了解英语文化，掌握跨文化交际的技巧和策略，从而在与英语国家的人交流时更加自信、得体。文化对比可以使英语教学更加生动有趣。通过比较不同文化之间的差异和相似之处，可以吸引学生的注意力，激发他们的学习兴趣和动力，使他们更加积极地参与到英语学习中来。

（二）如何通过文化对比加深学生理解

在英语教学中，教师应注重融入关于文化对比的教学内容。例如，在教授英语单词和短语时，可以介绍其背后的文化内涵和在不同文化背景下的用法差异；在讲解课文时，可以分析文章所反映的文化现象和在不同文化背景下的不同解读。这样可以让学生在学习语言知识的同时，了解相关的文化背景知识。

多媒体教学资源是展示文化对比的有效工具。教师可以通过播放不同文化背景下的影视作品、纪录片等，让学生直观地感受到不同文化之间的差异和相似之处。例如，可以播放一些英语国家的电影和中国的电影，让学生对比不同文化背景下的电影风格和表现手法。同时，教师还可以利用网络资源，为学生提供丰富的文化学习材料，如文化网站、电子书籍等。

举办文化对比的讨论活动可以帮助学生更深入地了解不同文化之间的差异和相似之处。教师可以组织学生进行小组讨论或班级辩论，让他们就某个文化现象或事件进行深入探讨和比较。在讨论过程中，学生可以互相交流自己的见解和看法，从而加深对不同文化的理解和认同。

教师应引导学生自主进行文化对比学习，可以为学生推荐一些相关的书籍、网站等学习资源，并鼓励他们通过阅读、观看等方式了解不同文化背景下的价值观念、社会习俗、交际方式等方面的差异。同时，教师还可以要求学生撰写文化对比的论文或报告，以检验他们的学习成果并提高他们的写作能力。

（三）文化对比教学的策略

在进行文化对比教学时，教师应注重学生的主体性。教师应尊重学生的个性差异和兴趣爱好，鼓励他们积极参与文化对比的学习和交流。同时，教师还应关注学生的学习进度和反馈，及时调整教学策略和方法。文化对比教学应注重实践性和应用性。教师可以通过组织实践活动、模拟场景等方式让学生亲身体验不同文化背景下的交际方式和技巧。同时，教师还可以引导学生将所学知识应用到实际生活中去，如与英语国家的人交流、参加国际文化交流活动等。

文化对比教学还应培养学生的批判性思维。教师应鼓励学生从不同角度思考问题，对不同文化背景下的社会习俗等进行批判性分析。这样可以帮助学生形成独立思考的能力并提高他们的综合素质。

三、大学英语教学中利用多媒体教学工具展示文化差异

在当前的大学英语教学中，传统的教学模式已难以满足学生对多元化知识和信息的需求。随着信息技术的快速发展，多媒体教学工具已成为现代教学中不可或缺的一部分。在展示文化差异方面，多媒体教学工具以其

直观、生动、丰富的特点,为学生提供了全新的学习体验。

(一)多媒体教学工具在展示文化差异中的优势

1. 直观性:多媒体教学工具能够通过图片、视频、音频等形式直观地展示不同文化背景下的生活场景、风俗习惯、价值观念等,使学生能够更加直观地感受和理解文化差异。

2. 生动性:多媒体教学工具能够将抽象的文化概念具象化,使教学内容更加生动有趣。例如,通过播放电影片段、纪录片等,学生可以更加生动地了解不同文化背景下的社会现象和人物形象。

3. 丰富性:多媒体教学工具能够呈现大量的文化信息,包括历史、地理、文学、艺术等多个方面。这些信息能够为学生提供全面的文化背景知识,帮助他们更好地理解文化差异。

(二)利用多媒体教学工具展示文化差异的策略

在利用多媒体教学工具展示文化差异时,教师应精选教学素材,确保素材内容的准确性和代表性。教学素材可以来源于网络、教材、纪录片等多个渠道,但需要经过教师的认真筛选和整理。教师应选择那些能够直观展示文化差异、具有代表性和启发性的素材,以激发学生的学习兴趣和好奇心。

教师可以通过多媒体教学工具创设文化情境,使学生置身于不同的文化环境中,感受不同文化的氛围和魅力。例如,在介绍英国文化时,教师可以播放英国历史纪录片、文学经典电影等,让学生感受英国的历史底蕴和文化传统;在介绍美国文化时,教师可以展示美国的城市风光、流行音乐等,让学生感受美国的现代气息和多元文化。

在展示文化差异时,教师应引导学生进行对比分析,帮助他们发现不同文化之间的异同点。教师可以通过展示不同文化背景下的生活场景、风俗习惯、价值观念等,引导学生进行比较和讨论。例如,在介绍中西方餐桌礼仪时,教师可以展示中西方在餐桌的布置、餐具的使用等方面的差异,引导学生探讨这些差异背后的文化原因。

多媒体教学工具不仅能够展示文化差异，还能够拓宽学生的文化视野。教师可以通过展示不同文化背景下的文学作品、艺术作品等，让学生领略不同文化的独特魅力和价值。例如，在介绍非洲文化时，教师可以展示非洲的民间艺术、传统音乐等，让学生感受非洲文化的多元性和独特性。在展示文化差异的过程中，教师应注重培养学生的跨文化交际能力。教师可以通过模拟场景、角色扮演等方式，让学生在模拟的文化环境中进行交际实践。例如，在模拟国际商务场景时，教师可以设置不同文化背景下的谈判任务，让学生体验不同文化背景下的交际方式和技巧。这样不仅能够提高学生的语言应用能力，还能够培养他们的跨文化交际能力。

（三）利用多媒体教学工具展示文化差异的注意事项

在利用多媒体教学工具展示文化差异时，教师应确保所选素材的真实性和准确性。避免使用带有偏见或误导性的素材，以免误导学生或损害他们的文化认同感。多媒体教学工具虽然能够提供丰富的文化信息，但也需要学生的积极参与和互动。教师应注重与学生的互动交流，鼓励他们提出问题和看法，激发他们的学习热情和思考能力。在利用多媒体教学工具展示文化差异时，教师应合理安排教学时间和进度。避免过度依赖多媒体教学工具而忽略了语言教学本身的重要性。同时，也要考虑到学生的接受能力和兴趣点，避免信息过载或内容过于枯燥。

第三节 跨文化交际能力的培养策略

一、明确跨文化交际能力的培养目标

在全球化的今天，跨文化交际能力的培养已成为高等教育中不可或缺的一部分，特别是在大学英语教学中，培养学生的跨文化交际能力显得尤

为重要。这不仅有助于学生更好地理解和运用英语，还有助于他们在未来的职业生涯中更好地适应多元化的国际环境。因此，明确跨文化交际能力的培养目标对于大学英语教学具有重要的指导意义。

（一）跨文化交际能力培养目标的重要性

随着全球化的不断深入，国际交流与合作日益频繁。具备跨文化交际能力的个体能够更好地适应全球化的发展需要，在国际舞台上展现自己的才华和魅力。跨文化交际能力的培养有助于提高学生的综合素质。通过学习不同文化背景下的知识、技能和态度，学生能够拓宽视野、增强思维能力、提高创新能力，从而更好地应对未来的挑战。跨文化交际能力的培养有助于促进不同文化之间的交流与融合。通过了解和尊重不同文化，学生能够更好地进行跨文化交流和合作，推动不同文化之间的和谐共处。

（二）跨文化交际能力培养目标的具体内容

1. 文化知识目标

（1）了解不同文化背景下的历史、地理、政治、经济等方面的基本知识。

（2）掌握不同文化背景下的社会习俗等方面的特点。

（3）了解不同文化背景下的文学、艺术、科技等方面的成就和发展趋势。

2. 语言技能目标

（1）提高英语听、说、读、写等基本技能，确保能够流利、准确地使用英语进行交流。

（2）掌握跨文化交际中的语言使用规范和技巧，如礼貌用语、非言语交际等。

（3）培养在不同文化背景下进行语言交际的适应性和灵活性。

3. 交际策略目标

（1）学会在不同文化背景下选择合适的交际策略，如直接沟通、间接沟通等。

（2）掌握跨文化交际中的冲突解决技巧，如协商、妥协等。

（3）培养在跨文化交际中的倾听和反馈能力，确保交际双方能够有效地沟通。

4. 跨文化意识目标

（1）培养对不同文化的尊重和包容态度，摒弃偏见和歧视。

（2）树立平等、开放、多元的跨文化意识，积极参与跨文化交流与合作。

（3）提高对不同文化背景下人们思维方式和行为模式的理解能力。

5. 跨文化实践目标

（1）鼓励学生参与跨文化实践活动，如国际交流项目、海外实习等。

（2）引导学生在实践中运用所学知识和技能，提高跨文化交际的实践能力。

（3）通过实践反思和总结，不断完善自己的跨文化交际能力和策略。

（三）实现跨文化交际能力培养目标的途径

1. 课程设置与教学改革

（1）在大学英语课程中融入跨文化交际的内容，如开设跨文化交际课程、在综合英语课程中增加跨文化交际的素材等。

（2）采用多样化的教学方法和手段，如案例教学、模拟场景、角色扮演等，提高学生的学习兴趣和参与度。

（3）加强与其他学科的交叉融合，如文学、历史、社会学等，为学生提供更全面的文化背景知识。

2. 师资队伍建设

（1）加强教师的跨文化交际培训，提高教师的跨文化意识和能力。

（2）鼓励教师参与国际交流与合作项目，丰富教师的国际视野和跨文化经验。

（3）建立教师与业界专家的联系与合作机制，为学生提供更多的实践机会和资源。

3. 实践教学与课外活动

（1）组织各种形式的跨文化实践活动，如国际文化节、英语角、模拟联合国等。

（2）鼓励学生参与国际交流项目、海外实习等实践活动，提高他们的跨文化交际能力。

（3）通过课外活动和社团组织等渠道，为学生提供更多的跨文化交流和合作机会。

4. 评估与反馈机制

（1）建立有效的评估机制，对学生的跨文化交际能力进行定期评估。

（2）鼓励学生进行自我评估和反思，发现自己的不足并制订改进计划。

（3）通过评估结果反馈给教师和学生，帮助他们了解教学效果和学习情况，以便进行针对性的改进和提高。

二、设计针对性的跨文化交际教学活动

为了培养学生的跨文化交际能力，大学英语教学需要设计一系列针对性的教学活动。这些活动旨在帮助学生了解不同的文化，增强他们的文化敏感性，提高他们的跨文化沟通与合作能力。

（一）活动设计的理念

跨文化交际教学活动的设计应遵循以下理念：

1. 以学生为中心：活动应围绕学生的需求和兴趣展开，激发他们的学习积极性和主动性。

2. 实践性导向：活动应注重实践性和体验性，让学生在实践中学习和提高跨文化交际能力。

3. 多元文化融合：活动应体现多元文化的融合，引导学生尊重和理解

不同文化背景下的价值观和行为方式。

（二）活动设计的目标

跨文化交际教学活动的目标主要包括以下几个方面：

1. 增强学生的文化敏感性：通过活动，让学生对不同文化有更加深入的了解和认识，培养他们的文化敏感性。

2. 提高学生的跨文化沟通能力：通过模拟和实践，让学生掌握跨文化沟通的技巧和策略，提高他们的跨文化沟通能力。

3. 培养学生的跨文化合作能力：通过团队合作和协作，让学生学会在不同文化背景下进行有效的合作和协商。

4. 拓展学生的国际视野：通过活动，让学生了解国际形势和全球化趋势，拓展他们的国际视野。

（三）活动设计的内容

基于以上目标，我们可以设计一些针对性的跨文化交际教学活动，比如：

通过展示不同国家的文化特色，如服装、美食、节日等，让学生对不同文化有直观的认识。同时，鼓励学生分享其他国家的文化，促进文化之间的交流和融合。此外，可以组织文化讲座或研讨会，邀请专家或留学生分享他们的跨文化经验和见解。设计模拟场景，如商务谈判、国际会议等，让学生在模拟环境中进行跨文化沟通和实践。通过角色扮演，让学生亲身体验不同文化背景下的沟通方式和策略，提高他们的跨文化沟通能力。此外，可以设置一些跨文化冲突和误解的情境，让学生在实践中学会如何处理和解决这些问题。

鼓励学生组成跨文化团队，共同完成一个项目或任务。在项目中，学生需要学会与来自不同文化背景的人合作和协商，共同解决问题。通过项目合作，学生可以锻炼自己的跨文化合作能力，并增强对不同文化的理解和尊重。组织学生参加国际交流项目或海外实习活动，让他们亲身体验不同文化背景下的生活和工作。在国际交流中，学生可以结交来自不同国家的朋友，了解他们的文化和生活方式，拓宽自己的国际视野。此外，可以邀请国外学生来校交流，增进双方的了解和友谊。

（四）活动实施的方法

为了确保跨文化交际教学活动的有效实施，可以采取以下方法：制订详细的活动计划和方案，明确活动的目标、内容、时间、地点等要素。提前进行充分的准备和布置，包括场地布置、设备调试、材料准备等。邀请专业人士或教师进行指导和辅导，确保活动的专业性和有效性。鼓励学生积极参与和互动，激发他们的学习热情和创造力。及时收集学生的反馈意见和建议，对活动进行改进和优化。

（五）评估与反馈机制

为了评估跨文化交际教学活动的效果，可以建立以下评估与反馈机制：观察学生在活动中的表现，包括参与度、沟通能力、合作能力等。邀请学生填写活动反馈表，收集他们对活动的意见和建议。通过测试和问卷调查等方式，评估学生对跨文化交际知识和技能的掌握情况。根据评估结果和反馈意见，对活动进行改进和优化，提高活动的质量和效果。

三、鼓励学生在实际交流中运用所学知识

在教育的道路上，学生学习知识不仅仅是为了考试分数，更重要的是为了在实际生活中运用这些知识。特别是在跨文化交际能力的培养上，更需要学生能够将所学的理论知识与实际操作相结合，从而真正掌握和运用这些技能。

（一）理解跨文化交际能力的实践重要性

跨文化交际能力不仅仅是一种理论知识，更是一种实践能力。它要求学生在不同的文化背景下，能够有效地进行沟通、理解、适应和解决问题。这种能力在全球化程度日益加深的今天，显得尤为重要。因此，鼓励学生

将所学的跨文化交际知识运用到实际交流中，不仅能够帮助他们更好地理解和适应不同文化，还能够提高他们的综合素质和国际竞争力。

（二）设计实践活动以使学生运用所学知识

角色扮演和模拟场景是鼓励学生运用所学知识的一种有效方法。教师可以设计各种模拟场景，如商务谈判、国际会议、跨文化团队合作等，让学生在这些场景中扮演不同的角色，并运用所学的跨文化交际知识进行沟通。通过模拟场景，学生可以亲身体验到不同文化背景下的沟通方式和策略，从而加深对跨文化交际的理解和运用。

实地考察和交流项目是学生运用所学知识的重要途径。教师可以组织学生参加各种国际交流项目，如海外实习、国际志愿者活动等，让学生亲身体验不同文化背景下的生活和工作。在实地考察和交流项目中，学生可以与来自不同文化背景的人进行直接交流，了解他们的文化和生活方式，拓宽自己的国际视野。同时，学生还可以将在课堂上学到的跨文化交际知识运用到实际交流中，提高自己的跨文化交际能力。

跨文化交流活动也是鼓励学生运用所学知识的一种有效方式。教师可以组织各种跨文化交流活动，如国际文化节、英语角、模拟联合国等，让学生有机会与来自不同文化背景的人进行交流和互动。在这些活动中，学生可以通过与不同文化背景的人交流，了解他们的思维方式、行为习惯和价值观，从而加深对跨文化交际的理解和认识。同时，学生还可以在这些活动中应用所学的跨文化交际知识，提高自己的跨文化交际能力。

（三）提供支持和指导促进学生参与实践

建立导师制度可以为学生提供有效的指导和支持。导师可以是教师、行业专家或经验丰富的学长学姐等。他们可以根据学生的实际情况和需求，为他们提供个性化的指导和建议。导师可以帮助学生制订实践计划、解决实践中的问题、评估实践成果等。通过导师的指导和支持，学生可以更加自信地运用所学知识进行实践。及时的反馈和评估对于鼓励学生运用所学知识进行实践具有重要意义。教师可以通过观察、测试、问卷调查等方式，对学生的实践成果进行评估和反馈。同时，教师还可以鼓励学生之间进行互评，彼此分享经验。通过反馈和评估，学生可以了解自己的优点和不足，明确下一步的改进方向。同时，他们还可以从其他同学的经验中汲取营养，不断提高自己的跨文化交际能力。

奖励和激励机制可以激发学生运用所学知识进行实践的积极性。教师可以设立各种奖励和荣誉称号，如"跨文化交际之星""优秀实践者"等，表彰在跨文化交际实践中表现突出的学生。同时，教师还可以将学生的实践成果与课程成绩相结合，给予一定的加分或优惠。通过奖励和激励机制，学生可以更加积极地参与跨文化交际实践，提高自己的跨文化交际能力。

（四）培养学生的自主性和主动性

激发学生的兴趣是培养学生学习自主性和主动性的关键。教师可以通过生动有趣的案例、故事或视频等方式，激发学生对跨文化交际的兴趣和好奇心。同时，教师还可以鼓励学生关注国际新闻和时事热点，了解不同文化背景下的社会现象和问题。通过激发学生的兴趣，他们可以更加主动地运用所学知识进行实践。

自主学习能力是学生将所学知识运用到实际交流中的重要保障。教师可以通过提供丰富的资源和指导，帮助学生培养自主学习能力。例如，教师可以推荐一些优秀的跨文化交际书籍、网站或课程等，供学生自主学习和参考。同时，教师还可以鼓励学生利用课余时间参加各种跨文化交流活动和实践项目等，提高自己的跨文化交际能力。

四、定期评估与反馈，持续改进大学英语的教学方法

大学英语教学作为培养学生英语能力的重要阶段，其教学方法直接关系到学生的英语实际应用能力和未来的职业发展。因此，定期进行评估与

反馈，持续改进大学英语的教学方法，对于提高大学英语教学质量，培养学生的英语实际应用能力具有重要意义。

（一）定期评估的必要性

1. 监控教学质量：定期评估能够全面、客观地了解大学英语教学的实际情况，包括教学内容、教学方法、教学效果等方面，从而监控教学质量，确保教学活动符合教学目标和要求。

2. 发现问题与不足：通过评估，能够及时发现教学中存在的问题和不足，如教学方法单一、教学内容陈旧、学生参与度不高等，为后续的改进提供方向和依据。

3. 促进教师成长：评估结果可以作为教师自我反思和成长的重要参考，帮助教师了解自己在教学中的优点和不足，从而有针对性地进行改进和提高。

（二）评估的内容与方法

1. 教学内容评估：评估教学内容是否符合教学大纲和课程目标，是否具有时代性和前瞻性，能否满足学生的实际需求。同时，还需要评估教学内容的组织和呈现方式是否合理，能否激发学生的学习兴趣和积极性。

2. 教学方法评估：评估教学方法的多样性和灵活性，是否采用了多种教学方法和手段，如讲座、讨论、案例分析、角色扮演等，以及这些方法是否能够有效促进学生的学习。此外，还需要评估教学方法的创新性和实践性，是否能够培养学生的实际应用能力和创新精神。

3. 学生评估：学生是教学活动的主体，他们的反馈是评估教学质量的重要依据。通过问卷调查、访谈、课堂观察等方式，了解学生的学习态度、学习效果、学习需求等方面的信息，从而评估教学质量和教学方法的有效性。

4. 教师自我评估：作为教学活动的组织者和实施者，教师的自我评估也是评估教学质量的重要方面。教师可以通过反思自己的教学过程和教学效果，发现存在的问题和不足，并提出改进的措施和方法。

（三）反馈与改进机制

1. 及时反馈：评估结果应及时反馈给教师和学生，让他们了解教学活动的实际情况。对于存在的问题和不足，应明确指出并提出改进的建议和措施。

2. 针对性改进：根据评估结果和反馈意见，教师应有针对性地进行改进。例如，针对教学内容陈旧的问题，可以更新教学内容和教材；针对教学方法单一的问题，可以采用多种教学方法和手段；针对学生参与度不高的问题，可以加强师生互动和课堂讨论等。

3. 跟踪观察：在改进后的一段时间内，应对改进效果进行跟踪观察，了解改进措施是否有效，学生的学习态度和效果是否有所提高。如果改进效果不佳，应及时调整改进策略和方法。

4. 持续改进：大学英语教学是一个不断发展和完善的过程，需要持续进行评估和改进。教师应不断关注教学动态和学生的学习需求，及时调整教学策略和方法，以适应不断变化的教学环境和学生需求。

（四）实施定期评估与反馈的挑战与应对策略

在实施定期评估与反馈的过程中，可能会面临一些挑战，如评估标准的不统一、评估方法的复杂性、反馈信息的收集和处理难度等。此外，教师的时间和精力有限也可能成为制约评估与反馈工作的因素。为了应对这些挑战，可以采取以下策略：一是建立统一明确的评估标准和方法，确保评估结果的客观性和公正性；二是采用简便易行的评估方法，减少教师的工作负担；三是加强信息技术在教学评估中的应用，提高评估效率和准确性；四是加强教师培训和交流，提高教师的评估能力和水平。

第四节 大学英语教材中的跨文化交际内容

一、教材中涉及的跨文化交际知识点

为了适应全球化的时代需求，各类教材中越来越多地融入了跨文化交际的知识点。这些知识点不仅有助于学生了解不同文化背景下的交际规则和习惯，还能够提升他们的跨文化意识和交际能力。

（一）教材中的跨文化交际知识点

教材中的跨文化交际知识点首先涉及文化差异的认知。学生需要了解不同文化背景下的价值观、信仰、习俗等方面的差异，以及这些差异对交际行为的影响。例如，在西方国家，人们通常注重个人独立和自由，而在东方国家，人们则更注重集体主义和家庭观念。这些文化差异在交际中的体现，需要学生在学习中加以注意和理解。

语言交际和非语言交际是跨文化交际中的两个重要方面。语言交际涉及语音、语调、词汇、语法等方面的差异，学生需要了解不同文化背景下的语言习惯和表达方式。例如，在称呼方面，不同文化有不同的称谓方式和习惯；在交际方式上，有的文化注重直接表达，有的则更注重委婉和含蓄。此外，非语言交际如面部表情、肢体语言、眼神交流等也在跨文化交际中扮演着重要角色。学生需要了解不同文化背景下的非语言交际习惯，以避免在交际中造成误解或冲突。

跨文化沟通是跨文化交际中的核心环节。学生需要掌握跨文化沟通的技巧和策略，如倾听、表达、反馈等，以确保交际活动的顺利进行。同时，由于文化差异的存在，跨文化交际中难免会出现冲突。学生需要了解冲突产生的原因和类型，并学会运用有效的解决策略，如协商、调解等，以化

解冲突并维护良好的人际关系。在跨文化交际中，文化适应和文化融合是两个重要的过程。文化适应是指个体在面对不同文化环境时，通过调整自己的行为和态度以适应新的文化环境。学生需要了解文化适应的过程和策略，以更好地适应不同文化背景下的生活和工作。同时，文化融合也是跨文化交际中的重要现象。不同文化在交流和互动中相互借鉴、相互融合，形成新的文化形态。学生需要了解文化融合的过程和结果，以更好地理解和尊重不同文化之间的共性和差异。

随着全球化的发展，跨文化商务交际已经成为企业国际化经营中不可或缺的一部分。教材中的跨文化交际知识点也涉及商务交际的各个方面。学生需要了解不同文化背景下的商务礼仪、商务谈判技巧、商务合作方式等，以更好地进行跨文化商务交际。同时，学生还需要了解不同文化背景下的商业道德和法律规范，以避免在商务交际中触犯当地法律或文化禁忌。

跨文化教育和文化传播是跨文化交际中的重要领域。学生需要了解跨文化教育的理念和实践，以及文化传播的方式和策略。通过跨文化教育，学生可以更好地理解和尊重不同文化之间的共性和差异，培养跨文化意识和交际能力。同时，文化传播也是推动不同文化之间交流和融合的重要途径。学生需要了解文化传播的媒介和渠道，以及如何利用这些媒介和渠道进行文化传播和交流活动。

二、通过教材引导学生理解文化差异

对于年轻一代而言，理解和尊重文化差异是成为国际化人才必备的重要素质之一。因此，在教育过程中，通过教材引导学生理解文化差异显得尤为重要。

（一）教材内容的选取

为了引导学生理解文化差异，教材应呈现多元文化的特点。在内容选取上，可以涵盖不同国家、不同民族、不同文化等方面的文化。通过展示各种文化的独特之处，使学生意识到世界上存在多种多样的文化，从而激发他们的好奇心和求知欲。教材在呈现多元文化的同时，还应注重对文化差异的比较与分析。可以选取一些典型的文化现象或案例，从价值观、习俗、语言等方面进行比较，让学生明确不同文化之间的差异。同时，教材还应分析这些差异产生的原因，如历史、地理、经济等因素，帮助学生更深入地理解文化差异。

在文化差异的背景下，文化冲突是难以避免的。教材可以选取一些真实的文化冲突案例，如跨国企业中的文化冲突、国际旅游中的文化误解等，进行分析和讨论。通过案例研究，学生可以了解文化冲突的实际表现和应对策略，从而提高他们处理文化冲突的能力。

（二）教学方法的运用

案例教学法是一种有效引导学生理解文化差异的教学方法。教师可以根据教材内容，选择相关的文化案例，让学生在课堂上进行讨论和分析。通过案例的呈现和讨论，学生可以更直观地了解文化差异的表现和影响，从而加深对文化差异的理解。

角色扮演法可以帮助学生亲身体验不同文化背景下的交际过程。教师可以设计一些跨文化交际场景，让学生扮演不同文化背景下的角色，进行模拟交际。通过角色扮演，学生可以更深入地了解不同文化背景下的交际规则和习惯，从而提高他们的跨文化交际能力。

小组讨论法可以促进学生之间的交流和合作。教师可以将学生分成若干小组，让他们围绕某个文化主题进行讨论。在讨论过程中，学生可以分享自己的经验和见解，听取他人的观点，从而拓宽视野、丰富认识。同时，小组讨论还可以培养学生的团队协作能力和沟通能力。

（三）实践活动的组织

组织跨文化交流活动是引导学生理解文化差异的重要途径。学校可以邀请来自不同国家的留学生或外籍教师来校交流，让学生有机会与他们进行面对面的交流。通过交流，学生可以更直接地了解不同文化背景下的生活方式、价值观念等，从而加深对文化差异的理解。

实地考察与体验可以让学生更深入地了解不同文化背景下的实际情况。学校可以组织学生到国外进行短期留学或交流，让他们亲身体验不同文化背景下的生活和学习。通过实地考察与体验，学生可以更直观地了解文化差异的表现和影响，从而加深对文化差异的理解。

组织跨文化合作项目可以让学生在实践中锻炼跨文化交际能力。学校可以与企业或国际组织合作，开展一些跨文化合作项目。在这些项目中，学生需要与来自不同文化背景的人进行合作，共同完成任务。通过项目合作，学生可以更深入地了解不同文化背景下的思维方式和工作习惯，从而提高他们的跨文化交际能力。

三、结合教材内容开展课堂讨论与活动

理解和尊重文化差异对于个人的成长和社会的进步都具有重要意义。在教育领域，通过课堂讨论和活动来引导学生深入理解文化差异，不仅可以激发学生的学习兴趣，还能够培养他们的跨文化意识和交际能力。

（一）教材内容的解读与选择

首先，教师需要深入解读教材内容，筛选出与文化差异相关的关键知识点。这些知识点可以包括不同国家的历史背景、风俗习惯等方面的内容。在选择教材内容时，教师应注重其多样性和代表性，以便让学生全面了解不同文化之间的差异。

在解读教材的过程中，教师还可以结合现实生活中的案例，将抽象的文化差异具体化、形象化。例如，可以选取一些跨国企业中由于文化差异导致冲突的案例，或者旅游中的文化误解案例，让学生在实际情境中感受

文化差异。

（二）课堂讨论的设计与实施

在讨论开始前，教师需要明确讨论的主题，可以围绕教材中的某个文化差异点展开，也可以结合学生的兴趣和实际生活经验进行拓展。主题的确定应具有启发性和争议性，以激发学生的思考和讨论热情。

教师可以根据学生的意愿或能力水平将他们分成小组，每个小组围绕讨论主题进行准备。在准备过程中，学生可以查阅相关资料、分享个人经验、讨论不同观点，形成初步的见解和看法。在讨论过程中，教师应充当引导者和组织者的角色。教师可以简要介绍讨论主题和背景，明确讨论的目标和要求。教师还可以引导学生围绕主题展开深入讨论，鼓励他们表达自己的观点和看法，同时倾听他人的意见。在讨论过程中，教师还可以适时提出一些问题或观点，以激发学生的思考和讨论。

讨论结束后，每个小组可以选派代表展示本组的讨论成果。展示形式可以多样化，如 PPT 汇报、角色扮演、情景模拟等。在展示过程中，教师应给予积极的反馈和评价，肯定学生的努力和成果。同时，其他小组也可以对展示内容进行提问或补充，以促进不同观点之间的交流和碰撞。

第三章 跨文化交际中的语言教学

第一节 跨文化交际中的语言交际技巧

一、掌握委婉与直接表达的切换技巧

在日常交际中,我们时常需要在委婉与直接表达之间做出选择。委婉表达能够缓和气氛,减少冲突,而直接表达则能够清晰明了地传递信息,提高沟通效率。然而,何时使用委婉表达,何时选择直接表达,以及如何在这两者之间灵活切换,却是一门需要细心揣摩的技巧。

(一)委婉表达的重要性与技巧

1. 委婉表达的重要性

委婉表达在人际交往中起着重要的作用。首先,它能够缓和气氛,减少冲突。在表达一些可能引起争议或不适的内容时,使用委婉的语言能够降低对方的抵触心理,使沟通更加顺畅。其次,委婉表达还能够体现对他人的尊重和理解。在交流中,尊重他人的感受和需求是建立良好关系的基础,而委婉表达正是体现这种尊重的一种方式。

2. 委婉表达的技巧

(1)避免直接冲突:在表达不同意见或批评时,可以使用一些缓和的

词汇或语气，避免直接冲突。例如，使用"我觉得""我认为"等表达方式，而不是"你错了""你不应该这样做"等直接指责的语句。

（2）利用比喻和隐喻：比喻和隐喻是委婉表达中常用的修辞手法，能够将复杂的概念或情感用简单易懂的方式表达出来，同时避免直接触及敏感话题。例如，用"像春天的阳光一样温暖"来形容某人的善良和友好，比直接说"你很善良"更加生动和委婉。

（3）注意语气和语调：语气和语调是委婉表达中不可忽视的因素。柔和的语气和语调能够传递出友好和尊重的信息，而尖锐和冷漠的语气则容易引起对方的反感。因此，在委婉表达时，我们需要注意自己的语气和语调，确保与表达的内容相匹配。

（二）直接表达的重要性与技巧

1. 直接表达的重要性

直接表达在交际中同样具有重要地位。首先，它能够清晰明了地传递信息，避免误解和歧义。在需要明确表达意图或观点时，直接表达能够确保对方准确理解自己的意思。其次，直接表达还能够提高工作效率和决策速度。在需要迅速做出决策或达成共识的场合中，直接表达能够减少不必要的猜测，节省时间。

2. 直接表达的技巧

（1）明确表达意图：在直接表达时，我们需要明确自己的意图和目的。这有助于我们更加清晰地组织语言和思路，同时也能够让对方更加准确地理解我们的意思。例如，在提出要求或建议时，我们可以先明确自己的目的和需求，然后有针对性地表达自己的想法。

（2）注意语气和态度：虽然直接表达需要清晰明了地传递信息，但我们也需要注意语气和态度。过于强硬或冷漠的语气容易让对方产生反感或抵触心理，从而影响沟通效果。因此，在直接表达时，我们需要保持友善的语气和尊重的态度，直接表达自己的想法。

（3）尊重对方感受：在直接表达时，我们也需要尊重对方的感受和需求。如果我们的表达可能会让对方感到不适或尴尬，我们可以适当地调整语气和措辞，或者先询问对方的意见和感受。这样做不仅能够减少冲突和误解，还能够增进彼此之间的理解和信任。

（三）委婉与直接表达的切换技巧

在交际中，我们首先需要观察沟通环境。不同的场合和对象需要不同的表达方式。在正式场合或与陌生人交往时，我们可能需要更加谨慎和委婉地表达自己的想法；而在熟悉或亲密的关系中，我们可以更加直接和坦率地沟通。了解对方的性格、情绪和心理状态也是切换表达方式的关键。有些人可能比较敏感和脆弱，需要我们更加委婉地表达；而有些人则可能更加直率和果断，需要我们直接地沟通。因此，在交际中我们需要不断揣摩对方的心理状态并根据实际情况灵活调整自己的表达方式。

修辞手法是委婉与直接表达中不可或缺的工具。我们可以通过使用比喻、排比、反问等修辞手法来增强表达的生动性和说服力。同时我们也需要根据表达内容的需要灵活运用这些修辞手法以达到最佳的沟通效果。掌握委婉与直接表达的切换技巧需要不断练习和总结。在交际中我们可以尝试运用不同的表达方式来传递相同的信息并观察对方的反应和反馈。通过不断尝试和总结经验可以逐渐提高自己的表达能力和沟通技巧。

三、学会使用恰当的交际策略以避免误解

在日常生活和工作中，交际是我们无法避免的重要活动。然而，由于文化背景、语言习惯、个人理解等多种因素的存在，误解在交际中经常产生。产生误解不仅可能导致信息传递失真，还可能影响人际关系的和谐，甚至产生严重的后果。因此，学会使用恰当的交际策略以避免误解显得尤为重要。

（一）明确交际目的与意图

在进行交际之前，我们首先要明确自己的交际目的和意图。明确的目的能够帮助我们更加清晰地组织语言和思路，确保信息传达的准确性。同时，当我们的意图明确时，对方也能更容易理解我们的意思，从而减少误解产生的可能性。

（二）选择合适的交际方式

交际方式的选择对于避免误解至关重要。不同的交际方式适用于不同的场合和对象。在选择交际方式时，我们需要考虑对方的性格、文化背景、语言习惯等因素，选择最为恰当的方式来进行沟通。

1. 口头交际：口头交际是最常见的交际方式之一。在口头交际中，我们需要注意语速、语调、音量等因素，确保对方能够清晰地听到我们的声音。同时，我们还要善于运用非言语因素，如面部表情、肢体语言等，来增强信息传递的效果。

2. 书面交际：书面交际适用于需要长期保存或正式场合的沟通。在书面交际中，我们需要注意文字表达的准确性和清晰度，避免使用模糊或含糊不清的词汇和句子。同时，我们还要注意排版和格式的美观大方，以提高信息的可读性。

3. 多媒体交际：随着科技的发展，多媒体交际逐渐成为一种新兴的交际方式。在多媒体交际中，我们需要善于运用图片、音频、视频等多种媒体形式来传递信息。这种交际方式能够丰富信息的表现形式，提高信息的吸引力和传播效果。

（三）注意言语表达的准确性

言语表达的准确性是避免误解的关键。在交际中，我们需要尽量使用准确、清晰的词汇和句子来表达自己的意思。避免使用模糊、含糊不清或容易引起歧义的词汇和句子。同时，我们还要注意语法和拼写的问题，确保信息的准确性。

（四）倾听与反馈

倾听与反馈是交际中不可或缺的两个环节。倾听能够帮助我们更好地理解对方的意图和需求，而反馈则能够确保信息得到了正确的传达。

1. 倾听：在交际中，我们需要时刻保持专注和耐心，认真倾听对方的发言。在倾听过程中，我们要注意捕捉对方所说的关键信息和意图，并尝试站在对方的角度去思考问题。这样能够帮助我们更加深入地理解对方的想法和需求，减少误解产生的可能性。

2. 反馈：在倾听之后，我们需要给予对方及时的反馈。反馈可以是肯定或否定的回应，也可以是进一步的提问或澄清。通过反馈，我们能够确保对方理解了自己的意思，并且双方对信息的理解是一致的。如果发现存在误解或歧义的情况，我们可以及时进行调整和修正，以确保信息的准确性。

（五）尊重文化差异和个性差异

在交际中，我们需要尊重不同文化之间的差异和不同个体之间的个性差异。这些差异可能会导致我们在理解和表达信息时产生偏差。因此，我们需要保持开放的心态和包容的态度去理解和接纳这些差异。

1. 尊重文化差异：不同的文化有不同的价值观和表达方式。在跨文化交际中，我们需要了解并尊重对方的文化背景和习俗，避免因为文化差异而产生的误解或冲突。

2. 尊重个性差异：每个人都有自己独特的性格和思维方式。在交际中，我们需要尊重对方的个性差异并尝试理解对方的想法和需求。通过理解和尊重个性差异，我们能够更好地建立信任和关系并减少误解产生的可能性。

（六）培养良好的交际习惯

1. 保持礼貌和谦逊：在交际中保持礼貌和谦逊的态度能够赢得对方的尊重和信任并减少误解产生的可能性。

2. 善于表达自己的想法和需求：通过清晰、准确地表达自己的想法和需求能够确保信息得到正确的传达并避免误解的产生。

3. 学会倾听和理解对方：通过倾听和理解对方的想法和需求能够建立更加深入的关系。

4. 尊重并接纳不同意见：在交际中我们可能会遇到与自己持有不同的意见和看法的人。尊重并接纳不同意见能够拓宽我们的视野并促进相互之间的理解和合作。

四、通过模拟场景提高语言交际的实战能力

语言交际能力在现代社会中扮演着至关重要的角色。无论是职场上的商务沟通，还是日常生活中的社交互动，良好的语言交际能力都能帮助我们更有效地与他人建立联系、传递信息、解决问题。然而，语言交际能力的提升并非一蹴而就，需要通过不断的实践来培养。模拟场景作为一种有效的训练手段，能够帮助我们提高语言交际的实战能力。

（一）模拟场景的定义与重要性

模拟场景是指通过设定特定的环境、角色和任务，让参与者在模拟的情境中进行语言交际训练的一种方法。这种方法具有高度的仿真性和灵活性，能够针对不同的语言交际需求进行定制化训练。模拟场景的重要性主要体现在以下几个方面：

1. 实战性强：模拟场景能够模拟真实的语言交际环境，让参与者在实践中学习和掌握语言交际技巧，提高实践能力。

2. 针对性强：模拟场景可以根据不同的语言交际需求进行定制化设计，使训练更具针对性和实效性。

3. 互动性强：模拟场景通常涉及多个参与者之间的互动，能够激发参与者的主动性和积极性，提高训练效果。

（二）模拟场景的实施方法

1. 设定场景：根据训练目标和参与者的实际情况，设定一个或多个模

拟场景。场景可以是商务会议、社交聚会、面试等真实场景，也可以是虚构的情境。

2. 分配角色：根据场景需要，为参与者分配不同的角色和任务。角色可以是主持人、发言人、听众等，任务可以是提问、回答、讨论等。

3. 进行模拟：在设定好的场景中进行模拟训练。参与者需要按照角色和任务的要求进行语言交际，同时根据模拟的进展和反馈进行调整和改进。

4. 反馈与总结：模拟训练结束后，对参与者的表现进行反馈和总结。反馈可以是针对语言交际技巧、表达方式、沟通策略等方面的评价和建议，总结可以是对训练效果的评估和反思。

（三）模拟场景的具体案例分析

1. 商务会议模拟

（1）场景设定：一家跨国公司的中国区经理需要与总部高层进行一场关于市场策略的商务会议。

（2）角色分配：参与者分别扮演中国区经理、总部高层、翻译等角色。

（3）模拟过程：在模拟的商务会议中，中国区经理需要向总部高层汇报市场情况、分析竞争对手、提出市场策略等。同时，总部高层会就相关问题进行提问和讨论。在模拟过程中，参与者需要运用商务英语进行沟通和交流，并根据具体情况进行灵活应对。

（4）反馈与总结：模拟训练结束后，对参与者的商务英语表达能力、沟通策略、团队协作能力等方面进行评价和反馈。同时，总结本次训练的优点和不足，并提出改进建议。

2. 社交聚会模拟

（1）场景设定：一次朋友间的社交聚会，参与者需要互相交流、分享生活经验和兴趣爱好。

（2）角色分配：参与者无需特定角色分配，可根据个人兴趣和经历自由发挥。

（3）模拟过程：在模拟的社交聚会中，参与者需要主动与他人交流，分享自己的经历、观点和兴趣爱好。同时，也要认真倾听他人的发言，并给予积极的回应和反馈。在模拟过程中，参与者需要注意运用适当的语言交际技巧，如礼貌用语、幽默感、同理心等。

（4）反馈与总结：模拟训练结束后，对参与者的社交能力、语言表达能力、人际交往技巧等方面进行评价和反馈。同时，总结本次训练的优点和不足，并提出改进建议。

第二节　语言教学中的文化敏感性培养

一、文化敏感性的定义及其在教学中的作用

在文化交流日益频繁的今天，文化敏感性成为跨文化交际和大学英语教育中不可或缺的一部分。文化敏感性不仅是一个心理学术语，更是一个涉及教育、社会学、心理学等多学科的重要概念。

（一）文化敏感性的定义

文化敏感性，主要是指个体理解、尊重并适应不同文化环境的能力。它要求个体在接触不同文化时，能够保持较高的敏锐度，关注个体不同的文化差异性，以开放、包容和尊重的态度去理解和接纳这些差异。这种能力不仅体现在对异国文化的理解和尊重上，也体现在对本国文化的反思和判断上。

具体来说，文化敏感性包括以下几个方面：

1. 认可文化差异：文化敏感性要求个体认识到文化差异是客观存在的，无法凭个人喜好来拒绝或消除。每个文化都有其独特的价值观念、思维方式、行为规范和表达方式，这些差异构成了文化的多样性。

2.欣赏文化差异：文化敏感性要求个体从被动接受或带着不良情绪看待文化差异，转化为带着主动和积极的态度来看待这些差异。通过欣赏文化差异，个体能够更好地理解和接纳不同文化，促进文化间的交流和融合。

3.利用文化差异：文化敏感性要求个体不仅要欣赏文化差异，还要能够利用这些差异来解决问题和创造新的价值。通过发挥不同文化的优势，个体能够更好地应对复杂多变的社会环境。

（二）文化敏感性在大学英语教学中的作用

在教学领域，文化敏感性具有至关重要的作用。以下是文化敏感性在教学中的主要作用：

1.促进学生的全面发展：培养文化敏感性强调对学生的个体文化特质的关注，使教师和学生都意识到学生文化的存在。这种教学方式有利于培养学生的文化主体性，促进学生的全面发展。通过了解和尊重不同学生的文化背景和差异，教师能够更好地满足学生的个性化需求，促进学生的个性化发展和全面发展。

2.引领教师科学把握教学关系：培养文化敏感性能够引领教师科学把握教学关系，促进有效教学。有效教学强调教学的有效性，指的是学生的个性发展和全面发展。这要求教师全面了解学生，也要求学生了解自身的兴趣和需要，发挥主体性。通过对教师文化、学生文化、课程文化和课堂文化等多元文化的教学观照，教师能够更深入地了解学生的发展需求，促进学生的文化主体性的发展，从而促进学习的真实发生。

3.提供课程文化育人功能的重要依据：培养文化敏感性为发挥课程文化育人功能提供了重要依据。课程和教学之间相互制约、相互影响。通过培养文化敏感性，教师能够更好地将课程文化与教学内容相结合，使课程内容更加丰富、多元和具有文化意义。这有助于学生更好地理解课程内容，提高学习效果，同时也能够培养学生的文化素养和跨文化交际能力。

4.增进师生之间的理解和信任：培养文化敏感性有助于增进师生之间

的理解和信任。通过了解和尊重不同学生的文化背景和差异，教师能够更好地理解学生的行为和思维方式，从而建立起更加和谐的师生关系。同时，学生也能够感受到教师的尊重和关爱，更加积极地参与到学习活动中来。

（三）提升大学英语教学中的文化敏感性

要提升大学英语教学中的文化敏感性，可以从以下几个方面入手：

1.增强教师的文化意识：教师是教学中的关键角色，其文化意识和敏感性直接影响着教学的效果。因此，应该加强对教师的文化教育和培训，提高他们的文化敏感性和跨文化交际能力。

2.引入多元文化教学内容：在教学过程中，应该引入多元文化教学内容，让学生了解和接触不同文化。这有助于学生更好地理解和接纳不同文化，培养他们的文化包容性和跨文化交际能力。

3.营造包容和尊重的教学氛围：在教学过程中，应该营造包容和尊重的教学氛围。教师应该尊重学生的文化背景和差异，鼓励学生积极表达自己的观点和感受。同时，学生也应该尊重他人的文化背景和差异，以开放、包容和尊重的态度去理解和接纳不同文化。

二、通过对比分析不同文化背景下的语言表达

语言作为文化沟通与交流的桥梁，承载着不同文化的特色与精髓。不同文化背景下的语言表达，既体现了各自文化的独特性，也反映了人类共通的思考方式和情感表达。

（一）不同文化背景下的语言表达差异

不同文化背景下的语言在结构上往往存在显著差异。这种差异主要体现在句子结构、语序、语法规则等方面。例如，英语作为一种屈折语，其句子结构严谨，语序固定，强调主谓宾的结构；而汉语则属于孤立语，句子结构相对灵活，语序多变，更注重意合而非形合。这种结构差异不仅影

响了语言的表达方式，也反映了不同文化对事物认知和处理方式的差异。

词汇是语言的基本单位，不同文化背景下的语言在词汇选择上也有着显著差异。这种差异主要体现在词义、词汇范围和词汇使用习惯等方面。在描述同一事物时，不同文化背景下的语言可能会选择不同的词汇来表达。这种差异不仅反映了不同文化对事物认知的差异，也体现了不同文化在语言表达上的独特性和创造性。

语用习惯是指在不同文化背景下，人们在语言使用上形成的特定方式和习惯。这种差异主要体现在语言的交际功能、语气语调、表达方式等方面。例如，在某些文化中，人们可能更倾向于使用委婉、含蓄的表达方式，而在一些文化中则可能更直接、坦率。这种语用习惯的差异不仅影响了语言的交际效果，也反映了不同文化在人际交往中的价值观和礼仪规范。

（二）不同文化背景下的语言表达共性

尽管不同文化背景下的语言表达存在诸多差异，但它们的基本功能是一致的，即交流信息、表达情感。无论是哪种语言，人们都是通过语言来与他人沟通、分享经验和感受，从而增进彼此的了解和信任。这种交流功能的共性使得不同文化背景下的语言能够相互借鉴、融合和发展。情感是人类共有的心理体验，不同文化背景下的语言在表达情感时也存在共性。例如，在描述喜悦、悲伤、愤怒等情感时，不同文化背景下的语言都会使用相应的词汇和表达方式。这种情感表达的共性使得不同文化背景下的人们能够相互理解和感受彼此的情感体验，从而增进彼此的情感联系和共鸣。

语言是文化传承的重要载体，不同文化背景下的语言都承载着各自文化的精髓和特色。无论是通过口头传承还是书面记录，语言都是传递文化信息、弘扬文化精神的重要途径。这种文化传承的共性使得不同文化背景下的语言能够相互学习、借鉴和融合，从而推动人类文化的繁荣和发展。

三、引导学生关注并理解文化语境中的细微差别

在文化交流日益频繁的背景下,引导学生关注并理解文化语境中的细微差别显得尤为重要。文化语境中的细微差别不仅影响着人们的语言交流,还关系到文化认同、价值观念和行为方式的形成。

（一）文化语境及其细微差别

文化语境是指与语言交际相关的社会文化背景。它包括历史传统、风俗习惯、价值观念、宗教信仰、生活方式等多方面的因素。文化语境是语言交际的基础和前提,它影响着人们的语言表达和理解方式。文化语境中的细微差别是指在不同文化背景下,人们在语言交际中所表现出的微小差异。这些差异可能体现在词汇选择、语法结构、语用习惯、非语言交际等多个方面。例如,在词汇选择上,同一概念在不同文化中可能有不同的词汇表达;在语用习惯上,不同文化背景下的人们可能使用不同的表达方式来传达相同的意思;在非语言交际方面,不同文化背景下的肢体语言、面部表情等也可能存在差异。

（二）细微差别的重要性

理解文化语境中的细微差别是跨文化交际的基础。只有当我们意识到并尊重不同文化之间的细微差异时,才能更好地进行跨文化交际,避免误解和冲突。通过关注和理解细微差别,我们可以更加准确地理解对方的意图和感受,增进彼此的了解和信任。文化认同感是指个体对自己所属文化的认同和归属感。关注并理解文化语境中的细微差别有助于我们更好地认识和理解自己的文化,增强文化认同感。同时,通过对其他文化中细微差别的了解和认识,我们可以更加包容和尊重不同的文化,促进文化的多样性和包容性。

在全球化时代,具备全球视野的人才更具竞争力。关注并理解文化语境中的细微差别有助于我们拓宽视野,了解不同文化的特点和优势,从而

更加全面地认识世界。这种全球视野的培养有助于我们更好地适应多元文化环境，提高跨文化交流和合作的能力。

（三）引导学生关注并理解细微差别的方法

首先，要引导学生树立跨文化意识，认识到不同文化之间的差异和共性。教师可以通过课堂讲解、案例分析等方式，让学生了解不同文化的历史背景、价值观念、风俗习惯等方面的内容，从而培养跨文化意识。通过开展文化比较活动，让学生亲身体验不同文化之间的差异和细微差别。例如，可以组织学生观看不同国家的电影、阅读不同国家的文学作品、参加不同国家的文化节日等，让学生在实践中感受和理解不同文化的特点。语言交际是理解文化语境中细微差别的重要途径。教师可以通过模拟真实场景、角色扮演等方式，加强学生的语言交际训练。在训练中，教师可以引导学生注意不同文化背景下的语用习惯、非语言交际等方面的差异，帮助学生更好地理解和运用语言。

互联网为我们提供了丰富的跨文化学习资源。教师可以引导学生利用网络资源，如跨文化交流网站、国际社交媒体等，了解不同文化的最新动态和细微差别。同时，学生也可以通过网络与其他国家的同龄人进行交流和互动，增进对不同文化的了解和认识。

四、设计文化活动以增强学生的文化感知能力

由于文化多样性日益凸显，培养学生的文化感知能力显得尤为重要。文化感知能力是指个体对不同文化现象、文化价值和文化差异的认知、理解和尊重的能力。这种能力不仅有助于学生更好地适应多元文化环境，还能促进其跨文化交流与合作的顺利进行。

（一）文化活动设计原则

在设计文化活动时，我们需要遵循以下原则以确保活动的有效性和吸

引力：

1.多样性原则：活动应涵盖不同地域、民族等文化元素，以展现文化的多样性。

2.参与性原则：活动应鼓励学生积极参与，通过亲身体验来增强文化感知能力。

3.互动性原则：活动应设置互动环节，促进学生之间的交流与合作，共同探索文化奥秘。

4.趣味性原则：活动应具有趣味性，让学生在轻松愉快的氛围中感受文化的魅力。

（二）文化活动设计方案

1.文化讲座与展览

（1）主题讲座：邀请文化专家、学者或民间艺人举办系列主题讲座，介绍不同文化的历史、传统、艺术等方面的内容。讲座内容应具有针对性和启发性，能够激发学生的兴趣和思考。

（2）文化展览：组织文化展览，展示不同文化的艺术品、文物、图片等。展览内容应具有代表性和丰富性，能够让学生直观地感受到不同文化的魅力。同时，可以设置互动环节，如导览员讲解、观众提问等，增强观众的参与感和体验感。

2.文化体验活动

（1）民俗体验：组织学生参观民俗文化村或民俗博物馆，了解当地的民俗风情、传统习俗等。学生可以亲身参与民俗活动，如制作传统手工艺品、品尝当地美食等，感受不同文化的独特魅力。

（2）文化交流节：举办文化交流节，邀请来自不同国家和地区的学生参与。学生可以通过表演、展示、游戏等方式展示自己家乡的文化特色，增进彼此的了解和友谊。同时，可以设置互动环节，如文化沙龙、主题讨论等，促进学生之间的深度交流和思考。

3. 文化主题研究

（1）课题研究：鼓励学生进行文化主题研究，如研究某个民族的文化传统或研究某个国家的文化特色。学生可以通过查阅资料、实地考察、采访专家等方式进行深入研究，撰写研究报告或论文。这种活动能够培养学生的研究能力和独立思考能力，同时也有助于增强其对不同文化的感知能力。

（2）文化论坛：举办文化论坛，邀请学生、教师和相关领域的专家就某个文化主题进行交流和讨论。论坛可以设置主题演讲、分组讨论、观众提问等环节，让学生充分表达自己的观点和看法，增进对不同文化的理解和尊重。

4. 文化实践项目

（1）国际志愿者项目：组织学生参与国际志愿者项目，如到国外进行文化交流、支教、环保宣传等活动。这些活动能够让学生亲身体验不同文化的风土人情，了解当地人的生活方式和价值观念，从而增强其对不同文化的感知能力。

（2）文化创新项目：鼓励学生进行文化创新项目，如设计具有文化特色的创意产品、举办具有文化特色的活动等。这种活动能够培养学生的创新意识和实践能力，同时也有助于将不同文化元素融入现代生活中，促进文化的传承与发展。

（三）文化活动实施策略

为了确保文化活动的有效实施，我们需要采取以下策略：

制订详细的活动计划：在活动开始前，需要制订详细的活动计划，包括活动目标、内容、时间、地点、人员分工等方面的安排。这有助于活动的有序进行和达到预期的效果。

加强宣传推广：通过各种渠道加强对文化活动的宣传和推广，如在学校网站、社交媒体、宣传栏等发布活动信息，有助于吸引更多的学生参与活动，提高活动的知名度和影响力。

提供必要的支持：为活动的实施提供必要的支持，如场地、设备、资金等。同时，可以邀请相关领域的专家或志愿者为活动提供指导和帮助。

加强活动后的反馈和评估：在活动结束后，及时收集学生的反馈意见和评估结果，了解活动的效果和不足之处。这有助于我们不断改进和完善文化活动的设计和实施方式，提高活动的质量和效果。

第三节　英语教学中的语用失误与对策

一、识别并纠正常见的语用失误类型

语用失误，指的是在交际过程中，由于使用语言不当或不符合特定语境下的社会规范、习惯用法等而导致的交际障碍或误解。语用失误不仅影响交际的顺利进行，还可能对人际关系造成负面影响。因此，识别并纠正常见的语用失误类型对于提高交际效果、促进人际关系和谐具有重要意义。

（一）常见的语用失误类型

语言选择不当是指在交际过程中使用了不恰当或不得体的语言。这种失误可能是由于对交际对象、交际场合或交际目的的了解不足而导致的。例如，在正式场合使用过于随意或口语化的语言，或者在私人场合使用过于正式或专业的语言。此外，语言选择不当还可能涉及对性别、年龄、职业等社会因素的考虑不足。

语法错误是指在语言表达中违反了语言规则或习惯用法。这种失误可能是由于语言知识的缺乏或对语法规则的误解而导致的。语法错误可能涉及词序、时态、语态、语气等多个方面。例如，在英语中，主语和谓语之间的顺序是固定的，但在某些情况下，学生可能会因为对规则的误解而将

其颠倒。此外，时态和语态的错误使用也是常见的语法问题。

语义歧义是指由于语言表达方式不明确或含糊不清而导致的理解困难。这种失误可能是由于词汇的多义性、句子的复杂结构或上下文信息不足而导致的。例如，在某些情况下，一个词可能具有多个含义，如果在句子中没有足够的上下文信息来明确其含义，就可能导致误解。此外，复杂的句子结构也可能导致理解困难，因为读者需要花费更多的时间和精力来解析句子的意思。

语用习惯差异是指不同文化背景下的人们在交际中所遵循的不同语用规则和习惯。这种差异可能导致交际中的误解和冲突。例如，在某些文化中，直接表达个人观点或情感被视为礼貌和尊重，而在其他文化中，这可能被视为粗鲁或冒犯。此外，不同的文化还可能对礼貌用语、称呼方式、话题选择等方面有不同的要求。

非语言交际失误是指在交际过程中，由于身体语言、面部表情、声音语调等非语言因素使用不当而导致的交际障碍。这种失误可能是由于文化差异、个人习惯或紧张情绪等因素导致的。例如，在某些文化中，微笑被视为友好和善意的象征，而在其他文化中，微笑可能具有不同的含义或被视为不真诚。此外，声音语调的高低、快慢也可能影响交际的效果。

（二）纠正语用失误的策略

要纠正语用失误，首先要增强个人的语言敏感性和文化意识。这意味着我们需要对语言使用的细微差别保持警觉，并努力了解不同文化背景下的语用规则和习惯。通过阅读和观察不同文化背景下的交际实例，我们可以更好地理解语言使用的差异和原因，并在实际交际中加以应用。

学习和掌握语言知识是纠正语法错误和语义歧义的关键。我们应该不断学习和巩固语言知识，包括词汇、语法规则和习惯用法等。通过大量的阅读、写作和口语练习，可以提高语言的准确性和流畅性，减少语用失误的发生。

在交际过程中，我们应该注意非语言交际因素的使用。这包括身体语言、面部表情、声音语调等。通过观察和模仿不同文化背景下的非语言交际方式，我们可以更好地理解不同文化背景下的交际规则和习惯，并在实践中加以应用。交际实践和经验积累是提高语用能力的重要途径。我们应该积极参与各种交际活动，包括面对面交流、电话交流、网络交流等。通过不断的实践和经验积累，我们可以更好地掌握语言使用的技巧和方法，提高交际的效率和效果。

在交际过程中，我们应该积极寻求他人的反馈和建议。通过听取他人的意见和建议，我们可以更好地了解自己的语用失误和不足之处，并采取相应的措施加以改进。同时，我们也可以从他人的反馈和建议中获得新的启示和灵感，进一步提高自己的语用能力。

二、分析语用失误产生的原因及其影响

在跨文化交际和国际交流中，语用失误是一个普遍存在的现象。语用失误不仅可能导致交际的失败，还可能对人际关系和合作产生负面影响。因此，深入分析语用失误产生的原因及其影响，对于提高交际效果、促进人际和谐具有重要意义。

（一）语用失误产生的原因

文化差异是语用失误产生的主要原因之一。不同的文化背景孕育了不同的语言习惯和表达方式。在跨文化交际中，由于缺乏对对方文化背景的了解，人们往往容易按照自己的文化习惯和思维方式去理解和表达，从而导致语用失误。例如，在某些文化中，直接表达个人观点或情感被视为礼貌和尊重，而在其他文化中，这可能被视为粗鲁或冒犯。

语言知识和能力不足也是导致语用失误的重要原因。语言使用者如果没有掌握足够的语言知识，如词汇、语法、句法等，就难以准确地表达自

己的意图。此外，对于语言的运用也需要一定的技巧和策略，如选择合适的表达方式以避免歧义。如果缺乏这些能力，就容易出现语用失误。交际场合和语境的把握对于交际的成功至关重要。在不同的交际场合和语境下，人们需要使用不同的语言方式和策略。如果交际者没有正确把握交际场合和语境，就可能使用不恰当的语言方式，导致语用失误。例如，在正式场合使用过于随意或口语化的语言，或者在私人场合使用过于正式或专业的语言。

个人心理因素也可能导致语用失误。例如，紧张、焦虑等情绪状态可能使人在交际中失去自信，无法准确表达自己的意图。此外，交际者的性格、价值观等也可能影响其语言使用，导致语用失误。

（二）语用失误的影响

语用失误最直接的影响是导致交际失败。当交际者出现语用失误时，其表达的信息可能无法被正确理解或接受，从而导致交际中断或无法达到预期的目的。这不仅浪费了交际双方的时间和精力，还可能对合作关系产生负面影响。语用失误还可能导致误解和冲突。由于语言使用的差异和误解，交际双方可能产生误解。这种误解可能引发不必要的争执和冲突，破坏人际关系的和谐。

语用失误还可能加剧文化隔阂和偏见。在跨文化交际中，由于缺乏对对方文化的了解和理解，人们往往容易根据自己的文化背景和价值观去判断和评价对方的行为和语言。当出现语用失误时，这种偏见和隔阂可能进一步加剧，导致双方更加难以沟通。

语用失误还可能对个人形象和职业发展产生负面影响。在职场中，一个人的语言能力和表达方式往往被视为其专业素质和综合能力的体现。如果经常出现语用失误，就可能给人留下不专业、不可靠的印象，影响其职业发展和晋升。

语用失误还可能导致社会资源的浪费。当交际失败或产生误解时，人们可能需要花费更多的时间和精力去解释、澄清和协商。这不仅浪费了交际双方的时间和精力，还可能浪费社会公共资源，如进行法律诉讼、调解等。

三、提供针对性的语用训练以减少失误

语用失误是跨文化交际中不可避免的现象，但它对交际效果和个人形象的影响却是不可忽视的。为了减少语用失误的发生，提高交际的准确性和效率，针对性的语用训练显得尤为重要。

（一）针对性的语用训练策略

1. 增强文化意识和跨文化交际能力

（1）文化背景学习：通过课程、讲座、阅读等多种形式，学习不同文化的语言使用习惯和交际规则，增强对文化差异的理解和尊重。

（2）跨文化案例分析：分析真实的跨文化交际案例，了解语用失误的具体表现和原因，从中吸取教训，避免类似错误的发生。

（3）角色扮演和模拟训练：在模拟的跨文化交际场景中，进行角色扮演和模拟训练，实践所学的语言使用习惯和交际规则，提高跨文化交际能力。

2. 提高语言知识运用能力

（1）词汇和语法训练：通过词汇记忆、语法练习等方式，提高语言基础知识储备，确保在交际中能够准确表达自己的意图。

（2）口语和听力训练：加强口语和听力训练，提高语言表达能力和理解能力，确保在交际中能够准确理解和回应对方。

（3）写作和阅读训练：通过写作和阅读训练，提高语言组织和理解能力，增强语言的准确性和流畅性。

3. 注意交际场合和语境

（1）交际场合和语境分析：学习分析交际场合和语境，了解不同场合下的语言使用习惯和交际规则，以便更好地适应交际环境。

（2）语境模拟训练：在模拟的交际场景中，进行语境模拟训练，学习如何在不同的语境下选择合适的语言方式和策略，提高交际的准确性和效率。

4. 调整个人心理因素

（1）心态调整：学习如何调整自己的心态，保持冷静、自信和开放的心态，避免情绪化的表达和冲突。

（2）沟通技巧训练：学习有效的沟通技巧，如倾听、反馈、表达等，以提高交际的流畅性和互动性。

（3）压力应对训练：学习如何应对交际中的压力和挑战，提高应对突发情况和处理问题的能力。

（二）语用训练的实施方法

1. 课程设置

（1）开设专门的语用课程：在大学、培训机构等场所开设专门的语用课程，系统介绍语用失误的成因和纠正策略，提供针对性的训练方法和技巧。

（2）融入专业课程：在相关专业课程中融入语用训练内容，结合专业知识进行语用训练，提高学生在专业领域的语用能力。

2. 实践训练

（1）交际实践：组织学生进行实际交际活动，如参加国际会议、国际交流项目等，让学生在实践中学习和提高语用能力。

（2）案例分析：通过分析真实的跨文化交际案例，让学生了解语用失误的具体表现和原因，提高警惕性和应对能力。

（3）角色扮演：在模拟的跨文化交际场景中，进行角色扮演训练，让学生实践所学的语言使用习惯和交际规则，提高跨文化交际能力。

3. 持续反馈和评估

（1）定期评估：定期对学生的语用能力进行评估，了解学生的学习进度和存在的问题，及时调整教学策略和方法。

（2）反馈指导：针对学生的语用失误和问题，给予及时的反馈和指导，帮助学生纠正错误并提高语用能力。

（3）跟踪指导：在学生完成课程后，进行跟踪指导，帮助学生巩固所学知识并应用于实践中，持续提高语用能力。

四、鼓励学生进行自我反思与纠正，提高语用意识

在语言学习与交际过程中，语用失误是难以避免的。然而，通过培养学生的自我反思与纠正能力，我们可以有效地提高他们的语用意识，进而减少语用失误，提升交际效果。

（一）**语用意识的重要性**

语用意识是指个体在交际过程中对自己语言使用情况的感知和认识。一个具有良好语用意识的人，能够更准确地把握交际场合和语境，选择合适的语言方式和策略，有效地传达信息并理解对方的意图。因此，语用意识对于提高交际效果至关重要。

首先，语用意识有助于减少语用失误。通过培养语用意识，学生能够更加敏感地察觉自己在交际中的语言使用问题，从而及时纠正，避免误解和冲突。

其次，语用意识有助于提升交际能力。具有良好语用意识的学生能够根据不同的交际场合和语境，灵活地调整自己的语言使用方式，使交际活动更加流畅和有效。

最后，语用意识有助于促进人际和谐。一个具有良好语用意识的人，在交际中能够尊重对方的文化背景和语言习惯，避免冒犯和冲突，从而建立和谐的人际关系。

（二）**自我反思与纠正的概念**

自我反思是指个体对自己的行为、思想、情感等方面进行深入思考和

分析的过程。在语言学习与交际中，自我反思有助于学生识别自己在语言使用上的问题，并思考如何改进。而纠正则是指个体在识别问题后，采取措施进行改进和调整的过程。通过自我反思与纠正，学生可以不断地提高自己的语用意识，减少语用失误。

（三）实施策略

为了鼓励学生进行自我反思与纠正，教师需要营造一个积极、开放的氛围。在课堂上，教师可以通过提问、讨论等方式，引导学生关注自己的语言使用情况，发现自己的问题并思考如何改进。同时，教师还需要对学生的反思结果给予积极的反馈和支持，让他们感受到反思的价值和意义。为了帮助学生更好地进行自我反思与纠正，教师可以提供一些工具，如录音、录像、日志等。学生可以通过这些工具记录自己的交际过程，并仔细分析自己的语言使用情况。在分析过程中，学生可以识别自己的问题，并思考如何改进。同时，学生还可以将反思结果与他人分享，获得他人的反馈和建议。

批判性思维是指个体对信息进行分析、评估、推理和判断的能力。在语用学习中，批判性思维有助于学生识别交际中的问题和偏见，并思考如何改进自己的语言使用方式。教师可以通过阅读、讨论、写作等方式，培养学生的批判性思维能力，让他们更加客观、全面地看待自己的语言使用情况。实践应用是提高语用意识的重要途径。教师可以通过组织实践活动、模拟交际场景等方式，让学生在交际中运用所学的语用知识和策略。在实践过程中，学生需要不断地调整自己的语言使用方式，以适应不同的交际场合和语境。通过实践应用，学生可以更加深入地了解自己的语言使用情况，并不断地提高自己的语用意识。

（四）影响分析

通过鼓励学生进行自我反思与纠正，学生可以更加深入地了解自己的语言使用情况，并不断地提高自己的语用意识。这种意识的提升将有助于学生在交际中更加准确地把握交际场合和语境，选择合适的语言方式和策略，从而减少语用失误并提高交际效果。自我反思与纠正能力的培养有助于增强学生的自主学习能力。在反思过程中，学生需要主动思考自己的问题并寻找解决方法。这种主动性的培养将使学生更加自主地学习语言知识并应用于实践中。

通过自我反思与纠正提高语用意识的学生在交际中能够更加尊重对方的文化背景和语言习惯，避免冒犯和冲突，从而建立和谐的人际关系。这种和谐的人际关系将有助于学生在社交和职场中取得更好的成绩和发展。

第四节 跨文化交际中的语言策略

一、明确跨文化交际中的语言策略重要性

在全球化的今天，不同文化背景的人们在交流过程中，常常因为文化差异和语言使用不当而产生误解和冲突。因此，明确跨文化交际中的语言策略重要性，对于促进国际理解、加强国际合作具有重要意义。

（一）跨文化交际中的语言策略定义与内涵

跨文化交际中的语言策略是指有不同文化背景的人们进行交流时，所使用的语言方式和技巧。这些策略旨在确保信息的准确传递，避免误解和冲突，并促进双方的有效沟通。语言策略包括语言选择、词汇使用、句式结构、语调语气等多个方面。

在跨文化交际中，语言策略的重要性不言而喻。首先，语言是文化的载体，不同的语言反映了不同的文化价值观和交际习惯。因此，在跨文化交际中，选择合适的语言策略是尊重对方文化的重要表现。其次，语言策略的选择直接影响到交际的效果。正确的语言策略能够促进双方的理解和

信任，而错误的语言策略则可能导致误解和冲突。最后，语言策略的选择也是个体跨文化交际能力的重要体现。

（二）跨文化交际中语言策略的重要性分析

在跨文化交际中，语言策略的选择能够促进双方对彼此文化的理解和尊重。通过使用恰当的语言方式，个体可以传达出对对方文化的尊重和认同，从而增进双方的文化认同感。这种文化认同感有助于消除文化隔阂，促进双方的理解和友谊。正确的语言策略能够提高跨文化交际的效果。在交际过程中，个体需要根据对方的文化背景和交际习惯选择合适的语言方式。通过使用恰当的语言策略，个体可以准确地传达信息，避免误解和冲突，使交际更加顺畅和有效。这种有效的交际有助于双方建立信任和合作关系，推动国际交流和合作的深入发展。

语言策略的选择也是个体跨文化交际能力的重要体现。在跨文化交际中，个体需要具备一定的跨文化交际能力，包括语言能力、文化意识和交际技巧等。其中，语言策略的选择和运用是跨文化交际能力的重要组成部分。通过选择合适的语言策略，个体可以展示自己的跨文化交际能力，赢得对方的认可和尊重。这种认可和尊重有助于个体在国际舞台上树立良好的形象，为个人和国家的发展创造有利条件。

（三）跨文化交际中语言策略的具体应用

在跨文化交际中，尊重对方文化是语言策略的首要原则。个体需要了解对方的文化背景和交际习惯，避免使用可能引起误解的词语和表达方式。例如，在与不同宗教信仰的人交流时，应避免使用可能引起宗教争议的话题和表达方式。礼貌用语是跨文化交际中重要的语言策略之一。通过使用恰当的礼貌用语，个体可以表达出对对方的尊重和友好态度。在交际过程中，个体应根据对方的身份、地位和关系等因素选择合适的礼貌用语，以建立良好的人际关系。

在跨文化交际中，个体需要根据不同的交际场合和语境灵活调整语言方式。例如，在正式场合中，应使用正式、严谨的语言；在非正式场合中，则可以使用幽默、随意的语言。通过灵活调整语言方式，个体可以更好地适应不同的交际环境，提高交际效果。倾听与理解是跨文化交际中重要的交际技巧之一。个体需要认真倾听对方的观点和意见，并尝试理解对方的立场和感受。通过倾听与理解，个体可以更好地把握交际的节奏和氛围，促进双方的有效沟通。

二、探究有效的跨文化交际语言策略

在跨文化交际中，语言作为信息传递的主要载体，其使用策略直接影响到交际的效果。因此，掌握有效的跨文化交际语言策略，对于提高人们的跨文化交际能力具有重要意义。

（一）跨文化交际中的语言挑战

在跨文化交际中，人们面对着来自不同文化背景的交际对象，双方的语言使用习惯和交际规范往往存在显著差异。这些差异可能导致以下语言挑战：

1. 词汇与表达的差异：不同语言和文化背景下的词汇和表达方式可能存在差异，导致信息传达困难。

2. 语用失误：由于不了解对方的文化背景和交际习惯，可能导致在交际中出现语用失误，如使用不恰当的敬语、称呼等。

3. 文化冲突：不同文化背景下的价值观和交际规范可能产生冲突，导致交际中的误解和冲突。

（二）有效的跨文化交际语言策略

为了应对上述挑战，我们需要掌握一些有效的跨文化交际语言策略。以下是一些建议：

1. 尊重与理解

在跨文化交际中，尊重与理解是首要原则。我们需要尊重对方的文化背景和交际习惯，并努力理解对方的语言使用方式和价值观念。这有助于我们避免文化冲突，建立良好的人际关系。

（1）了解对方文化：在交际前，尽可能了解对方的文化背景、价值观念、交际规则等信息，以便更好地适应对方的交际方式。

（2）使用恰当的称呼和敬语：根据对方的身份、地位和文化背景，选择恰当的称呼和敬语，以表达尊重和礼貌。

（3）避免使用冒犯性语言：在交际中，避免使用可能引起对方不适或冒犯对方的词语和表达方式。

2. 清晰与准确

在跨文化交际中，我们需要确保信息的清晰与准确。这有助于我们避免误解和冲突，使交际更加顺畅和有效。

（1）简化语言：在交际中，尽量使用简洁明了的语言，避免使用过于复杂或晦涩难懂的词汇和表达方式。

（2）明确信息：在传达信息时，要确保信息的明确性和准确性，避免模糊或歧义的表达方式。

（3）避免使用俚语和方言：在跨文化交际中，尽量避免使用俚语和方言，以免对方无法理解。

3. 灵活与适应

在跨文化交际中，我们需要根据不同的交际场合和语境灵活调整语言方式。这有助于我们更好地适应不同的交际环境，提高交际效果。

（1）观察和学习：在交际中，观察对方的交际方式和语言使用习惯，学习并适应对方的交际风格。

（2）调整语速和语调：根据不同的交际场合和语境，调整语速和语调，以便更好地与对方沟通。

（3）使用非语言交际手段：在交际中，除了语言外，还可以使用肢体语言、面部表情等非语言交际手段来辅助表达和理解。

(三)如何掌握有效的跨文化交际语言策略

为了提高学生的跨文化交际能力,需要学生掌握有效的跨文化交际语言策略。以下是一些建议:

在教授语言课程时,引入跨文化交际的概念和重要性,让学生了解跨文化交际中的语言挑战和应对策略。通过分析跨文化交际中的典型案例,让学生了解不同文化背景下的交际习惯和语言使用方式,并引导他们思考如何应对这些挑战。组织学生进行角色扮演活动,让他们在模拟的跨文化交际场景中实践所学的语言策略。这有助于他们更好地掌握和运用这些策略。在交际活动结束后,引导学生进行反思和总结,分析自己在交际中的表现和不足之处,并提出改进的建议。这有助于他们不断提高自己的跨文化交际能力。

三、通过案例分析加深学生对语言策略的理解

在跨文化交际课程中,案例分析是一种极为有效的教学方法,它能够帮助学生更直观地理解并应用所学的语言策略。通过具体的案例,学生可以观察到在不同文化背景下的交际过程中可能遇到的问题,以及如何通过恰当的语言策略来解决问题,从而加深他们对语言策略重要性的认识。

(一)案例一:商务会议中的文化差异与语言策略

1. 案例背景

一家中国公司与一家美国公司正在进行一场商务会议,双方就合作项目进行洽谈。在会议过程中,由于文化差异和语言使用习惯的不同,出现了一些误解和沟通障碍。

2. 文化差异体现

(1)称呼与敬语:在会议开始时,中国团队使用了"贵公司"和"您"等敬语,而美国团队则直接称呼对方的名字,没有使用敬语。这种差异可

能导致中国团队觉得美国团队不够尊重自己。

（2）直接性与委婉性：在讨论问题时，美国团队倾向于直接表达自己的观点和需求，而中国团队则更倾向于委婉地表达自己的意见。这种差异可能导致美国团队觉得中国团队不够坦诚，而中国团队则觉得美国团队过于直接。

3. 语言策略应用

（1）尊重与理解：在意识到文化差异后，双方团队主动调整了自己的语言策略，更加尊重彼此的交际习惯。他们开始使用更能被对方接受的语言表达方式，并在称呼上拉近双方的距离。

（2）清晰与准确：在表达意见时，双方团队尽量使用简单明了的语言，避免使用复杂的词汇和句式，以确保信息的准确传达。同时，他们也注意听取对方的意见，并及时回应。

（3）灵活与适应：在会议过程中，应使用双方都可以接受的交际方式和语言使用习惯，灵活调整自己的语言策略。通过观察对方的肢体语言、面部表情等非言语交际手段来更好地理解对方的意图和需求。

4. 教学效果

通过分析这个案例，学生可以更加深入地理解文化差异对跨文化交际的影响，并学会如何在不同文化背景下选择合适的语言策略。同时，学生还可以从案例中学习到如何尊重并理解对方的文化背景、如何清晰准确地传达信息以及如何灵活适应不同的交际环境。

（三）案例二：旅游交流中的语言策略运用

1. 案例背景

一位中国游客在前往法国旅游时，与当地人交流出现困难。由于语言不通和文化差异，他很难理解当地人的表达方式和意图，也很难将自己的需求传达给对方。

2. 语言障碍与文化差异

中国游客在旅游过程中遇到了语言障碍和文化差异的问题，不同文化背景下的交际习惯也可能导致双方在交流中的误解和冲突。

3. 语言策略应用

（1）借助非言语交际手段：在无法完全理解对方语言的情况下，中国游客尝试通过肢体语言、面部表情等非言语交际手段来辅助理解。他观察当地人的动作和表情，猜测他们的意图。

（2）简化语言并借助翻译工具：在与当地人交流时，中国游客尽量使用简单明了的词汇和句式，并借助翻译工具来辅助表达。他通过翻译软件将中文翻译成法语，以便当地人更好地理解他的需求。

（3）尊重并适应对方文化：在意识到文化差异后，中国游客主动适应对方的文化背景和交际习惯。他尊重当地人的生活方式和价值观，并尝试融入当地的文化氛围中。

4. 教学效果

通过分析这个案例，学生可以了解到在旅游交流中可能遇到的语言障碍和文化差异问题，并学会如何运用语言策略来克服这些困难。学生可以从案例中学习到如何借助非言语交际手段来辅助理解、如何简化语言并借助翻译工具来辅助表达以及如何尊重并适应对方文化等实用的语言策略。

四、引导学生在实际交际中灵活运用所学策略

在跨文化交际课程中，理论知识的传授固然重要，但更重要的是如何引导学生在实践中灵活运用所学策略。语言策略的学习不仅仅是记忆和理解，更需要通过实践来巩固和提升。

（一）模拟实践：构建真实交际场景

角色扮演是一种有效的模拟实践方式。教师可以设计不同文化背景下的交际场景，让学生扮演不同角色进行对话。通过角色扮演，学生可以在模拟的真实环境中体验跨文化交际中遇到的各种问题，并尝试运用所学的

语言策略来解决问题。例如，可以模拟商务谈判、旅游咨询、学术交流等场景，让学生在实践中学习和掌握如何尊重对方文化、清晰准确地传达信息以及灵活适应不同的交际环境。

小组讨论和辩论也是锻炼学生实际交际能力的方法。教师可以组织学生就某一跨文化交际话题展开讨论或辩论，让学生在互动中学习和运用语言策略。通过小组讨论和辩论，学生可以锻炼自己的口语表达能力、批判性思维能力以及团队协作能力，并在实践中不断反思和调整自己的语言策略。

（二）文化沉浸：深入体验不同文化

为了让学生更深入地体验不同文化，教师可以组织跨文化交流活动，如国际文化节、语言交流会等。在这些活动中，学生可以接触到有着不同文化背景的人，了解他们的生活方式、价值观念以及交际习惯。通过与文化背景不同的人交流，学生可以更加直观地感受到跨文化交际的挑战，并学会如何在实践中灵活运用所学策略。

除了组织跨文化交流活动外，教师还可以安排学生到国外或具有不同文化背景的地区进行实地参观与学习。通过亲身体验不同的文化环境，学生可以更深入地了解当地人的生活方式、交际习惯以及价值观念。这种沉浸式的学习方式有助于学生更加深入地理解跨文化交际的复杂性，并学会在实践中灵活运用所学策略。

（三）反思总结：巩固提升交际能力

教师可以要求学生记录自己在跨文化交际中的经历和感受，包括遇到的问题、使用的策略以及取得的成果。通过写交际日志，学生可以更加清晰地了解自己的交际过程，反思自己的语言策略使用情况，并找出需要改进的地方。这种反思和总结有助于学生巩固和提升自己的交际能力。

教师可以定期组织学生对跨文化交际案例进行分析和讨论。通过分析实际案例，学生可以更加深入地了解跨文化交际中的挑战和策略应用情况，并从他人的经验中学习更多的交际技巧。同时，讨论也有助于激发学生的思考能力和创造力，促使他们在实践中更加灵活地运用所学策略。

（四）持续学习：培养终身学习的习惯

跨文化交际是一个不断发展和变化的过程，学生需要不断学习和更新自己的知识和技能。因此，教师需要鼓励学生自主学习，通过阅读书籍、观看视频、参加讲座等方式了解不同文化的最新动态和交际策略。通过自主学习，学生可以不断拓展自己的知识储备和视野，提高自己的跨文化交际能力。

为了支持学生的自主学习，教师可以提供丰富的学习资源，如与跨文化交际相关的书籍、网站、论坛等。这些资源有助于学生了解不同文化的背景知识、交际习惯以及最新的研究成果。同时，教师也可以鼓励学生互相分享学习资源和学习心得，促进彼此之间的学习和交流。

第五节　英语习语与俚语的文化内涵教学

一、介绍英语习语与俚语的特点及其文化内涵

英语作为国际通用语言，其词汇的丰富性不仅体现在标准的书面语和口语表达上，更体现在习语和俚语这一特殊的语言现象上。习语和俚语是英语文化的重要组成部分，它们承载着丰富的历史、地理、社会、文化等信息，是理解和欣赏英语国家文化的重要窗口。

（一）英语习语的特点

英语习语的最大特点是其结构的固定性。习语中的单词和短语通常按照固定的顺序排列，不能随意更改或替换。这种固定性不仅体现在词汇上，还体现在语法结构上。例如，"kick the bucket"这一习语，其字面意思是"踢翻水桶"，但在实际使用中，它表示"去世"或"死亡"的意思，且不

能更改其中的任何单词或改变其结构。

英语习语往往具有比喻意味，通过生动的形象和富有想象力的比喻来表达某种概念或情感。这种比喻性使得习语在表达上更加生动、形象，富有感染力。例如，"a piece of cake"这一习语，其字面意思是"一块蛋糕"，但在实际使用中，它用来比喻某件事情非常容易或简单。

英语习语的形成往往与英语国家的历史事件、文化传统、社会习俗等密切相关。许多习语都来源于古代神话、历史故事、文学作品等。例如，"a Trojan horse"这一习语，就来源于古希腊神话中关于特洛伊战争的故事，用来比喻"暗藏祸心的人或物"。

（二）英语俚语的特点

与习语相比，英语俚语更加口语化，通常用于非正式场合和日常交流中。俚语的语言风格通常比较轻松、幽默，能够迅速拉近人与人之间的距离。例如，"cool as a cucumber"这一俚语，用来形容某人非常冷静或镇定，语言风格轻松幽默。英语俚语具有较强的时效性，随着时间和社会的变化而不断更新和演变。一些旧的俚语可能会逐渐消失或失去原有的意义，而新的俚语则会不断涌现。这种时效性使得俚语成为一种反映时代变迁和社会风貌的重要语言现象。

英语俚语往往具有明显的地方性特点，即不同地区的俚语可能存在差异。这种差异性不仅体现在词汇和表达上，还体现在语言风格和文化内涵上。因此，了解和掌握不同地区的俚语对于理解和欣赏英语国家文化具有重要意义。

（三）英语习语与俚语的文化内涵

英语习语和俚语作为英语文化的重要组成部分，承载着丰富的历史文化信息。通过学习和了解这些习语和俚语，我们可以更好地理解英语国家的历史、文化、传统等。例如，"as American as apple pie"这一习语，就反映了美国人对苹果派的喜爱和认同，同时也体现了美国文化的独特性。

英语习语和俚语还能够生动地展现英语国家的社会风貌和时代变迁。通过学习和了解这些习语和俚语，我们可以更加深入地了解英语国家的社会现象、价值观念、生活方式等。例如，"green with envy"这一习语，就生动地描绘了人们因嫉妒而面色发绿的样子，同时也反映了人们对嫉妒这种情感的普遍认知。

英语习语和俚语在语言表达上具有独特的艺术魅力。它们通过生动的比喻、形象的描绘和富有节奏感的韵律等手法，使得英语表达更加丰富多彩、生动有趣。因此，学习和掌握英语习语和俚语不仅能够提高我们的语言表达能力，还能够增强我们对语言艺术的欣赏能力。

二、通过对比分析加深学生对英语习语与俚语的理解

在英语学习中，习语和俚语是不可忽视的两个方面。它们不仅是语言的重要组成部分，更承载着丰富的文化内涵和历史背景。然而，由于习语和俚语在来源、使用场合、语义表达等方面存在显著的差异，许多学生在理解和运用时常常感到困惑。

（一）英语习语与俚语的定义与来源

英语习语是指英语中那些经过长期使用而固定下来的短语或句子，它们具有固定的结构和特定的含义。习语的来源多种多样，包括历史事件、文学作品、神话传说等。例如，"a piece of cake"来源于烘焙文化，原意是一块蛋糕，但在习语中用来形容某件事情非常容易或简单。

英语俚语则是指英语中那些非正式、口语化、具有地方特色的词汇或短语。俚语通常来源于流行文化、社会习俗、网络用语等，具有时效性和地域性。例如，"cool as a cucumber"这一俚语，用来形容某人非常冷静或镇定，其来源可能与英国人的饮食文化有关。

(二)英语习语与俚语的对比分析

1. 结构与语义的对比

英语习语的结构通常比较固定,不能随意更改或替换其中的单词。例如,"spill the beans"这一习语中的"spill"和"beans"都不能替换成其他单词。而英语俚语则相对灵活,可以根据语境和表达需要进行适当的调整或变化。

英语习语的语义通常比较固定和明确,往往具有特定的含义和用法。例如,"rain cats and dogs"这一习语用来形容倾盆大雨,其语义非常明确。而英语俚语的语义则相对模糊和多变,往往需要根据具体语境进行理解和解释。

2. 使用场合的对比

英语习语通常用于正式场合和书面语中,具有庄重、典雅的特点。例如,在学术论文、新闻报道等正式场合中,经常会使用到各种习语来增强表达的准确性和生动性。而英语俚语则更多地用于非正式场合和口语中,具有轻松、幽默的特点。例如,在朋友之间闲聊、网络聊天等场合中,人们经常会使用到各种俚语来增进彼此之间的亲密感和交流效果。

英语习语通常具有较为普遍的地域性,即在不同地区和文化背景下都能被理解和接受。例如,"a piece of cake"这一习语就在全球范围内广泛使用。而英语俚语则具有较强的地域性特点,即不同地区的俚语可能存在较大的差异。在英国和美国之间就存在许多不同的俚语表达方式和用法。

3. 文化内涵的对比

英语习语通常具有较为深厚的历史文化背景,它们往往与英语国家的历史事件、文化传统、社会习俗等密切相关。通过学习和了解英语习语,学生可以更好地理解和欣赏英语国家的文化精髓和历史传承。例如,"a Trojan horse"这一习语就来源于古希腊神话中关于特洛伊战争的故事,体现了英语文化中对勇气和智慧的崇尚。

英语俚语则更多地反映了时代变迁和社会风貌的演变。它们通常与流行文化、社会热点、网络用语等密切相关,能够生动地展现当代社会的价值观和生活方式。通过学习和了解英语俚语，学生可以更加深入地了解当代英语国家的社会现象和文化特点。例如，"go viral"这一俚语就反映了互联网时代信息传播的速度和广度。

三、设计有趣的教学活动以激发学生对习语与俚语的兴趣

由于习语和俚语的复杂性和特殊性，许多学生在学习过程中感到困惑和枯燥。为了激发学生对习语与俚语的兴趣，教师需要设计一系列有趣且富有创意的教学活动。

（一）活动一：**习语与俚语接龙游戏**

1. 活动目的：通过游戏的形式，让学生在轻松愉快的氛围中熟悉和掌握习语与俚语，提高他们的语言反应能力和记忆能力。

2. 活动步骤：将学生分成若干小组，每组 4~5 人。教师首先给出一个习语或俚语，如"a piece of cake"。每组的第一名学生需要快速说出一个与前面习语或俚语相关的新的习语或俚语，如"under the gun"。接着，每组的下一名学生继续接力，直到有小组无法继续或出现重复为止。教师可以根据学生的掌握情况调整游戏的难度和速度。

3. 活动亮点：游戏形式活泼有趣，能够吸引学生的注意力。通过接力比赛的形式，激发学生的竞争意识和团队合作精神。游戏过程中不断出现的新习语和俚语能够帮助学生扩大词汇量，加深对语言文化的理解。

（二）活动二：**习语与俚语故事创作**

1. 活动目的：通过创作故事的形式，让学生运用习语和俚语进行语言表达，培养他们的创造力和想象力。

2. 活动步骤：教师首先向学生介绍一些常用的习语和俚语，并解释它们的含义和用法。学生根据所学的习语和俚语，自由创作一个有趣的故事。故事可以是一个简单的日常对话，也可以是一个充满奇幻色彩的冒险故事。

学生可以将自己的故事写成书面文本，也可以制作成 PPT 或视频等形式进行展示。教师组织学生进行故事分享和点评，评选出最佳创意奖、最佳表达奖等奖项。

3. 活动亮点：创作故事能够激发学生的创造力和想象力，让他们更加深入地理解和运用习语和俚语。故事分享和点评环节能够提高学生的口语表达能力和自信心，同时也能够让他们从他人的作品中学习到新的习语和俚语。通过评选奖项的形式，激发学生的参与热情和竞争意识，提高他们的学习积极性。

（三）活动三：习语与俚语文化探究

1. 活动目的：通过探究习语与俚语背后的文化故事和历史背景，让学生更加深入地了解英语国家的文化和历史。

2. 活动步骤：教师选择一些具有代表性的习语和俚语，如"a Trojan horse""spill the beans"等。学生分组进行文化探究，通过查阅资料、讨论交流等方式了解这些习语和俚语的来源、含义以及背后的文化故事和历史背景。学生将探究结果制作成 PPT 或海报等形式进行展示，并向全班汇报自己的发现。教师组织学生进行互动问答和讨论，进一步加深对英语国家文化和历史的了解。

3. 活动亮点：通过探究习语和俚语背后的文化故事和历史背景，能够让学生更加深入地了解英语国家的文化和历史，提高他们的跨文化交际能力。分组探究和展示的形式能够培养学生的团队合作能力和自主学习能力。互动问答和讨论环节能够激发学生的学习兴趣和思考能力，提高他们的语言表达和交流能力。

（四）活动四：习语与俚语角色扮演

1. 活动目的：通过角色扮演的形式，让学生在模拟的情境中运用习语和俚语进行交流，提高他们的语言实践能力和口语表达能力。

2. 活动步骤：教师设定一个具体的场景，如商场购物、朋友聚餐等。

学生分组进行角色扮演，根据场景需要运用所学的习语和俚语进行交流。教师可以设定一些特定的任务或挑战，如要求学生在不使用常规表达方式的情况下完成某项任务或解决某个问题。角色扮演结束后，教师组织学生进行总结和反思，分享彼此的经验和感受。

3.活动亮点：角色扮演能够让学生在模拟的情境中运用习语和俚语进行交流，提高他们的语言实践能力和口语表达能力。设定特定的任务或挑战能够增加活动的趣味性和挑战性，激发学生的学习兴趣和参与热情。总结和反思环节能够帮助学生巩固所学知识，提高学习效果。

四、鼓励学生在实际交流中尝试使用英语习语与俚语

在英语学习中，习语与俚语作为语言的重要组成部分，它们不仅丰富了语言的表达，还承载着深厚的文化内涵。然而，由于学生往往受到传统语法和词汇的束缚，害怕在实际交流中使用习语与俚语，担心出错或不被理解。因此，作为教师，我们需要积极鼓励学生在实践中尝试使用英语习语与俚语，以提高他们的语言运用能力和自信心。

（一）认识习语与俚语的重要性

为了让学生认识到习语与俚语的重要性，教师可以通过以下方式进行引导：

1.举例说明：教师可以列举一些常见的英语习语与俚语，解释它们的含义和用法，并举例说明它们在实际交流中的应用。通过具体的例子，学生可以更直观地感受到习语与俚语的魅力。

2.情境模拟：教师可以设定一些具体的情境，让学生尝试使用习语与俚语进行交流。通过模拟真实场景，学生可以更好地理解习语与俚语的运用场景和效果。

3.对比分析：教师可以对比分析正式用语和习语与俚语之间的差异，

让学生认识到在不同场合下使用不同语言的重要性。通过对比分析，学生可以更加明确习语与俚语在语言表达中的作用和价值。

（二）创设实践机会，鼓励学生积极尝试

在认识到习语与俚语的重要性后，我们需要为学生创设实践机会，鼓励他们积极尝试使用英语习语与俚语。以下是一些具体的做法：

1. 角色扮演活动：教师可以组织学生进行角色扮演活动，设定一些真实的交流场景，如购物、旅行、聚会等。在这些场景中，学生需要尝试使用习语与俚语进行交流。通过角色扮演活动，学生可以更加深入地了解习语与俚语在实际交流中的运用。

2. 口语练习活动：教师可以安排一些口语练习活动，如小组讨论、辩论、演讲等。在这些活动中，学生可以积极运用习语与俚语来表达自己的观点和想法。通过口语练习活动，学生可以逐渐提高自己在实际交流中运用习语与俚语的能力。

3. 写作任务：教师可以布置一些写作任务，要求学生在写作中运用习语与俚语。通过写作任务，学生可以更深入地了解习语与俚语的语法结构和用法，并尝试将它们融入到自己的写作中。

（三）提供反馈与指导，增强学生自信心

在鼓励学生尝试使用英语习语与俚语的过程中，我们需要及时提供反馈与指导，帮助学生纠正错误并增强自信心。当学生尝试使用习语与俚语时，无论使用得是否准确，我们都应该给予正面的反馈和鼓励。正面的反馈可以让学生感到自己的努力得到了认可和支持，从而增强他们继续尝试使用习语与俚语的信心。

当学生在使用习语与俚语时出现错误时，我们需要及时指出并纠正。在纠正错误时，我们应该采用温和的语气和方式，避免让学生感到沮丧或气馁。同时，我们还可以提供一些正确的用法和例句供学生参考。

除了纠正错误外，我们还可以为学生提供一些使用习语与俚语的指导

和建议。例如，我们可以告诉学生一些习语与俚语在哪些场合下更加适用；如何根据语境选择合适的习语与俚语；如何正确理解和运用习语与俚语中的隐喻和象征意义等。

（四）拓展学习资源，提高自学能力

除此之外，我们还可以拓展学生的学习资源，提高他们的自学能力。我们可以向学生推荐一些包含丰富习语与俚语的阅读材料，如英语原著、报纸杂志、网络文章等。通过阅读这些材料，学生可以接触到更多的习语与俚语，并了解它们在实际交流中的运用。

随着互联网的发展，越来越多的网络资源可以帮助学生学习和掌握习语与俚语。例如，一些在线词典和语料库可以为学生提供习语与俚语的详细解释和用法示例；一些英语学习网站和论坛可以为学生提供交流和分享的平台。我们可以邀请一些英语教育专家或母语为英语的人士来校举办讲座和研讨会，专门讲解英语习语与俚语的运用。这样的活动不仅可以为学生提供宝贵的学习机会，还能让他们与专家面对面交流，解决学生在实际使用中的疑惑。

（五）营造积极的学习氛围

为了鼓励学生在实际交流中尝试使用英语习语与俚语，我们还需要营造一个积极的学习氛围。我们应该鼓励学生敢于尝试使用新的习语与俚语，即使这些表达可能并不完全准确。创新是语言发展的动力，只有敢于尝试，学生才能在实践中不断提高自己的语言运用能力。

由于英语习语与俚语的地域性和文化性，不同的学生可能对某些表达有不同的理解。我们应该尊重这种差异，鼓励学生互相学习和交流，共同提高。我们可以设立一些奖励机制，表彰在实际交流中能够灵活运用英语习语与俚语的学生。这样可以激发学生的积极性，促使他们更加努力地学习和运用英语习语与俚语。

第四章　跨文化交际中的非语言交际

第一节　非语言交际的分类

一、非语言交际的重要性

在人类社会中，交际是日常生活中不可或缺的一部分。人们通过交际来表达思想、传递信息、建立关系、实现合作等。而交际的方式多种多样，除了常见的言语交际外，还有一种重要的交际方式——非语言交际。非语言交际是指通过言语以外的各种方式进行的交际活动，如肢体语言、面部表情、眼神交流、音调变化等。

（一）非语言交际的主要形式

1.肢体语言：包括姿势、手势、动作等。肢体语言可以传达出丰富的信息，如自信、紧张、友好、敌意等。例如，一个人交叉双臂可能表示他感到紧张或不安；而一个人挥手可能表示高兴或欢迎。

2.面部表情：面部表情是人们表达情感的主要方式之一。不同的面部表情可以传达出不同的情感状态，如快乐、悲伤、愤怒、惊讶等。面部表情的变化可以迅速而准确地传达出人们的情感变化。

3.眼神交流：眼神交流是非语言交际中非常重要的一部分。通过眼神交流，人们可以传达出对对方的理解、关注、鼓励等含义。同时，眼神交流也可以帮助人们建立信任。

4. 音调变化：音调变化是指人们在说话时声音的起伏和变化。通过音调变化，人们可以传达出不同的情感和意图。例如，当人们感到惊讶时，声音可能会变得尖锐而高亢；而当人们感到沮丧时，声音可能会变得低沉而缓慢。

（二）非语言交际的重要性

非语言交际在人们的日常生活中扮演着非常重要的角色，以下是其具体的重要性：

1. 补充和强化语言信息：非语言交际可以补充和强化语言信息，使表达更加准确和生动。有时候，一个简单的肢体语言或面部表情可能比语言更能准确地传达信息。例如，在商务谈判中，一个微笑可能表示友好和合作的态度；而一个皱眉可能表示不满或担忧。

2. 增强可信度：非语言交际可以增强一个人的可信度。当一个人在言辞中表现出自信和真诚时，通过非语言交际可以更好地传递这些信息。例如，一个自信的站姿、坚定的眼神和有力的手势可以让人感到说话者对自己的观点充满信心。

3. 建立关系：非语言交际在建立关系方面也起着重要作用。通过热情的拥抱、握手或眼神交流等非语言交际方式，人们可以表达友好和接纳的情绪，有助于建立亲密关系。同时，非语言交际还可以传递尊重和信任的信息，为建立良好的工作关系奠定基础。

4. 传达情感：非语言交际在情感交流中也起着重要作用。通过面部表情、肢体语言等方式，人们可以准确地传达出各种情感状态，如快乐、悲伤、愤怒等。这种情感交流有助于加深人与人之间的理解和共鸣。

5. 沟通思想：非语言交际可以作为一种独立的沟通方式，用于传达思想、表达观点。在某些情况下，非语言交际甚至比语言交际更加有效。例如，在跨文化交流中，由于语言障碍，人们可能更多地依赖非语言交际来传达思想和表达观点。

6.强调重点：非语言交际可以强调语言交际中的重点信息。例如，在演讲或授课中，演讲者可以通过手势、动作等方式来强调某个重点或难点内容，使听众对这部分内容多加关注。

7.展示个性：非语言交际还可以展示一个人的个性和特点。例如，一个人的穿着打扮、言谈举止等都可以反映出他的个性、兴趣爱好、职业特点等。这种个性展示有助于人们更好地认识和理解彼此。

二、非语言交际的主要分类方法

非语言交际涉及的内容广泛，形式多样，其分类方法也多种多样。

（一）非语言交际的主要分类方法

1.Ruesch 和 Kees 的分类方法

Ruesch 和 Kees 是最早提出非语言交际分类方法的学者之一。他们将非语言交际分为以下三类：

（1）手势语言（Sign Language）：手势语言是通过手部动作来传递信息的非语言交际方式。它可以是静态的手势，如手势符号；也可以是动态的手势，如手势动作。手势语言在人类交流中具有重要意义，它可以辅助语言交际，表达复杂的思想和情感。

（2）动作语言（Action Language）：动作语言是通过身体动作来传递信息的非语言交际方式。它包括各种身体姿势、动作和面部表情等。动作语言可以传达出人们的情绪状态、态度和意图，帮助人们建立亲密关系并理解彼此。

（3）客体语言（Object Language）：客体语言是通过物品和环境来传递信息的非语言交际方式。它包括服饰、家具陈设、建筑风格等。客体语言可以反映出一个人的社会地位、文化背景和个性特点等，有助于人们形成对他人的初步印象和判断。

2.Knapp 的分类方法

Knapp 在 Ruesch 和 Kees 的基础上，进一步扩展了非语言交际的分类范围。他将非语言交际分为以下七类：

（1）身势动作和体语行为（Body Motion and Kinesic Behavior）：这包括身体的姿势、动作和面部表情等，是传递信息和表达情感的主要方式之一。

（2）身体特征（Physical Characteristics）：身体特征包括身高、体重、肤色、发型等，这些特征可以反映出一个人的种族、性别、年龄等身份信息。

（3）体触行为（Touching Behavior）：体触行为是指通过身体接触来传递信息的非语言交际方式。它可以表达亲密、安慰、支持等情感，有助于建立和维护人际关系。

（4）副语言（Paralanguage）：副语言包括音调、音量、语速等声音特征，可以传达出说话者的情感状态、态度和意图。

（5）近体距离（Proxemics）：近体距离是指人与人之间保持的物理距离。不同的文化和情境下，人们会保持不同的近体距离，以表达亲密、尊重或疏远等情感。

（6）化妆用品（Artifacts）：化妆用品包括服装、饰品、化妆品等，它们可以反映出一个人的审美观念、社会地位和个性特点等。

（7）环境因素（Environmental Factors）：环境因素包括空间布局、建筑设计、颜色、光线等，它们可以影响人们的情绪和行为，进而影响人们的交际效果。

3.毕继万的分类方法

毕继万教授将非语言交际分为四大类：

（1）体态语（Body Language）：体态语包括各种表情、动作、姿态等，是传递信息和表达情感的主要方式之一。它可以辅助语言交际，使表达更加生动和准确。

（2）副语言（Paralanguage）：副语言包括沉默、非语义声音等，它们可以传递出说话者的情感状态、态度和意图。副语言在人际交往中具有重要意义，它可以增强语言的感染力和说服力。

（3）客体语（Object Language）：客体语包括皮肤颜色、衣着化妆、气味、家具等，它们可以反映出一个人的社会地位、文化背景和个性特点等。客体语在人际交往中可以形成对他人的初步印象和判断。

（4）环境语言（Environmental Language）：环境语言包括时间、空间、颜色、城市规划及人对自然的影响等，它们可以影响人们的情绪和行为，进而影响人们的交际效果。环境语言在人际交往中具有重要意义，它可以为人们提供舒适和愉悦的交际环境。

第二节　体态语在跨文化交际中的运用

一、体态语的基本概念和类型

体态语，作为非语言交际的重要组成部分，在人们的日常沟通中扮演着至关重要的角色。它不仅是人们表达情感、传递信息、建立关系的有效途径，而且能够跨越语言和文化的障碍，实现更为直接和深入的交流。

（一）体态语的基本概念

体态语，又称为身势语、身体语言或动作语言，是指通过身体各部分的动作、姿态、表情等非语言符号进行的交际活动。它是人类在长期进化过程中形成的一种自然、本能的交际方式，具有直观性、即时性、情感性等特点。体态语与语言交际相辅相成，共同构成了人类交际的完整体系。

在体态语的研究中，不同的学者给出了不同的定义和分类。一般而言，体态语可以分为静态体态语和动态体态语两大类。静态体态语主要包括身体姿势、面部表情、眼神交流等；而动态体态语则包括手势、身体动作、身体接触等。这些体态语符号在不同的文化背景下具有不同的含义和解释，因此在进行跨文化交际时需要特别注意。

（二）体态语的类型

身体姿势是体态语中最基本、最直观的一种类型。它包括站姿、坐姿、走姿等，能够反映出一个人的身份、地位、性格和情绪状态。例如，挺胸抬头、站姿笔直的人往往给人留下自信、专业的印象；而弯腰驼背、垂头丧气的人则会表现出自卑、沮丧的情绪。在跨文化交际中，不同的文化对身体姿势的期望和规范可能存在差异，因此需要注意避免产生误解和冲突。

面部表情是体态语中最为丰富和复杂的一种类型。它通过眉毛、眼睛、嘴巴等面部器官的运动和变化来表达各种情感和信息。例如，微笑表示友好和喜悦；皱眉表示疑惑或不满；瞪眼表示惊讶或愤怒等。面部表情具有直观性和即时性，能够迅速传递情感信息并引起他人的共鸣。在跨文化交际中，面部表情的解读需要考虑到文化背景的差异和个体之间的差异，以避免产生误解和冲突。

眼神交流是体态语中非常重要的一种类型。它通过眼睛的注视、移动和变化来传递信息、表达情感并建立关系。眼神交流具有直观性和情感性，能够迅速传递出对他人的关注、兴趣和态度。在跨文化交际中，由于文化差异和个体差异的存在，人们对眼神交流的期望和规范可能存在差异。因此，在进行眼神交流时需要注意尊重他人的文化背景和个人习惯，避免产生误解和冲突。

手势是体态语中非常直观和生动的一种类型。它通过手臂、手掌、手指等手部的运动和变化来表达各种信息和情感。手势在不同的文化中具有不同的含义和解释。因此，在跨文化交际中，需要了解和尊重不同文化中的手势含义和用法，以避免产生误解和冲突。

身体动作是体态语中比较形象和生动的一种类型。它通过身体各部分的运动和变化来表达情感、传递信息和建立关系。例如，点头表示同意或理解；摇头表示不同意或不理解；拥抱表示亲密和友好等。身体动作具有直观性和即时性，能够迅速传递出对他人的关注、兴趣和态度。在跨文化交际中，需要注意身体动作的文化差异和个体差异，以避免产生误解和冲突。身体接触是体态语中比较亲密和直接的一种类型。它通过身体各部分的接触和互动来表达情感、传递信息和建立关系。例如，握手表示友好和尊重；亲吻表示爱情和热情等。身体接触在不同的文化中具有不同的含义和解释，因此需要特别注意文化差异和个体差异的影响。在跨文化交际中，需要了解和尊重不同文化中的身体接触方式和规范，以避免产生误解和冲突。

二、不同文化背景下体态语的差异

由于不同文化背景的影响，体态语在不同文化之间呈现出显著的差异。这些差异不仅反映了不同文化的价值观念、社会习俗和人际交往方式，也对跨文化交际带来了挑战。

（一）体态语的文化背景差异

体态语作为一种非语言交际方式，其形成和发展受到特定文化背景的深刻影响。不同文化背景下的体态语差异主要表现在以下几个方面：

1.面部表情。在不同文化背景下，面部表情的解读可能存在显著差异。例如，在某些文化中，微笑通常被视为友好和亲切的象征，而在另一些文化中，微笑可能被视为嘲讽或不满。此外，不同文化对于面部表情的强度和持续时间也有不同的期望和规范。因此，在跨文化交际中，需要特别注意面部表情的差异，以避免误解和冲突。

2.眼神交流。在不同文化背景下，人们对于眼神交流的期望和规范也存在差异。一些文化强调直接的眼神交流，认为这是真诚和自信的表现；而另一些文化则避免直接的眼神交流，认为这是一种冒犯或挑衅的行为。此外，不同文化对于眼神交流的持续时间、频率和方式也有不同的要求。因此，在跨文化交际中，需要了解和尊重不同文化对于眼神交流的规范和期望，以避免产生不必要的误解和冲突。

3. 手势。在不同文化背景下，手势的含义和用法可能存在显著差异。一些手势在某些文化中可能是礼貌和友好的表达，而在另一些文化中则可能被视为不敬或冒犯。例如，在某些亚洲国家中，点头表示同意或理解，而在西方国家中则可能表示否定或拒绝。因此，在跨文化交际中，需要特别注意手势的文化差异，以避免产生误解和冲突。

4. 身体接触。在不同文化背景下，人们对于身体接触的期望和规范也存在显著差异。一些文化强调身体接触的重要性，认为这是亲密和友好的表达；而另一些文化则避免身体接触，认为这是一种侵犯个人隐私的行为。此外，不同文化对于身体接触的方式、程度和频率也有不同的要求。因此，在跨文化交际中，需要了解和尊重不同文化对于身体接触的规范和期望，以避免产生不必要的误解和冲突。

（二）体态语差异的原因分析

1. 在体态语方面，不同文化对于面部表情、眼神交流、手势和身体接触等方面的期望和规范有所不同。这些差异反映了不同文化对于人际交往、情感表达和个人隐私等方面的不同看法和态度。

2. 社会习俗是人们在长期社会生活中形成的共同行为规范和准则。在不同的文化背景下，社会习俗对于体态语的期望和规范也存在差异。这些差异反映了不同文化对于礼仪、礼节和社交规范的不同要求和期望。

3. 历史传统是文化的重要组成部分，它影响着人们的思维方式和行为模式。在体态语方面，不同文化受到历史传统的影响，对于某些体态语符号的含义和用法可能存在差异。这些差异反映了不同文化对于历史传统、文化传承和文化认同的不同态度和看法。

（三）体态语差异对跨文化交际的影响

不同文化背景下体态语的差异对跨文化交际产生了深远的影响。这些影响主要表现在以下几个方面：

由于不同文化对于体态语的期望和规范存在差异，因此在跨文化交际中可能会出现沟通障碍。当交际双方对体态语的含义和用法存在误解时，可能会导致信息传递不畅或产生误解和冲突。体态语的文化差异可能导致文化冲突的发生。当交际双方对体态语的期望和规范存在显著差异时，可能会产生文化上的不适应和冲突。这种冲突可能会影响交际双方的关系和信任度，进而影响跨文化交际的效果。由于体态语的文化差异，交际双方可能会对彼此的行为和态度产生误解和偏见。这种误解和偏见可能会导致交际双方之间的隔阂和矛盾加剧，进而影响跨文化交际的顺利进行。

三、体态语在跨文化交际中的实际应用

体态语作为非语言交际的重要组成部分，在跨文化交际中发挥着至关重要的作用。

（一）体态语在跨文化交际中的重要性

体态语，作为一种非语言交际方式，具有直观性、即时性和情感性等特点，能够迅速传递情感、表达意图和建立关系。在跨文化交际中，由于语言和文化背景的差异，人们往往难以通过言语直接准确地表达自己的想法和感受。此时，体态语作为一种补充和辅助的交际方式，能够帮助交际双方更好地理解彼此，从而建立更为亲密和信任的关系。

首先，体态语能够跨越语言和文化的障碍，实现更为直接和深入的交流。在跨文化交际中，由于语言和文化的差异，人们可能会遇到语言障碍或文化误解。而体态语作为一种非语言交际方式，能够跨越这些障碍，通

过身体动作、面部表情和眼神交流等方式，传达出更为直接和真实的情感和信息。这种交流方式能够帮助交际双方更好地理解彼此的文化背景和价值观，从而建立更为深入的交流。

其次，体态语能够增强交际双方的情感联系和信任度。在跨文化交际中，由于文化差异和陌生感，人们可能会感到不安或担忧。而体态语作为一种直观和生动的交际方式，能够通过身体接触、面部表情和眼神交流等方式，传达出友好、亲切和信任的情感。这种情感联系能够增强交际双方之间的信任和好感度，为跨文化交际的顺利进行奠定基础。

（二）体态语在跨文化交际中的实际应用

在跨文化交际中，体态语的实际应用体现在多个方面。面部表情是体态语中最为直观和最易于理解的部分。在跨文化交际中，人们可以通过观察对方的面部表情来了解其状态和意图。例如，当对方微笑时，我们可以感受到其友好和亲切的情感；当对方皱眉时，我们可以感知到其疑惑或不满的情绪。同时，我们也可以通过自己的面部表情来传达情感和信息。例如，当我们微笑时，可以传达出友好和亲切的情感；当我们点头时，可以表示同意或理解。因此，在跨文化交际中，学会运用面部表情是非常重要的。

手势是体态语中非常直观和生动的部分。在跨文化交际中，人们可以通过手势来传达特定的信息和意图。然而，需要注意的是，不同文化背景下的手势含义可能存在差异。因此，在跨文化交际中，我们需要了解和尊重不同文化中的手势含义和用法，以避免产生误解和冲突。例如，在某些文化中，竖起大拇指表示赞扬和肯定；而在另一些文化中，竖起大拇指可能被视为挑衅或冒犯。因此，在运用手势时，我们需要谨慎选择并适应不同的文化背景。

身体接触是体态语中比较亲密和直接的部分。在跨文化交际中，身体接触的运用方式和程度也需要考虑到文化背景的差异。在一些文化中，人们习惯于通过身体接触来表达亲密和友好；而在另一些文化中，人们则避免身体接触以保护个人隐私。因此，在跨文化交际中，我们需要了解和尊重不同文化对于身体接触的规范，以避免产生不必要的误解和冲突。同时，在适当的场合下，我们也可以通过身体接触来增强与对方的情感联系和信任度。

眼神交流是体态语中非常重要的一部分。在跨文化交际中，眼神交流能够帮助我们更好地了解对方的情感和意图。然而，需要注意的是，不同文化对于眼神交流的期望和规范可能存在差异。在一些文化中，人们强调直接的眼神交流以表示真诚和自信；而在另一些文化中，直接的眼神交流代表冒犯或挑衅。因此，在跨文化交际中，我们需要了解和尊重不同文化对于眼神交流的规范和期望，并灵活运用眼神交流来传达情感和信息。

四、如何正确理解并运用体态语进行交际

体态语作为非语言交际的核心，在人际交往中起着举足轻重的作用。它不仅是情感传递的媒介，也是理解他人意图、态度以及文化背景的重要途径。然而，由于体态语具有高度的文化敏感性和多样性，其理解和运用往往面临着诸多挑战。

（一）正确理解体态语的方法

要正确理解体态语，首先需要善于观察和感知。我们应该时刻关注他人的体态语变化，包括面部表情、手势、身体姿势和眼神交流等方面。通过观察他人的体态语，我们可以初步了解他人的情绪和意图，为后续的交际提供基础。在观察和感知的基础上，我们需要进一步分析体态语背后的文化背景。不同文化背景下的体态语可能具有不同的含义和用法。因此，我们需要了解并尊重不同文化中的体态语规范和习惯，以便更好地理解他人的体态语。

除了文化背景外，我们还需要考虑体态语所处的语境。同一体态语在

不同的语境下可能具有不同的含义。因此，我们需要结合具体的语境来分析体态语的含义和用法，以确保正确理解他人的体态语。

（二）正确运用体态语进行交际的方法

在交际过程中，我们应该根据交际的情境、对象和目的等因素，适时适度地运用体态语。例如，在表达友好和亲切时，我们可以微笑、点头或拥抱等；在表达不满或批评时，我们应该避免过于夸张或挑衅性的体态语。同时，我们也需要注意体态语的运用不要过于频繁，以免给他人带来不适或误解。在运用体态语时，我们需要保持体态语的协调性和一致性。这包括面部表情、手势、身体姿势和眼神交流等方面的协调性和一致性。如果体态语之间存在矛盾或不一致的情况，就可能导致交际的混乱和误解。因此，我们需要在运用体态语时保持协调性和一致性，以确保交际的顺利进行。

在交际过程中，我们需要尊重他人的体态语习惯，避免因为自己的习惯而冒犯他人。同时，我们也需要了解和适应他人的体态语习惯，以便更好地与他人进行交流和沟通。体态语在情感表达方面具有独特的优势。通过面部表情、手势、身体姿势和眼神交流等方式的运用，我们可以更加生动地表达自己的情感和意图。因此，在交际过程中，我们可以借助体态语来增强情感表达，使交际更加生动和有趣。

（三）体态语在交际中的注意事项

虽然体态语在交际中具有重要意义，但我们也需要避免过度解读体态语。因为体态语往往具有多重含义和解读方式，过度解读可能导致误解和冲突。因此，在理解他人的体态语时，我们需要保持客观和理性，避免过度解读和猜测。体态语的细节往往能够传递出更多的信息和情感。因此，在交际过程中，我们需要关注体态语的细节，包括面部表情的微妙变化、手势的力度和速度等方面。这些细节往往能够为我们提供更深入的理解。

体态语的理解和运用需要不断学习和实践。我们需要通过观察和感知他人的体态语来积累经验；通过了解不同文化背景下的体态语规范和习惯来拓展视野；通过不断实践来提高体态语的运用能力。只有不断学习和实践，我们才能更好地理解和运用体态语进行交际。

第三节 跨文化交际中的时间观念与空间观念

一、时间与空间在跨文化交际中的重要性

在跨文化交际中，时间与空间不仅是物理存在的两个维度，更是文化认同和社会交往的重要元素。它们承载着不同文化背景下的价值观、社会习俗和人际关系，对跨文化交际的顺利进行具有至关重要的影响。

（一）时间观念在跨文化交际中的重要性

不同文化对时间的看法和态度存在显著差异。例如，一些文化强调时间的线性和不可逆性，注重时间的安排和计划。而另一些文化则更加注重时间的循环性和自然性，强调与自然的和谐共处。这些差异会影响人们在跨文化交际中对时间的理解和使用。

在时间安排上，不同文化有着不同的和习惯。这种差异可能导致在跨文化交际中出现误解和冲突，因此了解和尊重不同文化的时间安排习惯至关重要。

在商务交际中，时间观念的差异更为明显。一些文化注重效率和速度，强调时间的管理和控制。而另一些文化则更注重关系的建立和维护，对于时间的管理相对宽松。这种差异在商务谈判、会议日程等方面都有体现，了解并适应不同文化的时间管理习惯对于商务交际的成功至关重要。

（二）空间观念在跨文化交际中的重要性

空间观念在不同文化中也存在显著差异。一些文化强调个人空间的独立性和私密性，注重空间的划分和界限。而另一些文化则更注重空间的共

享性和开放性，强调空间的融合和互动。这种差异会影响人们在跨文化交际中对空间的感知和使用。在空间布局和设计上，不同文化有着不同的风格和习惯。例如，在西方国家，办公室和会议室的布局通常注重功能性和效率性，追求简洁和明亮。而在一些亚洲国家，办公室和会议室的布局则更注重舒适性和艺术性，追求温馨和和谐。这种差异会影响人们在跨文化交际中对空间环境的适应和感受。

在社交活动中，空间的使用和布局也具有重要意义。不同文化对于社交活动的空间需求和使用习惯存在差异。这种差异在握手、拥抱等身体接触行为中都有体现，了解并尊重不同文化的空间使用习惯对于社交活动的顺利进行至关重要。

（三）时间与空间观念在跨文化交际中的综合影响

时间与空间在跨文化交际中的影响是相互交织的。它们共同构成了跨文化交际的背景和框架，影响着人们的交际行为和方式。在跨文化交际中，人们需要同时考虑时间和空间的因素，以确保交际的顺利进行。

首先，了解并尊重不同文化的时间观念和管理习惯对于商务交际和日常交往都至关重要。这有助于避免因时间观念差异而产生的误解和冲突，促进交际的顺利进行。

其次，尊重并适应不同文化的空间使用习惯也是跨文化交际中的重要一环。这有助于建立良好的人际关系，增进彼此之间的理解和信任。

最后，在跨文化交际中，人们还需要学会灵活运用时间和空间的元素来传达自己的意图和情感。例如，在商务谈判中，通过合理安排时间和调整空间布局来营造合适的氛围，有助于更好地达成合作。

二、不同文化背景下的时间观念差异

时间，作为人类社会生活的重要维度，不仅是计量和安排活动的基础，更是不同文化背景下社会习俗和人际关系的体现。在不同文化中，时间观念存在着显著的差异，这些差异不仅影响着人们的日常生活和工作习惯，还深刻地影响着跨文化交际的顺利进行。

（一）时间观念的文化差异概述

时间观念的文化差异主要表现在对时间的认知、理解和运用上。不同文化对于时间的流逝、时间的价值和时间的安排等方面有着各自独特的看法和习惯。这些差异源于不同文化的历史背景、社会制度和地理环境等因素。

在时间认知上，不同文化存在着单线时间和循环时间的差异。单线时间观念认为时间是线性的、不可逆的，人们应该珍惜时间，合理安排时间，追求效率和速度。而循环时间观念则认为时间是循环的、重复的，人们应该遵循自然规律，与自然和谐相处。

在时间理解上，不同文化对于时间的精确性和模糊性有着不同的偏好。一些文化强调时间的精确性，认为时间应该被精确地计量和安排。这种观念在商业活动、科学研究等领域尤为明显，追求高效率、高精度和高标准。而另一些文化则更注重时间的模糊性，认为时间应该根据具体情况灵活调整，如亚洲和非洲的一些国家。这种观念在人际交往、家庭生活等方面更为普遍。

在时间安排上，不同文化也有着显著的差异。一些文化强调准时和守时，认为时间的价值在于其利用率和效率。这种文化被称为准时文化。在这些国家中，人们通常会提前预约会面时间，并严格遵守约定时间。而另一些文化则更注重弹性和灵活性，对于时间的安排相对宽松。这种文化被称为弹性时间文化。在这些国家中，人们更注重人际关系和社交活动，对于时间的约束性相对较弱。

（二）时间观念差异对跨文化交际的影响

时间观念差异可能导致跨文化交际中的误解和冲突。例如，在商务活动中，如果一方强调准时和守时的重要性而另一方则更注重弹性和灵活性，就可能导致会议延误、合作不畅等问题。此外，在日常交往中，如果一方过于强调时间的精确性和效率性而另一方则更注重时间的模糊性和人际关系，就可能导致交流不畅、关系紧张等问题。

为了克服时间观念差异带来的问题，跨文化交际中需要尊重和适应不同文化背景下的时间观念。这包括了解并尊重对方的时间安排习惯、避免过于强调自己的时间观念、灵活调整自己的时间安排等。通过尊重和适应不同文化背景下的时间观念，可以促进跨文化交际的顺利进行和人际关系的和谐发展。

三、空间观念在跨文化交际中的体现

空间观念是人类对周围环境的感知和理解，它涉及个人与空间的关系、空间的利用和空间的象征意义等方面。在跨文化交际中，空间观念是一个重要的文化因素，它深刻影响着人们的交流方式、行为举止和社交习惯。

（一）空间观念与跨文化交际

空间距离是影响交际亲密度的重要因素。在不同文化中，人们对于交际时双方应保持的空间距离有着不同的期望和习惯。例如，西方文化通常强调个人空间和隐私，人们在交际时会保持相对较大的空间距离，以示尊重和礼貌。而在亚洲文化中，人们往往更倾向于保持较近的空间距离，这被视为亲密和友好的象征。因此，在跨文化交际中，了解并尊重对方文化的空间距离习惯至关重要，以避免造成误解和不适。

空间布局对社交氛围的营造具有关键作用。在不同文化中，空间布局的差异反映了人们对社交活动的不同期望和需求。例如，在开放式办公环境中，员工之间的空间距离较近，这有助于促进团队合作和交流。而在传统的会议室布局中，座位安排通常呈现出一定的等级和地位差异，这体现了不同文化对于权力和地位的重视程度。在跨文化交际场合，合理的空间布局能

够营造出轻松、和谐的社交氛围，有助于增进彼此之间的了解和信任。

空间利用方式反映了人们的行为习惯和文化传统。在不同文化中，人们对于空间的利用有着不同的偏好和习惯。例如，一些文化强调空间的私密性和独立性，人们会在自己的个人空间内进行各种活动，以免干扰他人。而另一些文化则更注重空间的共享性和开放性，人们习惯于在公共空间中与他人共同活动和交流。在跨文化交际中，了解并尊重对方文化的空间利用习惯有助于减少误解和冲突，建立良好的人际关系。

（二）空间观念差异对跨文化交际的影响

由于不同文化背景下的空间观念差异，跨文化交际中很容易出现误解和冲突。例如，当来自强调个人空间的文化成员与来自注重共享空间的文化成员交往时，可能会因为对空间利用方式的不同期望而产生矛盾。此外，对于空间距离的误解也可能导致交际双方感到不适或尴尬。为了避免这些问题，交际双方需要充分了解并尊重彼此的文化习惯，以建立和谐的交际关系。

在跨文化交际中，文化适应和融合是解决空间观念差异的关键。当面对不同的空间观念时，我们需要保持开放的心态，积极学习和适应对方文化的空间习惯。通过观察和模仿对方的行为举止，我们可以更好地理解对方文化的空间观念，并逐渐融入其中。这种文化适应和融合的过程有助于增进彼此之间的了解和信任，促进跨文化交际的顺利进行。

（三）应对策略与建议

为了更好地应对跨文化交际中的空间观念差异，以下是一些建议：

1. 深入了解不同文化的空间习惯：在交际前，尽量了解对方文化的空间观念、距离习惯、布局方式和利用方式等，以便更好地适应和融入对方文化。

2. 保持开放和尊重：面对不同的空间观念时，保持开放的心态，尊重对方的文化习惯，不能对他人行为进行贬低或嘲笑。

3. 灵活调整自己的空间行为：在跨文化交际中，我们需要根据对方文化的空间习惯灵活调整自己的行为举止，以建立和谐的交际关系。

4.加强沟通与协商：当遇到空间观念差异引发的问题时，积极与对方沟通并寻求共同解决方案，以确保交际的顺利进行。

四、如何适应不同文化的时间与空间观念

由于跨文化交际日益频繁，不同文化背景下的时间与空间观念差异成为一个不可忽视的问题。时间与空间观念作为文化的重要组成部分，深刻影响着人们的思维方式、行为习惯和社交模式。因此，如何适应不同文化的时间与空间观念，成为跨文化交际中需要面对的重要挑战。

（一）理解不同文化的时间观念

在跨文化交际中，首先要认识到不同文化对时间的认知和理解存在差异。有些文化强调时间的精确性和计划性，而有些文化则更注重时间的灵活性和自然性。这种差异导致了不同文化背景下的人们在安排时间、处理事务和进行社交时存在明显的不同。在了解不同文化的时间观念后，需要尊重并接纳这些差异。尊重是跨文化交际的基础，只有尊重对方的文化习惯，才能建立和谐的人际关系。在面对时间观念差异时，我们应该避免将自己的时间观念强加于他人，而是要学会理解和接纳对方的时间观念。

为了适应不同文化的时间观念，我们需要灵活调整自己的时间管理方式。例如，在强调时间精确性的文化中，我们应该尽量提前预约、准时出席并遵守时间安排；而在注重时间灵活性的文化中，我们可以更加灵活地安排时间，注重人际关系的建立和维护。

（二）适应不同文化的空间观念

空间布局是不同文化背景下空间观念的重要体现。在跨文化交际中，我们需要仔细观察并理解不同文化中的空间布局差异。例如，在一些文化中，人们习惯于保持较大的个人空间距离，而在另一些文化中，人们则更倾向于保持较近的距离。此外，不同文化对于空间的利用方式也存在差异，

如开放式办公与封闭式办公。

在了解不同文化的空间布局差异后,我们需要尊重并适应这些差异。在跨文化交际中,我们应该尽量避免侵犯对方的个人空间或干扰对方的空间利用习惯。同时,我们也要学会适应对方文化中的空间利用习惯,以更好地融入对方的文化环境。为了适应不同文化的空间观念,我们需要灵活调整自己的空间行为。例如,在需要保持较大个人空间的文化中,我们应该避免过于亲密的接触和拥挤的场合;而在注重共享空间的文化中,我们可以更加积极地参与集体活动并享受与他人共同利用空间的过程。

(三)适应不同的时间观念与空间观念的对策

文化敏感性是适应不同文化的时间与空间观念的重要前提。在跨文化交际中,我们需要保持对文化差异的高度敏感,关注并尊重对方的文化习惯。通过增强文化敏感性,我们可以更好地理解对方的时间与空间观念,避免误解和冲突的发生。

跨文化交际技巧是有效应对文化差异的关键。在适应不同文化的时间与空间观念时,我们可以学习并应用一些跨文化交际技巧,如非言语沟通、文化移情和冲突解决等。这些技巧有助于我们更好地理解和应对不同文化背景下的时间与空间观念差异。拓展国际视野是适应不同文化的时间与空间观念的重要途径。通过了解不同文化的历史传统、价值观和社会习俗等方面的知识,我们可以更全面地认识和理解不同文化背景下的时间与空间观念。

第四节 服饰与饮食文化在跨文化交际中的体现

一、服饰文化与跨文化交际的关系

服饰文化作为人类文化的重要组成部分,不仅体现了各个民族的审美观念、生活方式和历史传统，还在跨文化交际中扮演着至关重要的角色。随着国际交流的不断加深，服饰文化在跨文化交际中的影响日益显著。

（一）服饰文化的定义与特点

1. 服饰文化的定义

服饰文化是指人类在长期的历史发展过程中，通过穿着打扮所形成的一种具有独特风格和特点的文化现象。它涵盖了服饰的设计、制作、穿着、搭配以及与之相关的习俗、礼仪、审美观念等。

2. 服饰文化的特点

（1）多样性：由于地域、民族、历史等因素的差异，不同文化背景下的服饰文化呈现出多样性的特点。这种多样性不仅体现在服饰的款式、材质、色彩等方面，还体现在服饰所承载的文化内涵和象征意义上。

（2）传承性：服饰文化作为人类文化的重要组成部分，具有传承性。它通过世代相传的方式，将民族的历史传统、审美观念等传递给后人，成为连接过去与未来的纽带。

（3）时代性：服饰文化具有鲜明的时代特征。随着社会的发展和时代的变迁，服饰文化也在不断演变和更新。从古代的长袍马褂到现代的西装革履，服饰文化的变化反映了时代的变迁和人们审美观念的变化。

（二）服饰文化在跨文化交际中的体现

在跨文化交际中，服饰文化往往承载着特定的象征意义。不同的服饰款式、色彩和配饰等，都可能代表着不同的社会地位、身份认同和文化背景。因此，在跨文化交际中，了解对方文化的服饰文化，有助于我们更好地理解对方的身份和文化背景，从而建立更加和谐的人际关系。

服饰文化在跨文化交际中还具有重要的社交功能。通过穿着符合对方文化审美的服饰，我们可以向对方传递出友好、尊重和融入的信号，从而增进彼此之间的了解和信任。同时，服饰文化也是展示个人魅力和个性的一种方式，通过具有个性的服饰搭配和风格，我们可以向对方展示自己的独特魅力和个性特点。

在跨文化交际中，由于不同文化背景下的服饰文化差异，有时会出现跨文化冲突的情况。例如，在某些文化中，穿着暴露或过于随意的服饰可能被视为不礼貌或不尊重他人的表现；而在另一些文化中，则可能被视为时尚和个性的体现。为了避免这种冲突的发生，我们需要了解并尊重对方文化的服饰文化习惯，同时保持开放和包容的心态，积极寻求跨文化融合的可能性。

（三）服饰文化对跨文化交际的影响

服饰文化作为人类文化的重要组成部分，是了解和尊重其他文化的重要途径。通过学习和了解不同文化背景下的服饰文化，我们可以更好地理解其他文化的审美观念、生活方式和历史传统，从而增进对其他文化的了解和尊重。这种了解和尊重有助于我们建立更加和谐的人际关系，促进跨文化交际的顺利进行。在跨文化交际中，服饰文化对于个人形象和身份认同的塑造具有重要影响。通过穿着符合对方审美文化的服饰，我们可以向对方传递出积极、开放和友好的态度，从而增强彼此之间的好感和信任。同时，服饰文化也是展示个人身份认同的一种方式，通过独特的服饰搭配和风格，我们可以向对方展示自己的文化背景、社会地位和个性特点。

服饰文化作为文化交流的载体之一，在推动文化交流与融合方面具有重要作用。通过学习和了解不同文化背景下的服饰文化，我们可以将不同文化的优秀元素融合在一起，创造出具有独特魅力和时代感的服饰文化。这种文化交流与融合有助于促进不同文化之间的相互理解和尊重，推动世界文化的多样和繁荣。

二、不同文化背景下的服饰差异与解读

服饰作为人类文化的重要组成部分，不仅反映了人们的审美观念和生

活方式，还承载着丰富的文化内涵和历史传统。在不同文化背景下，服饰的款式、材质、色彩、配饰以及穿着习惯等方面都存在显著的差异。这些差异既是文化多样性的体现，也是跨文化交流中需要关注和理解的重要内容。

（一）不同文化背景下的服饰差异

在不同文化背景下，服饰的款式和剪裁存在显著差异。例如，在东方文化中，传统服饰注重宽松舒适、线条流畅，体现了东方文化的内敛与含蓄；而在西方文化中，传统服饰如西装、礼服等则注重修身塑形、线条分明，体现了西方文化的外放与张扬。此外，不同文化背景下的服饰剪裁也各具特色，如非洲部落的服饰剪裁独特，常常以鲜艳的色彩和复杂的图案吸引人们的目光。不同文化背景下的服饰材质和工艺也存在差异。由于地理环境和气候条件的差异，各地区服饰的材质选择各不相同。例如，在寒冷的北欧地区，人们普遍选择羊毛、皮革等保暖性能较好的材质制作服饰；而在炎热的热带地区，人们则更喜欢选择棉麻等透气性较好的材质。此外，不同文化背景下的服饰工艺也各具特色，如中国的刺绣、印度的丝织等技艺精湛，体现了各自文化的独特魅力。

色彩和图案是服饰文化中不可忽视的元素。不同文化背景的服饰在色彩和图案方面也存在差异。在一些文化中，红色被视为吉祥、喜庆的象征，因此在节日或喜庆场合，人们会穿着红色服饰；而在另一些文化中，红色可能被视为禁忌或具有特殊意义。此外，不同文化背景下的图案也各具特色，如中国的龙凤图案、印度的莲花图案等，都承载着各自文化的独特寓意和象征。配饰和饰品在服饰文化中同样占有重要地位。不同文化背景下的配饰和饰品也存在差异。这些配饰和饰品不仅具有装饰作用，还承载着各自文化的独特审美观念和社会习俗。

（二）服饰差异背后的文化内涵解读

服饰差异的背后往往蕴含着深厚的历史传统。每个民族都有自己独特的历史和文化传统，这些传统在服饰文化中得到了充分体现。例如，中国的汉服、日本的和服等传统服饰都承载着各自民族悠久的历史和文化传统。通过了解这些服饰的历史背景和文化内涵，我们可以更好地理解不同文化背景下的服饰差异。

社会习俗对服饰文化有着重要的影响。不同文化背景下的社会习俗各不相同，这些习俗在服饰方面也有所体现。例如，在一些文化中，女性需要穿着特定的服饰来遵守社会规范；而在另一些文化中，则更加注重个性和自由。这些社会习俗对服饰文化的制约作用，使得不同文化背景下的服饰呈现出不同的风格和特点。审美观念是服饰文化中不可忽视的因素。不同文化背景下的审美观念存在差异，这些差异在服饰文化中得到了充分体现。例如，在一些文化中，人们注重服饰的华丽和繁复；而在另一些文化中，则更加注重服饰的简洁和实用。这些审美观念的差异导致了不同文化背景下的服饰在款式、色彩、图案等方面呈现出不同的风格和特点。

（三）服饰差异对跨文化交际的影响与应对策略

在跨文化交际中，服饰差异可能导致误解和冲突。为了避免这种情况的发生，我们需要增进对不同文化背景下服饰的了解和尊重。通过学习和了解不同文化背景下的服饰文化，我们可以更好地理解对方的审美观念、生活方式和社会习俗，从而避免在服饰方面产生不必要的误解和冲突。在跨文化交际中，我们需要灵活应对不同文化背景下的服饰差异。这包括了解对方的服饰习惯和偏好，以及在不同场合下选择合适的服饰。同时，我们还需要尊重对方的选择，不要将自己的审美观念强加于他人。通过灵活应对服饰差异，我们可以更好地融入对方的文化环境，促进跨文化交际的顺利进行。

服饰文化作为文化交流的载体之一，具有推动文化交流与融合的重要作用。在跨文化交际中，我们可以通过展示和分享不同文化背景下的服饰文化，增进彼此之间的了解和尊重。同时，我们还可以将不同文化的优秀元素融合在一起，创造出具有独特魅力和时代感的服饰文化。这种文化交流与融合有助于促进不同文化之间的相互理解和尊重,推动世界文化的多样性和繁荣。

三、饮食文化在跨文化交际中的重要性

饮食文化作为人类文化的重要组成部分,不仅满足了人们的生理需求,更承载着丰富的文化内涵和历史传统。在跨文化交际中,饮食文化的重要性日益凸显,它不仅是文化交流的重要载体,也是增进文化理解和尊重的关键途径。

(一)饮食文化的定义与特点

1. 饮食文化的定义

饮食文化是指人类在长期的饮食实践过程中,所形成的具有独特风格、传统和习俗的文化现象。它涵盖了食物的选材、烹饪方式、饮食习惯、餐桌礼仪以及与之相关的饮食观念、饮食艺术等方面。

2. 饮食文化的特点

(1)多样性:由于地域、民族、宗教等因素的差异,不同文化背景下的饮食文化呈现出多样性的特点。这种多样性不仅体现在食物的种类、口味和烹饪方式上,还体现在饮食习惯和餐桌礼仪等方面。

(2)传承性:饮食文化作为人类文化的重要组成部分,具有传承性。它通过世代相传的方式,将民族的饮食传统、习俗和观念传递给后人,成为连接过去与未来的纽带。

(3)地域性:饮食文化具有明显的地域性特征。不同地区的自然环境、气候条件、物产资源等因素都会影响当地的饮食文化,形成独特的饮食风格和特色。

(二)饮食文化在跨文化交际中的作用

在跨文化交际中,饮食文化作为文化交流的重要载体,有助于增进不

同文化之间的了解和尊重。通过品尝和了解不同文化背景下的饮食，我们可以更好地理解对方的文化传统、生活习惯和饮食观念。这种了解和尊重有助于消除文化隔阂，促进不同文化之间的和谐共处。饮食文化具有独特的吸引力和亲和力，它可以作为文化交流的桥梁，促进不同文化之间的交流与融合。在国际交往中，通过共同品尝美食、交流饮食文化，人们可以拉近彼此之间的距离，增进友谊和信任。这种文化交流有助于推动不同文化之间的相互借鉴和融合，促进世界文化的多样性和繁荣。

饮食文化不仅是物质的享受，更是精神的传承。通过饮食文化，我们可以传递和弘扬民族的文化价值观。例如，中国的饮食文化强调"食疗同源""药食同源"，注重食物的营养和养生价值；而日本的饮食文化则注重食物的色泽、形状和器皿的搭配，追求简约、精致、和谐。这些文化价值观通过饮食文化得到传承和弘扬，成为不同文化之间的宝贵财富。

（三）饮食文化在跨文化交际中的影响

饮食文化作为国家的文化名片之一，对于塑造国家形象具有重要作用。通过展示和推广本国的饮食文化，可以让国际社会更好地了解该国的文化传统、历史底蕴和人民生活。同时，饮食文化还可以成为国际交流的重要话题，增强国际社会对该国的认同感和好感度。饮食文化对于经济发展也具有积极的推动作用。在国际市场上，美食可以成为国家的重要旅游资源，吸引大量游客前来品尝和体验。此外，美食还可以带动相关产业的发展，如餐饮、旅游、食品制造等产业，促进国家经济的繁荣和发展。

饮食文化作为跨文化交际活动的重要组成部分，对于提升跨文化交际能力具有重要意义。通过了解和尊重不同文化背景下的饮食文化，我们可以更好地适应不同文化环境，避免在跨文化交际中出现误解和冲突。同时，饮食文化还可以作为跨文化交际的切入点，通过共同品尝美食、交流饮食文化等方式，增进彼此之间的了解和友谊。

四、如何尊重并理解不同文化的服饰与饮食习惯

尊重并理解不同文化的服饰与饮食习惯，对于促进文化多样性、增进国际友谊和推动跨文化交流具有重要意义。

（一）尊重不同文化的服饰

要尊重不同文化的服饰，首先要认识到服饰文化的多样性。不同地域、民族和社会群体的服饰都有其独特的风格和特点，这些差异源于各自的历史传统、审美观念和生活方式。因此，我们应该摒弃偏见和歧视，以开放的心态去欣赏和接纳不同文化的服饰。每个民族的服饰都承载着丰富的历史传统和习俗。在接触不同文化的服饰时，我们应该尊重其传统和习俗，避免对其进行贬低或嘲笑。例如，在参加某些民族的传统节日或庆典时，我们应该按照当地的习俗穿着相应的服饰，以示尊重和融入。

尊重不同文化的服饰需要我们学习和了解相关的知识和背景。通过阅读书籍、观看纪录片、参加文化交流活动等方式，我们可以深入了解不同文化的服饰起源、发展演变和象征意义。这样，我们就能更好地理解不同文化的服饰差异，并在交流中避免产生误解和冲突。同时，我们也要尊重个人的选择。每个人都有权利根据自己的喜好选择自己的服饰风格。在交流中，我们应该避免对他人的服饰进行过多的评论和干涉，尊重他人的选择和权利。

（二）理解不同文化的饮食习惯

不同文化的饮食习惯存在显著差异，这些差异源于自然环境、气候条件、物产资源和社会文化的差异。在跨文化交流中，我们应该尊重这些差异，避免将自己的饮食习惯强加于他人。例如，在参加不同民族的宴会，品尝当地的特色美食时，我们应该遵守当地的饮食规矩和习惯。理解不同文化的饮食习惯需要我们学习和了解相关的知识和背景。通过查阅书籍、

观看纪录片、参加文化交流活动等方式，我们可以深入了解不同文化的饮食起源、发展历程、特色美食和餐桌礼仪等方面的内容。这样，我们就能更好地理解不同文化的饮食习惯差异，并在交流中避免产生误解和冲突。

在理解不同文化的饮食习惯时，我们要特别尊重不同民族和地区的饮食禁忌。一些文化可能存在对某些食物或食材的忌讳，这可能与宗教信仰、健康观念或历史传统有关。在交流和用餐时，我们应该尊重对方的饮食禁忌，避免引起不必要的尴尬和冲突。尊重并理解不同文化的饮食习惯还包括积极尝试和体验当地的特色美食。通过品尝不同文化的美食，我们可以更直观地感受不同文化的饮食特色和魅力。同时，尝试和体验也有助于我们更好地理解和接纳不同文化的饮食习惯。

在尊重并理解不同文化的饮食习惯的基础上，我们还应该积极传播和分享自己国家的饮食文化。通过介绍自己国家的特色美食、烹饪技艺和餐桌礼仪等方面的内容，我们可以增进不同文化之间的了解和友谊。同时，传播和分享也有助于推动世界饮食文化的多样性和繁荣。

第五节 跨文化交际中的礼仪与习俗

一、礼仪与习俗在跨文化交际中的地位

礼仪与习俗作为不同文化背景下的社会规范和行为准则，在跨文化交际中扮演着至关重要的角色。它们不仅影响着人们的交往方式和行为习惯，还关系到文化间的和谐共处和有效沟通。

（一）礼仪与习俗的定义与特点

礼仪是指在特定文化背景下，人们为了表示尊重和友好而遵循的一系列社会规范和行为准则。它涵盖了从见面问候、交往方式到餐桌礼仪、节

日庆祝等多个方面。礼仪的特点在于其规范性、传承性和文化性。规范性意味着礼仪是一定文化背景下人们共同遵循的行为准则；传承性则表明礼仪是通过世代相传的方式得以延续和发展的；文化性则强调了礼仪在不同文化背景下的差异性和独特性。

习俗是指一定的社会或民族在长期的历史发展过程中形成的、具有相对稳定性和传承性的社会风俗、礼节、习惯等的总和。它同样涵盖了人们的日常生活、节日庆祝、婚丧嫁娶等方面的内容。习俗的特点在于其普遍性、稳定性和传承性。普遍性意味着习俗是一定的社会或民族共同遵循的行为规范；稳定性则表明习俗在较长的时间内保持相对稳定；传承性则说明了习俗是通过世代相传的方式得以延续和发展的。

（二）礼仪与习俗在跨文化交际中的作用

在跨文化交际中，礼仪与习俗作为不同文化背景下的社会规范和行为准则，是增进文化了解与尊重的重要途径。通过了解和尊重对方的礼仪与习俗，我们可以更好地理解对方的文化传统、价值观念和生活方式。这种了解和尊重有助于消除文化隔阂，促进不同文化之间的和谐共处。

礼仪与习俗在跨文化交际中还具有促进有效沟通与合作的作用。遵循对方的礼仪规范，可以让我们在交往中更加得体、礼貌和尊重对方。同时，了解对方的习俗和习惯，可以帮助我们更好地预测对方的行为反应和沟通需求，从而更加精准地传达信息，达成合作。在跨文化交际中，遵循礼仪与习俗还可以帮助我们塑造良好的个人形象和品牌。通过展现对对方文化的尊重和了解，我们可以赢得对方的信任和尊重，从而在职场和社交场合中取得更好的成绩和发展。

（三）礼仪与习俗在跨文化交际中的影响

在跨文化交际中，由于不同文化背景下的礼仪与习俗存在差异，很容易产生文化冲突和误解。了解和尊重对方的礼仪与习俗，可以帮助我们避免这些问题。例如，在商务场合中，遵循对方的商务礼仪可以避免因文化差异而导致的沟通障碍。通过了解和尊重不同文化的礼仪与习俗，我们可以增强对多元文化的认同和归属感。这种认同和归属感有助于我们更加包容和理解不同的文化价值观和生活方式，从而促进文化多样性和包容性的发展。

礼仪与习俗作为文化的重要组成部分，是推动文化交流与融合的重要力量。通过展示和传播自己国家的礼仪与习俗，我们可以让其他国家的人们更好地了解和认识我们的文化。同时，了解和尊重其他国家的礼仪与习俗也可以促进不同文化之间的相互借鉴和融合，推动世界文化的繁荣和发展。

二、不同文化背景下的礼仪与习俗差异

不同的文化背景往往伴随着独特的礼仪与习俗，这些差异可能导致误解、冲突甚至文化休克。因此，了解并尊重不同文化背景下的礼仪与习俗差异，对于促进有效的跨文化交际具有重要意义。

（一）礼仪与习俗差异的具体表现

在不同文化中，见面与问候的方式存在显著差异。例如，在东亚文化中，人们通常通过鞠躬、握手或点头来表示尊重和问候；而在西方国家，人们则更倾向于拥抱、亲吻脸颊或握手。此外，不同文化对于问候语的选择和使用也有所不同。

餐桌礼仪是不同文化背景下礼仪与习俗差异的重要体现。在一些文化中，如日本和中国，餐桌上的食物摆放、餐具使用、吃饭顺序等都有严格的规定。例如，在中国，人们通常遵循"长辈先动筷"的原则。相比之下，西方国家的餐桌礼仪则更加注重个人自由和舒适度，如自助餐的流行就体现了这一特点。节日庆祝方式也是不同文化背景下礼仪与习俗差异的重要表现。不同文化有不同的节日和庆祝方式，如中国的春节、美国的感

恩节、印度的排灯节等。这些节日的庆祝方式往往涉及特定的食物、服装、仪式和活动。例如，在中国春节期间，人们会贴春联、放鞭炮、吃团圆饭；而在西方国家的圣诞节期间，则会有圣诞树、圣诞礼物和圣诞晚宴等庆祝活动。

社交距离与身体接触是不同文化背景下礼仪与习俗差异的另一个重要体现。在一些文化中，人们更倾向于保持较远的社交距离，避免过多的身体接触；而在另一些文化中，人们则更习惯于亲密的身体接触和近距离的交流。这种差异可能源于不同文化对于隐私、尊重和个人空间的看法不同。

（二）礼仪与习俗差异的形成原因

地理环境是影响礼仪与习俗差异的重要因素之一。不同地区的自然环境、气候条件、物产资源等都会影响当地人民的生活方式、饮食习惯和社交习惯，从而形成独特的礼仪与习俗。例如，寒冷地区的人们可能更注重保暖和取暖，而热带地区的人们则可能更注重防暑降温。

历史传统是形成礼仪与习俗差异的重要原因之一。不同民族和地区在长期的历史发展过程中，形成了独特的文化传统和习俗习惯。这些传统和习俗经过世代相传，逐渐融入人们的日常生活和社交活动中，成为当地文化的重要组成部分。例如，中国的春节、中秋节等传统节日就承载着丰富的历史传统和文化内涵。

社会制度也是影响礼仪与习俗差异的因素之一。不同社会制度下的社会结构、价值观念、生活方式等都会有所不同，这些差异也会体现在礼仪与习俗上。例如，在等级制度严格的社会中，礼仪与习俗可能更加注重等级和身份的差异；而在平等自由的社会中，礼仪与习俗则可能更加注重平等和尊重。

（三）如何在跨文化交际中妥善处理礼仪与习俗差异

在跨文化交际中，首先要了解并尊重不同文化背景下的礼仪与习俗差异。通过学习和了解对方文化的历史传统、社会制度等方面的知识，我们可以更好地理解对方的行为规范和价值观念，从而避免误解和冲突。在跨文化交际中，要灵活应对文化差异。不同的文化背景下，礼仪与习俗可能存在差异，但这并不意味着我们必须完全遵循对方的文化规范。在交流中，我们可以根据具体情况灵活调整自己的行为方式，以适应对方的文化环境。

在跨文化交际中，可以寻求共同点来促进交流。尽管不同文化背景下的礼仪与习俗存在差异，但人们往往也有一些共同的价值观和追求。通过寻找共同点并围绕这些共同点展开交流，我们可以增进彼此之间的了解和友谊。

（四）礼仪与习俗差异对跨文化交际的深远影响

礼仪与习俗差异对跨文化交际的影响是深远而复杂的。它们不仅影响着人们的交流方式和行为习惯，更在深层次上塑造着人们的思维方式和价值观念。

礼仪与习俗是文化身份和认同的重要组成部分。它们反映了一个民族或国家的历史传统等核心要素。在跨文化交际中，了解和尊重对方的礼仪与习俗，有助于我们更好地理解和接纳对方的文化身份和认同，从而建立起更加稳固和友好的跨文化关系。

礼仪与习俗差异是文化交流和融合的催化剂。通过了解和接触不同文化的礼仪与习俗，我们可以拓宽自己的文化视野，增强自己的文化敏感性和包容性。同时，这种差异也会激发我们对其他文化的兴趣和好奇心，推动不同文化之间的交流和融合。在跨文化交际中，我们可以通过分享和展示自己文化的礼仪与习俗，促进文化之间的相互了解和欣赏，进一步推动文化交流和融合。了解和尊重礼仪与习俗差异可以增强跨文化交际的有效性。在跨文化交际中，如果我们能够了解和遵守对方的礼仪规范，就可以更加准确地传达信息、表达意图和建立信任关系。同时，如果我们能够灵活地应对文化差异，就可以避免误解和冲突，提高沟通效率和质量。这种有效性不仅体现在商务和外交场合中，也体现在日常生活和社交活动中。

礼仪与习俗差异的培养有助于我们培养全球意识和跨文化素养。在全球化的背景下，我们需要具备更加开阔的视野和更加包容的心态来面对不同文化之间的差异和冲突。通过培养自己的全球意识和跨文化素养，可以提高自己在国际舞台上的竞争力和适应力。

三、如何正确遵循并尊重不同文化的礼仪与习俗

文化交际中，了解和尊重不同文化的礼仪与习俗，是建立良好关系、促进有效沟通的基础。然而，由于文化差异的存在，我们在遵循和尊重他国礼仪与习俗时，往往会面临一些挑战。

（一）了解并尊重文化差异

在接触新的文化时，首先要做的是深入了解该文化的历史、传统、价值观念等方面的知识。通过阅读书籍、观看纪录片、参加文化交流活动等方式，我们可以逐渐积累对该文化的认识和理解。只有深入了解文化背景，我们才能更好地理解该文化的礼仪与习俗。尊重文化差异是遵循和尊重不同文化礼仪与习俗的前提。在跨文化交际中，我们应该摒弃偏见和歧视，以平等、开放和包容的心态去接纳和理解不同文化之间的差异。尊重文化差异意味着我们要承认并接受不同文化背景下的礼仪与习俗的多样性，并避免以自己的文化标准去评判其他文化。

（二）学习并遵循基本礼仪规范

在接触新的文化时，我们应该主动学习和了解该文化的礼仪规范。这些规范可能包括见面问候的方式、餐桌礼仪、节日庆祝方式、社交距离和身体接触等方面的规定。通过学习当地礼仪规范，我们可以更好地融入当地社会，与当地人建立更加友好和亲密的关系。

在遵循不同文化的礼仪规范时，我们可以总结出一些基本的原则，如尊重、平等、真诚和适度等。尊重是遵循礼仪的核心原则，它要求我们尊重他人的文化、信仰和习惯；平等则意味着我们要以平等的态度对待他人，不因

文化差异而歧视或排斥他人；真诚则要求我们在交往中保持真诚和坦率，不虚伪做作；适度则要求我们在遵循礼仪时把握好分寸，不过度也不欠缺。

（三）灵活应对文化差异带来的挑战

在跨文化交际中，我们可能会遇到一些与自己文化习惯完全不同的礼仪与习俗。这时，我们应该保持开放和包容的心态，不要过于抵触或排斥这些差异。我们可以尝试去理解这些差异背后的原因和意义，从而更好地适应和融入当地文化。在跨文化交际中，我们可以寻求共同点来促进交流。尽管不同文化背景下的礼仪与习俗存在差异，但人们往往也有一些共同的价值观和追求。我们可以从共同点入手，展开交流和讨论，增进彼此之间的了解和友谊。

在跨文化交际中，我们可能需要灵活调整自己的行为方式来适应不同的文化环境。这并不意味着我们要完全放弃自己的文化习惯，而是要在尊重对方文化的基础上，寻求一种双方都能接受的交流方式。例如，在餐桌上我们可以尊重当地的饮食习惯和礼仪规范，同时也可以向对方介绍自己的饮食文化。

四、礼仪与习俗在商务和社交场合的应用

在商务和社交场合中，礼仪与习俗的重要性不言而喻。它们不仅体现了参与者的文化素养和教养，更是建立良好关系、促进有效沟通的基石。然而，由于不同文化背景下的礼仪与习俗存在差异，正确应用这些礼仪与习俗显得尤为重要。

（一）商务场合中的礼仪与习俗应用

1. 商务礼仪的基本原则

在商务场合中，礼仪的应用应遵循尊重、真诚、平等和专业的原则。尊重是商务礼仪的核心，要求我们在商务活动中尊重他人、尊重对方的文

化和习俗；真诚则要求我们在交流中保持真诚和坦率，不虚伪、不做作；平等则意味着我们要以平等的态度对待他人，不因地位、财富等因素而产生偏见；专业则要求我们在商务活动中展现出专业素养和技能，以赢得他人的信任和尊重。

2. 商务礼仪的具体应用

（1）商务着装

商务着装是商务场合中礼仪的重要体现。在不同文化背景下，商务着装的要求也存在差异。在商务活动中，我们需要根据对方的文化背景和习俗，选择合适的着装，以展现出自己的专业素养和文化素养。

（2）商务会面

商务会面是商务活动中常见的场景。在会面时，我们需要遵循一定的礼仪规范。例如，在会面前要准时到达，并在会面时主动向对方问候和介绍自己；在会面过程中，要保持专注和礼貌，不随意打断对方的发言，并尊重对方的观点和意见；在会面结束后，要向对方表达感谢，并约定下一次会面的时间和地点。通过遵循这些礼仪规范，我们可以建立起良好的商务关系，为后续的商务合作奠定基础。

（3）商务谈判

商务谈判是商务活动中的关键环节。在谈判过程中，我们需要遵循一定的礼仪和习俗。例如，在谈判前要充分了解对方的需求和期望，并准备好相应的谈判策略和方案；在谈判过程中，要保持冷静和理智，不轻易表露自己的情绪和态度，并尊重对方的立场和利益；在谈判结束后，要及时总结和反思谈判过程，总结经验教训，为下一次谈判做好准备。通过遵循这些礼仪和习俗，我们可以更好地掌握谈判节奏和策略，提高谈判效率和成功率。

（二）社交场合中的礼仪与习俗应用

1. 社交礼仪的基本原则

在社交场合中，礼仪的应用应遵循尊重、友好、真诚和适度的原则。

尊重是社交礼仪的核心，要求我们在社交活动中尊重他人、尊重对方的文化和习俗；友好则要求我们在交往中展现出友善和热情的态度，与他人建立起良好的关系；真诚则要求我们在交流中保持真诚和坦率，不虚伪、不做作；适度则要求我们在社交活动中把握好分寸，不过度也不欠缺。

2. 社交礼仪的具体应用

（1）社交场合的着装

在社交场合中，着装是展现个人形象和品位的重要方式。根据不同社交场合的要求和氛围，我们需要选择合适的着装。例如，在正式场合中，我们需要穿着正式、得体的服装，以展现出自己的专业素养和文化素养；在休闲场合中，我们可以选择舒适、随意的服装，以展现出自己的个性和风格。同时，我们还需要注意着装的整洁和干净，避免给他人留下不好的印象。

（2）社交会面

在社交会面中，我们需要遵循一定的礼仪规范。通过遵循这些礼仪规范，我们可以建立起良好的社交关系，为后续的交往奠定基础。

（3）社交交流

在社交交流中，我们需要遵循一定的礼仪和习俗。例如，在交流中，我们需要注意语气和语调的把握，避免使用过于生硬或冷淡的语气，给对方留下不良印象。此外，在社交交流中，我们还需要注意避免涉及敏感话题或争议性话题，以免引起不必要的争执和冲突。

第六节　非语言交际的教学实践与策略

一、非语言交际教学的目标与内容设计

非语言交际，作为人际沟通的重要组成部分，与语言交际相辅相成，

共同构成了人类交流的全貌。在跨文化交际、商务沟通、教育教学中，非语言交际的重要性日益凸显。因此，设计一套目标明确、内容丰富的非语言交际教学方案，对于培养学生的跨文化交际能力，提升他们的综合素质具有重要意义。

（一）非语言交际教学的目标

非语言交际教学的首要目标是让学生认识到非语言交际在人际交往中的重要性，理解非语言交际与语言交际的互补关系，以及非语言交际在不同文化背景下的差异性和多样性。通过系统的教学和训练，使学生掌握基本的非语言交际技巧，包括身体语言、面部表情、眼神交流、声音语气等，并能够在不同场合下灵活运用。

通过非语言交际教学，使学生了解不同文化背景下的非语言交际习惯和规范，培养他们的跨文化意识和跨文化交际能力，以更好地适应时代的新挑战。非语言交际教学不仅关注学生的沟通能力，还关注他们的心理素质、情绪管理、团队协作等方面的能力。通过教学，使学生具备更加全面、综合的素质。

（二）非语言交际教学的内容设计

1. 理论教学

（1）非语言交际的概念与特点

介绍非语言交际的定义、分类、特点等基本理论，使学生对其有一个全面的认识。

（2）非语言交际的功能与作用

阐述非语言交际在人际沟通中的重要作用，包括信息传递、情感表达、关系维护等方面，使学生更加深入地理解其重要性。

（3）非语言交际的文化差异

分析不同文化背景下的非语言交际规范和习惯，使学生了解文化差异对非语言交际的影响，提高他们的跨文化意识。

2.实践训练

（1）身体语言训练

通过角色扮演、模拟演练等方式，让学生学习并掌握身体语言的基本技巧，如姿势、手势、动作等，并能够在不同场合下灵活运用。

（2）面部表情训练

通过图片展示、视频分析等方式，让学生学习并掌握面部表情的解读和表达技巧，了解不同面部表情所传递的情感信息。

（3）眼神交流训练

通过眼神交流练习等方式，让学生学习并掌握眼神交流的基本技巧，如眼神的注视、转移、交流等，以提高他们在人际交往中的互动能力和吸引力。

（4）声音语气训练

通过录音分析、声音模仿等方式，让学生学习并掌握声音语气的运用技巧，如音调、语速、音量等，以更好地表达自己的情感和态度。

3.案例分析

选取具有代表性的非语言交际案例，让学生进行分析和讨论。通过分析案例，学生可以更加深入地理解非语言交际的实际应用，以及在不同文化背景下的差异性和多样性。同时，案例分析还可以培养学生的批判性思维和解决问题的能力。

4.跨文化体验

组织学生参与跨文化交际活动，如国际学生交流、文化考察等。通过亲身体验不同文化背景下的非语言交际习惯和规范，学生可以更加直观地了解文化差异对非语言交际的影响，提高他们的跨文化意识和跨文化交际能力。

（三）**教学方法与手段**

通过课堂讲授的方式，向学生传授非语言交际的基本理论、技巧和方法。通过教师的示范和学生的模仿练习，让学生直观地掌握非语言交际的技巧和方法。通过角色扮演、模拟演练等方式，让学生在实践中学习和掌握非语言交际的技巧和方法。通过小组讨论、案例分析等方式，增强课堂的互动性和学生的参与性，提高教学效果。

二、非语言交际教学策略和方法

非语言交际作为人际交往中不可或缺的一部分，在教育教学领域具有重要地位。它涉及身体语言、面部表情、眼神交流、声音语气等多个方面，对于培养学生的沟通能力、理解能力和跨文化交际能力至关重要。为了使学生能够更好地掌握非语言交际技巧，教师需要采用有效的教学策略和方法。

（一）明确教学目标和内容

在非语言交际教学中，首先需要明确教学目标和内容。教学目标应该具体明确。教学内容应该围绕教学目标展开，包括理论知识的传授、实践技能的培养以及文化差异的认知等。

（二）采用多元化的教学方法

角色扮演法是一种非常有效的非语言交际教学方法。通过模拟不同场景下的交流情境，学生可以亲身体验并学习如何运用非语言交际技巧。教师可以设定不同的场景和角色，让学生分组进行角色扮演，并引导他们关注身体语言、面部表情、眼神交流等方面的表现。这种方法能够让学生在实践中感受非语言交际的重要性，并加深对相关知识的理解。

视频分析法是一种利用视频资料进行非语言交际教学的方法。教师可以通过播放相关视频，让学生观察并分析其中人物的非语言交际行为。这种方法可以直观地展示非语言交际的特点和技巧，帮助学生更好地理解和掌握相关知识。在分析过程中，教师可以引导学生关注人物的身体语言、面部表情、声音语气等方面的细节，并引导他们思考这些非语言交际行为所传递的信息和意图。

小组讨论法是一种鼓励学生积极参与、互相交流的教学方法。在非语言交际教学中，教师可以组织学生进行小组讨论，让他们分享自己的经验和观点，并互相学习和借鉴。这种方法可以激发学生的学习兴趣，提高他们的主动性和积极性。在讨论过程中，教师可以引导学生关注非语言交际的各个方面，鼓励他们提出问题并提供解决方案。

（三）注重实践环节

非语言交际教学注重实践环节，因为只有在实践中才能真正掌握和运用相关技巧。教师可以通过设计各种实践活动，如模拟商务谈判、文化交流活动等，让学生在实践中学习和运用非语言交际技巧。这些活动可以让学生在真实场景中感受非语言交际的重要性，并锻炼他们的实际运用能力。同时，教师还可以通过观察和评估学生的表现，及时给予指导和反馈，帮助他们不断改进和提高。

（四）强调文化差异的认知

非语言交际在不同文化背景下具有不同的规范和意义。因此，在非语言交际教学中，教师需要强调对文化差异的认知。教师可以通过介绍不同文化背景下的非语言交际规范、习俗和禁忌等内容，帮助学生了解不同文化之间的差异和相似之处。这有助于培养学生的跨文化意识和跨文化交际能力，使他们能够在不同文化背景下进行有效的非语言交际。

（五）利用现代技术手段辅助教学

现代技术手段如多媒体、互联网等为非语言交际教学提供了更多的可能性。教师可以利用这些技术手段辅助教学，提高教学效果。例如，可以使用多媒体设备播放相关视频资料，让学生更直观地了解非语言交际的特点和技巧；可以利用互联网资源查找相关教学资料和案例，丰富教学内容；还可以使用在线教学平台进行远程教学或混合式教学，拓展教学空间和方式。

三、如何评估学生的非语言交际能力

在人际交往中，评估学生的非语言交际能力，不仅是对其沟通能力的全面考量，更是对其综合素质的重要评价。

（一）评估目标

评估学生的非语言交际能力，主要目标在于全面、准确地了解学生在非语言交际方面的表现，从而为其提供有针对性的指导和帮助。具体来说，评估目标包括：

1. 了解学生掌握非语言交际技巧的情况，如身体语言、面部表情、眼神交流、声音语气等。

2. 评估学生在不同场合下运用非语言交际技巧的能力，如在日常生活、学习、工作等场景中的表现。

3. 分析学生非语言交际中的文化差异意识，以及跨文化交际能力。

（二）评估方法

观察法是非语言交际能力评估中最直接、最常用的方法。教师可以通过观察学生在日常生活、学习、课堂互动等场景中的非语言交际表现，来评估其非语言交际能力。观察内容可以包括学生的身体语言、面部表情、眼神交流、声音语气等方面。在观察过程中，教师需要注意以下几点：

1. 确保观察的客观性，避免主观臆断。

2. 注意观察的连续性，以便更准确地了解学生的非语言交际习惯。

3. 记录观察结果，为后续的分析和评估提供依据。

角色扮演法是一种模拟真实情境的教学方法，也适用于非语言交际能力的评估。教师可以设定特定的场景和角色，让学生模拟进行非语言交际，从而观察其表现。角色扮演法可以帮助学生更好地理解非语言交际的实际运用，同时也有助于教师更全面地评估学生的非语言交际能力。

案例分析法是通过分析实际案例来评估学生的非语言交际能力的方法。教师可以选取一些具有代表性的非语言交际案例，让学生进行分析和讨论。通过案例分析，教师可以了解学生对非语言交际的理解和掌握程度，同时也可以发现学生在非语言交际中存在的问题和不足。

问卷调查法是一种通过发放问卷来收集学生非语言交际能力信息的方法。教师可以设计一份针对非语言交际能力的问卷，让学生填写。问卷可以包括一些客观问题，如学生在不同场合下使用非语言交际的频率、方式等；也可以包括一些主观问题，如学生对自己非语言交际能力的评价、在非语言交际中遇到的困难等。通过问卷调查，教师可以了解学生的非语言交际习惯、态度和需求，为后续的指导和帮助提供依据。

自我评价法是一种让学生对自己的非语言交际能力进行自我评价的方法。教师可以引导学生思考自己在非语言交际中的表现，发现自己的优点和不足，并思考如何改进。自我评价法可以帮助学生更好地了解自己的非语言交际能力，同时也有助于培养他们的自我意识和自我管理能力。

（三）评估标准

在评估学生的非语言交际能力时，需要有明确的评估标准。评估标准应该包括以下几个方面：

1.准确性：学生的非语言交际行为是否能够准确地传递信息、表达情感。

2.恰当性：学生的非语言交际行为是否符合特定场合、文化背景下的表达规范和习惯。

3.灵活性：学生是否能够在不同场合下灵活运用非语言交际技巧。

4.跨文化性：学生是否具备跨文化意识和跨文化交际能力，能够理解和适应不同文化背景下的非语言交际规范。

（四）评估结果的应用

评估学生的非语言交际能力后，教师应该根据评估结果为学生提供有针对性的指导和帮助。对于表现优秀的学生，可以给予肯定和鼓励，同时引导他们进一步提升自己的非语言交际能力；对于表现一般或存在问题的学生，可以指出其不足之处，并提供具体的改进建议和方法。此外，教师还可以将评估结果作为教学反馈的依据，不断优化教学内容和方法，提高非语言交际教学的效果和质量。

四、非语言交际教学中的挑战与解决方案

非语言交际在表达情感、传递信息和建立人际关系等方面具有至关重要的作用。然而，在非语言交际教学中，教师往往面临着诸多挑战。

（一）非语言交际教学中的主要挑战

非语言交际具有复杂性和多样性，它涉及多个方面的因素，如文化、性别、年龄、职业等。这些因素使得非语言交际的表现形式和含义变得复杂多样，给教学带来了很大困难。教师需要全面考虑这些因素，以便准确地解释和传授非语言交际技巧。学生的个体差异也是非语言交际教学中的一大挑战。不同的学生在非语言交际方面有不同的天赋和兴趣，他们对非语言交际的理解和掌握程度也各不相同。因此，教师需要根据学生的个体差异，制定个性化的教学方案，以满足不同学生的需求。

目前，非语言交际教学缺乏系统的教材和教学方法。很多教师只能依靠自己的经验和网络资源进行教学，这导致教学内容和方法的不一致，教学效果参差不齐。同时，缺乏系统的教材也使得学生在学习过程中难以形成完整的知识体系。非语言交际是一门实践性很强的学科，需要学生在实践中不断练习和反思。然而，在实际教学中，很多教师往往只注重理论知识的传授，忽视了实践环节的重要性。这导致学生难以将所学知识应用到实际生活中，影响了教学内容的转化。

(二)解决方案

为了应对非语言交际的复杂性和多样性,教师需要深入了解非语言交际的各个方面。同时,教师还需要关注不同文化、性别、年龄、职业等背景下的非语言交际规范和习惯,以便更准确地解释和传授非语言交际技巧。在教学过程中,教师可以通过案例分析、角色扮演等方式,帮助学生理解非语言交际的复杂性和多样性。为了应对学生个体差异的影响,教师需要关注每个学生的特点和需求,实施个性化教学。教师可以通过观察、测试等方式了解学生的非语言交际能力和兴趣点,并根据这些信息制定个性化的教学方案。在教学过程中,教师可以采用分组教学、一对一辅导等方式,满足不同学生的需求。同时,教师还需要鼓励学生积极参与课堂活动,发挥自己的特长和优势。

为了解决缺乏系统的教材和教学方法的问题,教师可以采用以下方法解决:首先,教师可以参考国内外优秀的非语言交际教材和教学案例,结合自己的教学经验和学生需求,编写适合实际教学需要的教材。其次,教师可以探索多种教学方法和手段,如多媒体教学、网络教学等,以提高教学效果和学生的学习兴趣。最后,教师还可以组织教研活动和教学研讨会等活动,分享教学经验和资源,促进非语言交际教学的发展。

为了加强实践环节的教学,教师需要注重实践环节的设计和实施。首先,教师可以设计多种实践活动和场景模拟,让学生在实践中学习和运用非语言交际技巧。其次,教师还可以鼓励学生参加校内外的实践活动和社交活动,让学生在实践中不断锻炼和提高自己的非语言交际能力。最后,教师还需要对学生的实践表现进行及时评价和指导,帮助学生发现问题并改进。

第五章 跨文化交际中的文化冲突与适应

第一节 文化冲突的产生与原因

一、文化冲突的定义及其在跨文化交际中的影响

在全球化的时代背景下,不同文化间的交流日益频繁,跨文化交际成为一种普遍现象。然而,由于不同文化之间存在的差异,导致了文化冲突的产生。

(一)文化冲突的定义

文化冲突是指两种或两种以上的文化在相互接触、交流和碰撞的过程中,由于文化差异所导致的误解、矛盾、对立和冲突。这种冲突可能源于不同文化背景下的价值观、信仰、习俗、语言、行为方式等方面的差异。在跨文化交际中,文化冲突表现为不同文化群体之间的误解、偏见、歧视和冲突。

文化冲突在组织行为学中被分为广义和狭义两种。广义的文化冲突包括积极和消极两种类型,而狭义的文化冲突则特指消极的冲突。

(二)文化冲突在跨文化交际中的影响

文化冲突在跨文化交际中首先表现为沟通障碍。由于不同文化背景下

的语言、表达方式和理解方式的差异，人们往往难以准确理解对方的意图和表达方式，导致沟通不畅。例如，跨文化交际双方在表达方式上的差异，可能导致双方在沟通中产生误解和隔阂。文化冲突还可能导致价值观冲突。不同文化背景下的价值观往往存在差异，这些差异可能导致在跨文化交际中产生冲突。例如，双方在个人主义与集体主义的价值观念上的不同，可能导致在跨文化交际中，双方对个人权利与集体利益的看法产生冲突。

不同文化背景下的行为方式也存在差异，这些差异可能导致在跨文化交际中产生冲突。不同的行为方式可能导致在跨文化交际中，双方对社交礼仪的看法和行为方式产生冲突。文化冲突还可能给跨文化交际的参与者带来心理压力。当面对与自己文化不同的环境和人群时，人们可能会感到不适应、焦虑甚至恐惧。这种心理压力可能影响人们的情绪和态度，进而影响跨文化交际的效果。

（三）应对文化冲突的策略

为了应对文化冲突，首先需要增进对不同文化的了解。通过学习和研究不同文化的历史、传统、价值观和行为方式等内容，可以更好地理解不同文化之间的差异和相似之处，从而减少误解和偏见。在跨文化交际中，尊重文化差异十分重要的。只有尊重对方的文化差异，才能建立起平等、友好的交流关系。在交流过程中，应避免对对方的文化进行贬低或歧视，而应积极寻求共同点，促进双方的理解和合作。

在跨文化交际中遇到冲突时，需要灵活应对。可以通过沟通、协商和妥协等方式解决冲突，避免让冲突升级。同时，也需要保持冷静和理性，避免情绪化的反应。为了更好地应对文化冲突，需要提高跨文化交际能力。这包括提高语言能力、增强文化敏感性和适应性、掌握跨文化交际技巧等方面。通过学习和实践，可以提高自己的跨文化交际能力，更好地适应不同文化背景下的交际环境。

二、文化冲突产生的主要原因分析

文化冲突不仅存在于国际间的政治、经济、社会等各个领域，也深刻影响着人们的日常生活和思维方式。

（一）文化差异的客观性

文化差异是文化冲突产生的根本原因。不同民族、地区和国家在长期的历史发展过程中，形成了各自独特的文化传统、价值观念、行为规范和审美观念等。这些差异导致了人们在面对同一问题时，可能会产生截然不同的看法和行为。当不同文化背景下的个体或群体进行交流时，这些差异就可能引发误解、矛盾甚至冲突。

具体来说，文化差异主要表现在以下几个方面：

1.价值观念的差异。不同的文化背景下，人们对于善恶、美丑、真假等价值观念可能存在差异。这些差异可能导致人们在评价事物时产生分歧，进而引发文化冲突。

2.行为规范的差异。不同文化背景下的行为规范可能存在差异，如礼仪、习俗、法律等。当不同文化背景下的个体或群体进行交流时，这些差异可能导致人们在行为选择上产生冲突。

3.语言沟通的差异。语言是文化的重要载体，不同文化背景下的语言体系和表达方式可能存在差异。这些差异可能导致人们在沟通时产生误解和隔阂，进而引发文化冲突。

（二）历史与地理因素

历史与地理因素是文化冲突产生的重要原因之一。不同的民族、地区和国家在历史发展过程中，经历了不同的历史事件和地理变迁，这些经历塑造了各自独特的文化特色。当不同文化背景下的个体或群体进行交流时，这些历史与地理因素可能引发文化冲突。

具体来说，历史与地理因素主要表现在以下几个方面：

1. 历史遗留问题。历史上的一些事件，可能导致不同文化背景下的个体或群体之间存在历史遗留问题。这些问题可能涉及到领土、资源、民族认同等方面，进而引发文化冲突。

2. 地理隔阂。不同文化背景下的个体或群体可能由于地理隔阂而缺乏交流和理解。这种隔阂可能导致双方在面对同一问题时产生误解和偏见，进而引发文化冲突。

（三）文化优越感与偏见

文化优越感与偏见也是文化冲突产生的重要原因之一。在文化交流过程中，一些个体或群体可能对自己的文化产生过度的优越感，认为自己的文化优于其他文化。同时，他们也可能对其他文化产生偏见和歧视，认为其他文化是落后的。这种文化优越感与偏见可能导致双方在交流时产生矛盾和冲突。

具体来说，文化优越感与偏见主要表现在以下几个方面：

1. 文化自恋。一些个体或群体可能对自己的文化产生过度的自恋，认为自己的文化是完美的、无可挑剔的。他们可能忽视其他文化的优点和价值，甚至对其他文化进行贬低和排斥。

2. 文化歧视。一些个体或群体可能对其他文化产生歧视和偏见，认为其他文化是低劣的、落后的。他们可能对其他文化进行攻击和排斥，导致文化冲突的产生。

（四）信息传播与误解

在信息时代，信息传播的速度提高，范围得到了极大的扩展。然而，由于信息传播的复杂性和多样性，也可能导致文化冲突的产生。具体来说，信息传播与误解主要表现在以下几个方面：

1. 信息失真。在信息传播过程中，由于各种原因可能导致信息失真或扭曲。这些失真或扭曲的信息可能引发误解和偏见，进而引发文化冲突。

2. 媒介偏见。一些媒体在报道不同文化时可能存在偏见和倾向性。这种偏见和倾向性可能导致公众对不同文化产生误解和偏见，进而引发文化冲突。

三、预防和解决文化冲突的策略

文化冲突已经成为国际交流、商业合作、教育互动等多个领域不可避免的现象。文化冲突的产生往往源于文化差异、缺乏了解、沟通障碍以及利益冲突等多重因素。为了有效地预防和解决文化冲突，我们需要制定一系列策略，这些策略不仅有助于减少误解和偏见，还能促进不同文化之间的和谐共处与共同发展。

（一）深入了解与尊重文化差异

1. 增进文化认知：了解和认知不同文化的历史、传统、习俗等内容是预防和解决文化冲突的基础。通过学习、交流、观察等方式，我们可以逐渐拓宽视野，认识到不同文化的独特性和多样性。

2. 尊重文化差异：尊重是预防和解决文化冲突的重要原则。在交流中，我们应该尊重对方的文化背景、信仰、习俗等，避免对他人的文化进行贬低或歧视。同时，我们也要学会适应和接受不同的文化习惯，以包容的心态对待文化差异。

（二）提高跨文化交际能力

1. 学习跨文化沟通技巧：跨文化沟通需要特殊的技巧和方法。我们需要学习如何有效地传达信息、理解对方的意思、处理误解和分歧等。这包括学习不同文化背景下的语言、表达方式和非言语沟通方式等。

2. 增强文化敏感性：文化敏感性是指对不同文化背景下人们的行为、思想、情感等方面的感知和理解能力。通过增强文化敏感性，我们可以更好地理解对方的立场和观点，减少误解和偏见。

3. 倾听与反馈：在跨文化沟通中，倾听和反馈是非常重要的环节。我们应该耐心倾听对方的观点和意见，同时给予积极的反馈和回应。这有助于建立信任和增进理解。

（三）建立有效的沟通机制

1. 明确沟通目标：在跨文化交际中，明确沟通目标是非常重要的。我们需要清晰地表达自己的意图和期望，同时也要理解对方的期望和需求。这有助于减少误解和冲突，提高沟通效率。

2. 制订沟通规范：制定明确的沟通规范可以帮助不同文化背景下的个体或群体更好地进行交流和合作。沟通规范可以包括语言使用、行为举止、决策方式等方面。通过遵守这些规范，我们可以减少文化冲突的发生。

3. 设立交际渠道：建立多样化的交际渠道可以方便不同文化背景下的个体或群体进行交流和合作。这包括面对面交流、电话、电子邮件、社交媒体等多种方式。通过设立这些渠道，我们可以及时传达信息、解决问题和协调关系。

（四）寻求共同点，平衡利益

1. 发掘共同点：在跨文化交流和合作中，发掘共同点是非常重要的。通过寻找共同的兴趣爱好、价值观念、目标等，我们可以建立联系，增进理解。这有助于减少文化冲突的发生，促进不同文化之间的和谐共处。

2. 平衡利益：在跨文化交际中，利益冲突是常见的现象。为了解决利益冲突，我们需要寻求平衡点。通过协商、谈判等方式，我们可以找到双方都能接受的解决方案，实现共赢和共同发展。

（五）培养文化融合与创新能力

1. 推动文化融合：文化融合是指不同文化之间的相互渗透、影响和融合。通过推动文化融合，我们可以增进不同文化之间的理解和交流，减少文化冲突的发生。同时，文化融合也有助于形成新的文化形态和价值观念，推动社会进步和发展。

2.培养创新能力：创新能力是解决文化冲突的重要手段之一。在面对文化差异和冲突时，我们应该积极寻求新的解决方案和方法，以创新的思维应对挑战。通过培养创新能力，我们可以更好地适应文化多样性的环境，推动不同文化之间的和谐共处和共同发展。

（六）加强教育与培训

1.开设跨文化交际培训课程：为了增强人们的跨文化交际能力和文化敏感性，可以开设专门的跨文化交际培训课程。这些课程可以涵盖不同文化背景下的语言、习俗、价值观念等方面，帮助人们更好地理解和适应不同的文化环境。

2.加强学校教育：学校是培养人才的重要场所，也是传播和弘扬文化的重要平台。通过加强学校教育，我们可以培养学生的跨文化交际意识和能力，让他们在未来的生活和工作中更好地应对文化冲突和挑战。

第二节　文化适应的过程与策略

一、文化适应的定义和阶段划分

文化适应是一个复杂而多维度的过程，它涉及个体或群体在面对新的或不同的文化环境时，通过学习、模仿和调整自己的行为、观念，以使自己在新的文化背景下更好地生存和发展。这一过程不仅反映了文化特性和文化功能的基本概念，也揭示了人类社会的独特现象。

（一）文化适应的定义

文化适应是一个涉及人类学、社会学和心理学等多个学科的概念。它指的是当不同文化群体的人们进行持续不断的直接接触时，一方或双方的原文化类型所产生的变化。这种变化可能包括语言、习俗、价值观、行为举止等多个方面。文化适应的过程通常伴随着个体或群体的心理变化和行为调整，以适应新的文化环境。这一定义强调了文化适应的主动性和目的性，即个体或群体通过积极的学习和调整来适应新的文化环境。

（二）文化适应的阶段划分

文化适应的过程并非一蹴而就，而是经历了一个复杂而多阶段的过程。以下是几种常见的文化适应阶段划分方法：

1.奥地利心理学家阿德勒的文化适应五阶段模型

阿德勒提出了一个包括五个阶段的文化适应模型：接触阶段、分裂阶段、否定阶段、自主阶段和独立阶段。

（1）接触阶段：个体或群体初步接触新的文化环境，开始感知到文化差异。

（2）分裂阶段：个体或群体在新文化环境中感到不适应，产生焦虑和困惑，可能出现文化冲突。

（3）否定阶段：个体或群体试图通过否定新文化来维护自己的原有文化认同，但这种做法往往适得其反。

（4）自主阶段：个体或群体开始主动寻求与新文化的融合，尝试理解和接受新文化中的元素。

（5）独立阶段：个体或群体成功地适应新文化，形成了新的文化认同和行为模式。

2.跨文化交际中的文化适应四阶段模型

在跨文化交际或进入非本民族文化的生活环境中，文化差异会引起人们的心理反应，产生一定的文化冲突。这一过程通常分为四个阶段：

（1）蜜月阶段：个体或群体对新文化环境充满好奇和兴奋，对所见所闻感到新奇有趣。

（2）挫折阶段：随着对新文化环境的深入了解，个体或群体开始感受到文化差异带来的不适应和困扰，可能出现文化休克现象。

（3）调整阶段：个体或群体开始调整自己的行为和心态，以更好地适应新文化环境。他们可能通过学习新语言、了解当地习俗和价值观等方式来减少文化冲突。

（4）适应阶段：个体或群体成功地适应新文化环境，形成了新的文化认同和行为模式。他们能够在新的文化背景下自如地生活和工作。

3.Berry 的文化适应双维度模型

Berry 提出了一个双维度文化适应模型，将少数族群在文化适应过程中的问题归纳为两个维度：是否保持和发展源文化的特征特性；是否倾向于同主导社会进行跨族群的交流来评估和建立一个积极的关系。根据这两个维度，Berry 将文化适应分为四个类型：同化、分离、融合和边缘化。

（1）同化：个体或群体放弃自己的原有文化，完全接受并融入新文化。

（2）分离：个体或群体坚持自己的原有文化，拒绝接受新文化。

（3）融合：个体或群体在保持自己原有文化的基础上，积极接受并融入新文化，形成双文化或多文化认同。

（4）边缘化：个体或群体既无法保持自己的原有文化，也无法融入新文化，处于文化认同的边缘状态。

（三）文化适应的重要性

文化适应对于个体或群体在新的文化环境中生存和发展具有重要意义。首先，文化适应有助于减少文化冲突和误解，促进不同文化之间的和谐共处。其次，文化适应有助于个体或群体在新的文化环境中获得认同感和归属感，增强自信心和自尊心。最后，文化适应有助于个体或群体在新的文化环境中获得新的知识和技能，提高自身素质和能力。

二、有效的文化适应策略和方法

在全球化和多元化的今天，文化适应成为一个不可忽视的重要议题。

对于个人而言，文化适应是融入新环境、建立新关系、实现个人成长和发展的重要途径；对于组织而言，文化适应则是实现跨文化沟通、提高组织效能、促进创新发展的关键。因此，探讨有效的文化适应策略和方法具有重要的现实意义。

（一）个人层面的文化适应策略和方法

文化适应的第一步是保持开放的心态和积极的态度。个人需要认识到文化差异的存在，并愿意接受和尊重不同的文化价值观和行为方式。同时，保持积极的心态可以帮助个人更好地应对文化适应过程中的挑战和困难。学习和了解新文化是文化适应的关键。个人可以通过阅读、观察、交流等方式，深入了解新文化的历史、传统、价值观、习俗等方面的内容。这有助于个人更好地理解和接受新文化，减少文化冲突和误解。

融入新环境是文化适应的重要目标。个人可以通过积极参与社交活动、加入兴趣小组、参加志愿者活动等方式，与新环境中的人们建立联系，扩大自己的社交圈子。同时，积极适应新环境的生活方式、工作方式和沟通方式，有助于个人更好地融入新环境。在文化适应过程中，个人可能会遇到各种挑战和困难。此时，寻求支持和帮助是非常重要的。个人可以向家人、朋友、同事或专业机构寻求帮助和支持，共同应对文化适应过程中的挑战和困难。

在文化适应过程中，个人需要保持自己的文化多样性。这并不意味着要完全放弃自己的原有文化，而是要在尊重和接纳新文化的同时，保持对自己文化的认同和传承。这有助于个人在保持文化多样性的同时，实现文化融合和创新。

（二）组织层面的文化适应策略和方法

组织需要制订跨文化管理策略，以应对不同文化背景下的员工和管理挑战。这包括建立跨文化沟通机制、制订跨文化培训计划、建立多元文化团队等内容。通过跨文化管理策略的制订和实施，组织可以更好地促进员工之间的沟通和协作，提高组织效能。

跨文化培训是帮助员工适应新文化环境的重要途径。组织可以通过提供语言培训、文化差异培训、跨文化沟通技巧培训等方式，帮助员工更好地理解和适应新文化环境。这有助于减少文化冲突和误解，提高员工的跨文化沟通能力和工作效率。

多元文化团队是组织实现文化适应和创新的重要手段。通过组建来自不同文化背景的团队，组织可以促进不同文化之间的交流和融合，激发团队的创造力和创新力。同时，多元文化团队也有助于提高组织的灵活性和适应性，应对不同文化背景下的挑战和机遇。尊重员工文化差异是组织实现文化适应的重要原则。组织需要认识到员工之间的文化差异是客观存在的，尊重员工的文化背景和价值观。这有助于建立和谐的工作氛围和员工关系，提高员工的归属感和忠诚度。

在文化适应过程中，建立反馈机制是非常重要的。组织可以通过定期收集员工的反馈意见，了解员工在文化适应过程中的问题和困难，并及时采取措施加以解决。这有助于组织及时发现和纠正文化适应过程中的问题，提高文化适应的效率和效果。

三、文化适应过程中的挑战与应对策略

文化适应成为当下许多人不可避免的经历。无论是个人在异国他乡的生活，还是企业在不同文化背景下的运营，都面临着文化适应的挑战。文化适应不仅涉及对新环境的认知、理解和接受，更是一个复杂的心理、情感和行为调整过程。

（一）文化适应过程中的挑战

语言是文化交流的桥梁，但在文化适应过程中，语言障碍往往是最大的挑战之一。对于非母语国家的人来说，语言不通可能导致沟通困难、信

息误解甚至社交孤立。此外，语言障碍还可能影响工作和学习效率，增加文化适应的难度。

文化差异是文化适应过程中不可避免的另一个挑战。不同国家和地区有着独特的文化习俗、价值观念和行为规范。在新的文化环境中，个体需要适应新的生活方式、社交规则和沟通方式。然而，由于文化差异导致的价值观冲突和行为差异，可能会引发误解、冲突和焦虑。

文化适应过程中，个体往往面临着社交孤立的挑战。在新的文化环境中，由于缺乏熟悉的朋友和社交网络，个体可能感到孤独和无助。此外，由于语言障碍和文化差异，个体可能难以融入当地社会，进一步加剧社交孤立感。

文化适应过程中的心理压力也是不可忽视的挑战之一。个体需要面对新环境的陌生感、不确定性和挑战感，同时还要应对文化冲突、价值观冲突和身份认同危机等心理压力。这些压力可能导致焦虑、抑郁等心理问题，影响个体的心理健康和生活质量。

（二）应对文化适应挑战的策略

面对语言障碍的挑战，个体可以通过提高语言能力来应对。可以通过参加语言课程、与当地人交流、阅读外语书籍等方式提高语言能力。同时，也可以利用翻译软件、在线学习平台等工具辅助语言学习。提高语言能力有助于减少沟通障碍，增强个体在新文化环境中的适应能力。

为了应对文化差异的挑战，个体需要深入了解新文化。通过阅读相关书籍、观看纪录片、参加文化交流活动等方式了解新文化的历史、传统、习俗和价值观。这有助于个体更好地理解和接受新文化，减少文化冲突和误解。同时，也可以通过与新文化中的人们交流，了解他们的生活方式、社交规则和沟通方式，促进个体在新文化环境中的融入。

为了应对社交孤立的挑战，个体需要积极建立社交网络。可以通过参加社交活动、加入兴趣小组、利用社交媒体等方式结交新朋友。与新文化中的人们建立联系有助于个体更好地了解当地社会和文化，增强归属感和安全感。同时，也可以通过与他人的交流和互动，缓解心理压力和孤独感。

面对心理压力的挑战，个体需要寻求心理支持。可以通过与家人、朋友、同事或专业心理咨询师交流，分享自己的感受和困惑，寻求情感支持和建议。心理支持有助于个体缓解焦虑、抑郁等心理问题，增强应对压力和挑战的能力。同时，也可以通过学习心理调适技巧、参加心理辅导课程等方式提高自我心理调适能力。

在文化适应过程中，保持开放心态是非常重要的。个体需要认识到文化差异是客观存在的，并尊重不同文化背景下的价值观和习俗。保持开放心态有助于个体更好地理解和接受新文化，减少文化冲突和误解。同时，也可以促进个体在不同文化背景下的自我发展和成长。

对于企业和组织来说，可以通过提供跨文化培训来帮助员工更好地适应新文化环境。跨文化培训可以包括语言培训、文化差异培训、跨文化沟通技巧培训等方面。通过培训，员工可以更好地了解新文化背景下的工作环境、客户需求和管理方式，提高跨文化沟通和协作能力。

四、如何培养和提高文化适应能力

无论是出国留学、跨国工作，还是在国内与不同文化背景的人交往，文化适应能力都能够帮助我们更好地融入新环境，与不同文化背景的人有效沟通，实现个人和职业的发展。培养和提高文化适应能力可以从以下几方面入手：

（一）增强文化意识

文化意识是文化适应能力的基石。要培养和提高文化适应能力，首先要增强自身的文化意识，认识到不同文化之间的差异和多样性。通过学习和了解不同文化的历史、传统、价值观和行为规范，我们可以更好地理解不同文化背景下的人们的思维方式和行为方式，减少文化冲突和误解。

（二）提高语言能力

语言是文化交流的桥梁，提高语言能力是文化适应的关键。对于非母语国家的人来说，掌握当地语言能够更好地融入社会，与当地人进行有效沟通。因此，我们应该积极学习当地语言，提高听说读写能力。此外，还可以通过利用语言学习软件、参加语言培训班等方式辅助学习，提高学习效率。

（三）培养跨文化沟通技巧

跨文化沟通是文化适应过程中的重要环节。在跨文化沟通中，我们需要了解不同文化背景下的沟通方式和礼仪规范，尊重对方的习俗。为了培养跨文化沟通技巧，我们可以参加跨文化沟通培训，学习如何有效地传递信息、表达观点、处理冲突等。同时，也可以通过与不同文化背景的人交流，积累跨文化沟通经验，提高沟通效果。

（四）增强心理韧性

文化适应过程中可能会遇到各种挑战和困难，如语言障碍、文化差异、社交孤立等。为了应对这些挑战，我们需要增强心理韧性，保持积极的心态和乐观的情绪。可以通过参加心理调适课程、寻求心理咨询支持、培养兴趣爱好等方式增强心理韧性。在面对挑战时，我们可以采取积极的应对策略，如寻求帮助、调整心态、寻找新的解决方案等。

（五）积极参与社会实践

社会实践是提高文化适应能力的有效途径。通过参与当地的社会活动、志愿者工作、文化交流活动等，我们可以更好地了解当地社会和文化，积累实践经验。同时，也可以通过与当地人交流互动，了解他们的生活方式、社交规则和价值观念，增强自己的文化适应能力。

（六）培养跨文化领导力

对于企业和组织来说，培养跨文化领导力是提高文化适应能力的关键。跨文化领导力不仅要求领导者具备跨文化沟通能力，还需要具备跨文化决策能力、跨文化团队协作能力等。为了培养跨文化领导力，企业和组织可以采取以下措施：

1. 提供跨文化培训。为领导者提供跨文化培训，帮助他们了解不同文化背景下的管理方式和领导风格，提高跨文化沟通和决策能力。

2. 建立多元文化团队。鼓励建立由不同文化背景的成员组成的团队，促进团队成员之间的交流和合作，提高跨文化团队协作能力。

3. 推广包容性文化。倡导包容性文化，尊重不同文化背景下的员工和客户，营造多元化的工作氛围和企业文化。

第三节　跨文化交际中的文化休克现象

一、文化休克的概念及其表现形式

当人们突然进入一种与自己本国文化完全不同的新环境时，往往会经历一种深度的文化冲突和不适应，这种现象被称为"文化休克"。文化休克是一个复杂而重要的概念，它不仅影响个体的心理健康，也关系到个体在新环境中的适应和发展。

（一）文化休克的概念

文化休克是1958年由美国人类学家奥博格首次提出的一个概念。它指的是一个人进入到不熟悉的文化环境时，由于失去了自己熟悉的所有社会交流的符号与手段，而产生的一种迷失、疑惑、排斥甚至恐惧的感觉。文化休克并不是指临床上那种由于疾病引起的丧失意识的病理性休克，而是一种心理层面的深度焦虑的精神症状。

文化休克的产生，通常是因为个体突然处于一种全新的文化环境中，这种环境与自己本国文化存在显著的差异。这种差异可能包括语言、习俗、价值观、行为规范等多个方面。当个体无法有效地理解和适应这些差异时，就会产生文化休克的现象。文化休克常见于移民、留学生、跨国工作者等群体，也可能发生在旅游、商务出差等短期跨文化交流活动中。

（二）文化休克的表现形式

文化休克的表现形式多种多样，涵盖了心理、情感、行为等多个方面。文化休克在心理层面的表现主要包括焦虑、抑郁、孤独感等。个体可能会感到迷茫、无助和不安，对新的文化环境产生排斥和恐惧。他们可能会怀念自己的本国文化，对新的文化环境产生抵触情绪。此外，文化休克还可能导致个体产生自卑感和挫败感，影响他们的自尊心和自信心。

在情感层面，文化休克可能导致个体情绪波动较大、易怒、易哭等。他们可能会感到孤独和寂寞，缺乏归属感和安全感。同时，文化休克也可能导致个体对家人和朋友的思念加深，产生强烈的思乡情绪。

文化休克在行为层面的表现包括社交障碍、退缩行为等。个体可能会因为语言障碍和文化差异而难以融入新的社交圈子，感到孤立无援。他们可能会避免与当地人交流，选择与自己文化背景相似的人交往。此外，文化休克还可能导致个体在行为上变得退缩不前，缺乏冒险精神和创新精神。虽然文化休克主要是心理和情感层面的问题，但它也可能对个体的生理健康产生影响。例如，个体可能会出现失眠、食欲不振、体重下降等生理症状。这些症状可能会进一步加剧个体的焦虑和抑郁情绪，形成恶性循环。

在认知层面，文化休克可能导致个体对新的文化环境产生误解和偏见。他们可能会用自己本国文化的标准来衡量新的文化环境，导致对当地人的行为和习俗产生误解。此外，文化休克还可能影响个体的思维方式和判断能力，使他们难以适应新的文化环境。

（三）文化休克的阶段划分

为了更好地理解和应对文化休克，一些学者将文化休克划分为四个阶段：蜜月期、挫折期、调整期和适应期。在蜜月期，个体对新环境充满好奇和期待；在挫折期，个体开始感受到文化冲突和不适应；在调整期，个体开始尝试理解和适应新的文化环境；在适应期，个体逐渐适应新的文化环境，并建立起新的社交圈子和生活方式。

二、文化休克产生的原因和影响

文化休克不仅影响个体的心理健康，还可能对其社交、工作、学习等方面产生深远的影响。

（一）文化休克产生的原因

文化休克产生的原因多种多样，以下是几个主要方面：

1. 文化差异。文化差异是文化休克产生的核心原因。不同的国家和地区有着不同的语言、习俗、价值观、行为规范等，这些差异可能导致个体在新环境中感到困惑、迷茫和不安。当个体无法有效地理解和适应这些差异时，就容易产生文化休克。

2. 突然的环境变化。突然的环境变化也是文化休克产生的重要原因。个体在短时间内从熟悉的环境转移到陌生的环境中，需要面对新的生活方式、社交规则、工作学习压力等，这种巨大的变化可能导致个体产生强烈的焦虑、恐惧和不安。

3. 语言障碍。语言障碍是文化休克产生的常见原因。在新的环境中，个体可能因为语言不通而无法与他人进行有效的交流，导致孤独感和无助感。同时，语言障碍还可能影响个体的工作和学习效率，进一步加剧文化休克的程度。

4. 心理调适能力不足。个体的心理调适能力也是影响文化休克产生的因素之一。一些个体在面对文化冲突和不适应时，缺乏有效的心理调适能力，无法及时应对和处理负面情绪，从而导致文化休克的发生。

（二）文化休克的影响

文化休克对个体和社会都会产生深远的影响，以下是几个主要方面：

1. 对个体的影响

（1）心理健康：文化休克可能导致个体出现焦虑、抑郁、孤独等负面情绪，严重影响心理健康。长期处于这种状态下，可能会导致心理障碍，甚至发展为精神疾病。

（2）社交能力：文化休克可能导致个体在社交方面出现困难，难以融入新的社交圈子。他们可能会感到孤立无援，缺乏归属感和安全感。同时，文化休克还可能影响个体的沟通能力和人际交往能力，难以与他人建立良好的关系。

（3）工作学习：文化休克还可能对个体的工作和学习产生负面影响。由于无法适应新的工作环境和学习方式，个体可能会感到困惑和迷茫，影响工作效率和学习成绩。长期下来，这可能导致职业发展受阻或学业失败。

2. 对社会的影响

（1）文化冲突：文化休克可能导致不同文化之间的冲突和误解。当个体无法有效地理解和适应新的文化环境时，可能会产生偏见和歧视，导致文化冲突的发生。这种冲突不仅影响个体的心理健康和社交能力，还可能对整个社会的稳定和发展产生负面影响。

（2）社会融合：文化休克也可能影响社会的融合和团结。当个体无法融入新的社会环境中时，可能会导致社会分裂和隔阂。这种分裂和隔阂不仅影响个体的幸福感和生活质量，还可能对整个社会的凝聚力和向心力产生负面影响。

（3）文化交流：虽然文化休克可能带来一些负面影响，但它也为文化交流提供了机会。通过克服文化休克带来的困难，个体可以更加深入地了解其他文化，促进不同文化之间的交流和融合。这种交流和融合有助于增进不同文化之间的理解和尊重，推动社会的多元发展和进步。

三、如何应对和克服文化休克现象

为了保持个体的心理健康，促进其在新的文化环境中的融入和发展，探讨如何应对和克服文化休克现象显得尤为重要。

（一）理解文化休克

在探讨应对和克服文化休克现象之前，我们需要对文化休克有一个清晰的认识。了解文化休克的具体表现，有助于我们更好地识别并应对这一现象。

（二）应对策略

心理调适是应对文化休克的关键。首先，我们需要保持积极的心态，认识到文化休克是一种正常的心理反应，不必过于担忧。同时，我们需要学会接受并适应新的文化环境，尊重并理解当地的文化习俗和价值观。在面对文化冲突时，我们可以采取开放、包容的态度，尝试从对方的角度思考问题，以减少误解和冲突。此外，我们还可以采取一些具体的心理调适策略，如深呼吸、冥想、运动等，以缓解焦虑和压力。如果个体感到无法应对文化休克带来的负面情绪，可以寻求心理咨询或心理治疗的帮助。专业的心理咨询师可以帮助我们识别并处理负面情绪，提高我们的心理适应能力。

跨文化沟通能力是克服文化休克的重要手段。在新的文化环境中，我们需要与当地人进行有效的沟通，以了解他们的文化习俗、价值观念和行为规范。因此，我们需要积极学习当地的语言，提高自己的语言沟通能力。同时，我们还需要了解当地的非语言沟通方式，如肢体语言、面部表情等，以避免因误解而导致的冲突。除此之外，我们还需要学会倾听和尊重当地人的观点和意见。在与他人交流时，我们应保持开放的心态，尊重他人的文化差异，避免过于强调自己的观点和看法。通过积极的倾听和尊重，我们可以建立良好的人际关系，促进文化交流和融合。

在应对文化休克的过程中，我们需要积极寻求社会支持。这包括与家人、朋友、同事等保持联系，分享自己的感受和经历。通过倾诉和倾听，我们可以获得情感上的支持和帮助，缓解孤独感和无助感。此外，我们还可以加入相关的社群或组织，与志同道合的人一起交流和学习，共同应对文化休克带来的挑战和困难。社会支持不仅可以帮助我们缓解文化休克带来的负面情绪，还可以为我们提供实际帮助和资源。例如，我们可以向当地的志愿者组织或社区服务机构寻求帮助，了解当地的生活习惯、文化背景等信息。这些资源可以帮助我们更快地适应新的文化环境，减少文化休克的发生。

制订适应计划是应对文化休克的有效策略之一。在进入新的文化环境之前，我们可以制定一个详细的适应计划，包括了解当地的文化习俗、价值观念、生活方式等信息，以及制定具体的适应策略和目标。通过制定适应计划，我们可以更好地了解新的文化环境，为自己设定明确的目标和期望，从而更好地应对文化休克带来的挑战。在适应计划中，我们可以包括以下几个方面：了解当地的文化习俗和礼仪规范，以避免因不了解当地文化而导致的尴尬或冲突；了解当地的生活方式和社交规则，以便更好地融入当地社会；制订具体的目标和计划，如学习当地语言、参加社交活动等，以提高自己的文化适应能力。

培养文化敏感性是应对文化休克的重要途径之一。文化敏感性是指个体对不同文化的理解和尊重能力。通过培养文化敏感性，我们可以更好地理解当地的文化习俗和价值观，减少文化冲突和误解。为了培养文化敏感性，我们可以采取以下措施：阅读有关不同文化的书籍和文章，了解不同文化的历史、传统、习俗和价值观；观看不同文化的电影和电视节目，了解当地人的生活方式和思维方式；参加文化交流活动和项目，与当地人交流和互动，深入了解当地文化。通过这些措施的实施，我们可以提高自己的文化敏感性，更好地适应新的文化环境。

四、文化休克与跨文化交际能力的关系

（一）文化休克与跨文化交际能力的关系

跨文化交际能力的发展需要个体在多元文化环境中进行有效的沟通、适应和融合。然而，文化休克所带来的焦虑、孤独感和社交障碍等负面情绪，往往使个体难以适应新的文化环境，进而影响其跨文化交际能力的发展。因此，文化休克成为跨文化交际能力发展的一个重要挑战。尽管文化休克对个体的跨文化交际能力产生负面影响，但提高跨文化交际能力也可以帮助个体更好地适应新的文化环境，缓解文化休克症状。具备跨文化交际能力的人能够更好地理解和尊重不同文化之间的差异，减少文化冲突和误解；能够更好地与当地人进行有效的沟通，建立良好的人际关系；能够更好地应对文化休克所带来的挑战和困难，保持积极的心态和情绪状态。

文化休克和跨文化交际能力之间存在着相互促进的关系。一方面，文化休克促使个体反思自己的文化价值观和行为方式，从而激发其提高跨文化交际能力的动力。另一方面，提高跨文化交际能力可以帮助个体更好地适应新的文化环境，减少文化休克的发生。这种相互促进的关系使得个体在跨文化交流过程中不断成长和进步。

（二）提高跨文化交际能力以克服文化休克

增强文化意识是提高跨文化交际能力的基础。个体需要了解不同文化之间的差异和相似之处，尊重并理解当地的文化习俗和价值观。通过增强文化意识，个体可以更好地适应新的文化环境，减少文化休克的发生。语言是文化交流的重要工具，提高语言能力是提高跨文化交际能力的重要途径。个体需要积极学习当地的语言，提高自己的语言沟通能力。通过提高语言能力，个体可以更好地与当地人进行沟通，建立良好的人际关系，从

而减少文化休克的发生。

除了语言沟通外，非语言沟通技巧也是提高跨文化交际能力的重要手段。个体需要了解当地的非语言沟通方式，如肢体语言、面部表情等，以避免因误解而导致的冲突。通过学习非语言沟通技巧，个体可以更好地理解当地人的意图和情感，减少文化冲突和误解。

在跨文化交际过程中，个体需要积极寻求社会支持。与家人、朋友、同事等人保持联系，分享自己的感受和经历。通过倾诉和倾听，个体可以获得情感上的支持和帮助，缓解孤独感和无助感。此外，加入相关的社群或组织，与志同道合的人一起交流和学习，也可以帮助个体提高跨文化交际能力，共同应对文化休克带来的挑战。

第四节 培养学生的跨文化适应能力

一、明确跨文化适应能力的培养目标

跨文化适应能力作为跨文化交际能力的重要组成部分，对于个体在多元文化环境中取得成功具有至关重要的作用。因此，明确跨文化适应能力的培养目标，对于提高个体的跨文化交际能力、促进国际交流与合作具有重要意义。

（一）跨文化适应能力的概念

跨文化适应能力是指个体在异国他乡或多元文化环境中，通过调整自己的心态、行为和认知，以适应新的文化环境并融入其中的能力。这种能力包括语言沟通能力、文化敏感性、心理调适能力、社会交往能力等多个方面。跨文化适应能力的强弱直接影响个体在异国他乡的生活质量和职业发展。

(二)明确跨文化适应能力培养目标的重要性

跨文化适应能力是跨文化交际能力的重要组成部分。通过明确跨文化适应能力的培养目标，可以帮助个体更好地了解不同文化之间的异同，提高文化敏感性和跨文化沟通能力，从而更好地适应新的文化环境并融入其中。这将有助于提高个体的跨文化交际能力，促进国际交流与合作。在多元文化环境中，个体需要不断适应新的文化环境并融入其中。明确跨文化适应能力的培养目标，可以帮助个体更好地应对文化冲突和误解，减少文化休克的发生，提高心理调适能力和社会交往能力。这将有助于个体在多元文化环境中保持积极的心态和情绪状态，更好地实现个人价值和发展目标。

在国际交流与合作中，跨文化适应能力是不可或缺的一项素质。明确跨文化适应能力的培养目标，可以帮助个体更好地理解和尊重不同文化之间的异同，减少文化冲突和误解，促进国际交流与合作的顺利进行。这将有助于推动全球化和国际化的进程，促进各国之间的友好往来和共同发展。

(三)跨文化适应能力培养目标的内容

语言沟通是跨文化交际的基础。跨文化适应能力的培养目标应包括提高个体的语言沟通能力，使其能够流利、准确地使用当地语言进行沟通。同时，还应注重培养个体的跨文化沟通技巧，如非语言沟通能力、文化差异意识等。

文化敏感性是跨文化适应能力的核心要素之一。跨文化适应能力的培养目标应包括增强个体的文化敏感性，使其能够更好地理解和尊重不同文化之间的差异和相似之处。通过学习和了解不同文化的历史、传统、习俗和价值观等方面的知识，可以帮助个体提高文化敏感性，减少文化冲突和误解。

心理调适能力是跨文化适应能力的重要组成部分。跨文化适应能力的培养目标应包括提高个体的心理调适能力，使其能够在面对焦虑、孤独感等负面情绪时保持积极的心态和情绪状态。通过心理调适技巧的学习和实践，如深呼吸、冥想、放松训练等，可以帮助个体缓解负面情绪，提高心理适应能力。

社会交往能力是跨文化适应能力的重要体现。跨文化适应能力的培养目标应包括培养个体的社会交往能力，使其能够积极融入当地社会，与当地人建立良好的人际关系。通过参加社交活动、加入社群组织、与当地人交流互动等方式，可以帮助个体提高社会交往能力，增强归属感和认同感。

（四）跨文化适应能力培养目标的实施策略

为了明确跨文化适应能力的培养目标并有效实施，需要制订明确的教育计划。该计划应包括课程设置、教学方法、评估标准等方面的内容，以确保跨文化适应能力的培养目标得到全面、系统的实施。

师资队伍建设是实施跨文化适应能力培养目标的重要保障。需要加强对教师的培训和教育，提高其跨文化教学能力和专业素养。同时，还应积极引进具有丰富跨文化教学经验的教师，为学生提供更好的教学资源和支持。

良好的学习环境对于跨文化适应能力的培养具有重要意义。需要为学生创设一个开放、包容、多元的学习环境，鼓励学生积极参与跨文化交流和实践活动。同时，还应加强校园文化建设，营造浓郁的跨文化氛围。实践锻炼是提高跨文化适应能力的重要途径。需要为学生提供更多的实践机会和平台，如海外实习、国际交流项目等，让学生在实践中体验和感受不同文化之间的差异和相似之处，提高跨文化适应能力和跨文化交际能力。

二、设计针对性的教学活动以提高跨文化适应能力

为了提高学生的跨文化适应能力，教育工作者需要设计针对性的教学活动，以帮助学生更好地理解和适应不同文化背景下的生活方式、价值观

念和行为规范。

（一）跨文化适应能力的概念

跨文化适应能力是指个体在异国他乡或多元文化环境中，通过调整自己的心态、行为和认知，以适应新的文化环境并融入其中的能力。这种能力包括语言沟通能力、文化敏感性、心理调适能力、社会交往能力等多个方面。在全球化的大背景下，跨文化适应能力已成为现代人不可或缺的一项基本素质。

（二）设计针对性教学活动的重要性

通过设计针对性的教学活动，可以帮助学生全面了解不同文化背景下的生活方式和行为规范，从而提高学生的文化敏感性和跨文化交际能力。这将有助于学生更好地适应多元文化环境，实现全面发展。针对性的教学活动能够针对学生的实际需求和兴趣点进行教学设计，使教学更具针对性和实效性。通过丰富多彩的教学活动，可以激发学生的学习兴趣和积极性，提高教学质量。通过设计针对性的跨文化教学活动，可以帮助学生拓展国际视野，了解不同国家和地区的历史、文化、经济和社会现状。这将有助于学生更好地适应全球化的趋势，为未来的国际交流与合作打好基础。

（三）设计针对性教学活动的原则

在教学活动的设计过程中，应充分关注学生的需求和兴趣点，以学生为中心进行教学设计。通过了解学生的文化背景、学习需求和兴趣爱好，设计符合学生实际的教学活动，激发学生的学习兴趣和积极性。跨文化适应能力需要通过实践来培养和提高。因此，在教学活动的设计中，应突出实践性，让学生通过参与实践活动来体验和感受不同文化之间的差异和相似之处。这有助于学生更好地理解和适应多元文化环境。

文化敏感性是跨文化适应能力的核心要素之一。在设计教学活动时，应强调文化敏感性，帮助学生了解不同文化背景下的价值观念、行为规范和社交礼仪等方面的差异。通过对比和分析不同文化之间的差异，提高学生的文化敏感性和跨文化交际能力。为了使学生能够更全面地了解不同文化背景下的生活方式、价值观念和行为规范，需要使用多元化的教学资源。包括教材、案例、视频、图片等多种形式的教学资源，以帮助学生更直观地了解不同文化之间的差异和相似之处。

（四）设计针对性教学活动的具体策略

通过创设模拟情境，让学生在模拟的环境中体验和感受不同文化之间的差异和相似之处。例如，可以模拟国际商务谈判、跨文化交流等情境，让学生扮演不同角色，进行跨文化交际和沟通。这将有助于学生更好地理解和适应多元文化环境。通过分析真实案例，让学生了解不同文化背景下的冲突和误解，并探讨如何有效地解决这些问题。案例分析可以帮助学生更深入地了解不同文化之间的差异和相似之处，并提高学生的文化敏感性和跨文化交际能力。

通过组织文化体验活动，让学生亲身参与和体验不同文化背景下的生活方式和行为规范。例如，可以组织参观博物馆、艺术展览、民俗表演等活动，让学生了解不同文化的历史、传统和习俗。这将有助于学生更直观地了解不同文化之间的差异和相似之处，并提高学生的跨文化适应能力。通过小组合作与交流的方式，让学生在团队中共同完成跨文化交流任务。在小组合作中，学生需要相互协作、相互支持，共同解决跨文化交际中的问题和挑战。这将有助于学生更好地理解和适应多元文化环境，并提高团队合作能力和跨文化交际能力。

如果条件允许，可以引入国外的学生资源，让学生与国外学生进行直接交流和互动。通过与国外学生的交流，学生可以更直观地了解不同文化之间的差异和相似之处，并提高自己的跨文化交际能力。同时，国外学生的参与也可以为教学活动带来更多的文化元素和视角。

三、鼓励学生在实际交流中运用所学知识进行跨文化适应活动

对于学生而言,掌握跨文化适应能力,不仅意味着能够在不同的文化环境中有效地交流和沟通,还关乎到个人的职业发展、国际合作和终身学习的能力。然而,这种能力的培养并非一蹴而就,它需要学生在实际交流中不断运用所学知识,通过实践来锻炼和提升。

要鼓励学生在实际交流中运用所学知识进行跨文化适应活动,首先要强调跨文化适应的实践性。教师应明确告知学生,跨文化适应能力是在实践中培养和提高的,而不是仅仅通过理论学习就能掌握的。因此,学生需要积极参与各种跨文化交流活动,如国际学生交流、海外实习、国际志愿者活动等,通过实践来锻炼自己的跨文化交际能力。

在实际交流中,学生可能会遇到各种挑战和困难,如语言障碍、文化差异等。为了帮助学生更好地应对这些挑战,学校应提供跨文化适应的指导和支持。这包括为学生提供跨文化适应的培训课程、文化差异的解读和应对策略、心理调适的方法等。同时,学校还可以设立跨文化适应咨询中心,为学生提供个性化的指导和支持。

要鼓励学生在实际交流中运用所学知识进行跨文化适应活动,首先要激发他们的跨文化适应兴趣。教师可以通过引入有趣的文化现象、分享跨文化交流的趣事等方式,激发学生对跨文化适应的好奇心和兴趣。此外,教师还可以引导学生关注国际时事、文化热点等话题,培养他们的国际视野和跨文化意识。为了鼓励学生在实际交流中运用所学进行跨文化适应,学校应创设跨文化交流的环境和氛围。这包括组织各种跨文化交流活动、建立国际学生社团、邀请外籍教师和留学生来校交流等。通过这些活动,学生可以接触到来自不同文化背景的人,了解他们的生活方式、价值观念和行为规范,从而加深对不同文化的理解和尊重。

跨文化交际能力是实现跨文化适应的关键。要鼓励学生在实际交流中运用所学进行跨文化适应，首先要提高他们的跨文化交际能力。教师可以通过模拟场景、角色扮演等方式，帮助学生练习跨文化交际的技巧和策略。同时，教师还应鼓励学生主动与不同文化背景的人进行交流，通过实践来提高自己的跨文化交际能力。

为了了解学生在跨文化适应方面的进步和成果，学校应建立相应的评估机制。这可以通过组织跨文化交流能力测试、观察学生在实践中的表现、收集学生和教师的反馈等方式进行。通过评估，学校可以了解学生在跨文化适应方面的优点和不足，从而为他们提供更有针对性的指导和支持。

四、定期评估与反馈，改进教学方法和策略

在当今教育领域，教学方法和策略的改进对于提高教学质量、促进学生学习至关重要。而定期评估与反馈作为这一过程中的关键环节，不仅能够及时发现教学中的问题，还能为教学方法和策略的改进提供有力支持。

（一）定期评估与反馈的重要性

定期评估与反馈能够及时发现教学中的问题，如教学方法是否得当、教学内容是否满足学生需求、教学进度是否合理等。通过评估结果，教师可以及时调整教学策略，确保教学质量和教学效果。评估与反馈的结果可以为教学方法和策略的改进提供有力支持。教师可以根据学生的反馈和建议，针对性地改进教学方法和手段，使教学更加符合学生的需求和特点。

通过定期评估与反馈，学生可以了解自己的学习情况，发现自己的不足，从而激发学习动力。同时，学生也可以向教师提出自己的意见和建议，促进教学相长。

（二）定期评估与反馈的实施方法

在开始教学之前，教师应制订详细的评估计划，明确评估的目标、内

容、方法和时间节点。评估计划应该与学生的学习目标和教师的教学目标一致，以确保评估的有效性和针对性。评估数据的收集可以通过多种方式进行，如课堂观察、作业分析、考试成绩、学生问卷等。教师应根据评估计划的要求，选择合适的评估工具和方法，收集全面准确的评估数据。

收集评估数据后，教师应及时对结果进行分析和解读。通过对比不同时间段的数据、分析学生的进步和不足、查找教学中的问题等，教师可以得出有针对性的结论和建议。分析完成后，教师应及时向学生反馈评估结果，让学生了解自己的学习情况。同时，教师也应与学生进行沟通，听取学生的意见和建议，以便更好地改进教学方法和策略。

（三）定期评估与反馈存在的问题

一些教师在制订评估计划时，往往只关注学生的学习成绩，而忽略了其他方面的评估内容，如学习态度、学习方法等。这会导致评估结果不够全面和准确，难以真实反映学生的学习情况。

有些教师在收集评估数据时，采用的方法不够科学和规范，如仅凭一次考试成绩就判断学生的学习水平。这会导致评估结果存在误差和偏差，影响教学方法和策略的改进。有些教师在收集和分析完评估数据后，未能及时向学生反馈评估结果。这会导致学生无法及时了解自己的学习情况，也无法及时提出自己的意见和建议。

（四）改进措施

教师在制订评估计划时，应充分考虑学生的学习特点和需求，制订全面、多样的评估内容。除了学习成绩外，还应关注学生的学习态度、学习方法、创新能力等内容。这样可以更全面地了解学生的学习情况，为教学方法和策略的改进提供有力支撑。

教师在收集评估数据时，应选择科学规范的评估方法。可以采用多种评估工具和方法相结合的方式，如课堂观察、作业分析、学生问卷等。这样可以确保评估结果的准确性和可靠性，为教学方法和策略的改进提供有力支持。教师在分析完评估结果后，应及时向学生反馈评估结果，让学生了解自己的学习情况。同时，教师也应与学生进行积极的沟通，听取学生的意见和建议，以便更好地改进教学方法和策略。此外，教师还可以定期组织家长会或座谈会等活动，与家长进行交流和沟通，共同关注学生的学习和发展。

根据评估结果和学生的反馈，教师应及时调整和改进教学方法和策略。可以尝试引入新的教学方法和手段，如项目式学习、合作学习等；也可以根据学生的需求和特点，调整教学内容和教学进度。通过持续改进教学方法和策略，教师可以更好地满足学生的学习需求，提高教学质量和效果。

第五节　文化适应与大学英语教学

一、大学英语教学中文化适应的重要性

在大学英语教学过程中，文化适应能力的培养与语言技能的学习同等重要。文化适应不仅关乎学生在跨文化交际中的表现，还影响着他们未来的职业发展和社会适应能力。

（一）大学英语教学中文化适应的现状

目前，虽然许多大学都意识到了文化适应在英语教学中的重要性，但在实际教学中，文化适应能力的培养往往被忽视。一些教师仍然过分强调语法、词汇等语言知识，而忽视了对文化背景知识的介绍和跨文化交际能力的培养。此外，由于教材、课时等限制，学生往往缺乏足够的实践机会来锻炼自己的文化适应能力。

（二）文化适应在大学英语教学中的重要性

文化适应是跨文化交际的基础。在大学英语教学中，培养学生的文化

适应能力，有助于他们更好地理解和接受英语国家的文化习惯、价值观念等，从而在跨文化交流中更加自如地表达自己的观点，减少误解和冲突。通过了解和适应英语国家的文化，学生可以更加深入地了解不同国家的历史、文化、社会等内容，从而拓宽自己的国际视野。这种国际视野对于培养学生的全球意识和国际竞争力具有重要意义。

在当今全球化的背景下，具备跨文化交际能力的人才越来越受到企业的青睐。在大学英语教学中培养学生的文化适应能力，有助于他们更好地适应国际化的工作环境，增强自己的就业竞争力。文化适应不仅是一种能力，更是一种态度。在大学英语教学中培养学生的文化适应能力，有助于他们形成开放、包容、尊重差异的心态，这种心态对于个人的成长和发展具有重要意义。

（三）如何在大学英语教学中培养文化适应能力

在大学英语教学中，教师应注重介绍英语国家的文化背景知识，包括历史、文化、社会等方面。通过讲解文化背景知识，学生可以更加深入地了解英语国家的文化习惯、价值观念等，为文化适应打下基础。教师可以通过引入跨文化交际案例，让学生在实际情境中学习和锻炼文化适应能力。这些案例可以来自现实生活、电影、电视剧等，通过分析和讨论案例，学生可以更加直观地了解跨文化交际中的问题和挑战。

为了培养学生的文化适应能力，教师应积极创设跨文化交际的环境。可以组织国际学生交流活动、模拟国际会议等活动，让学生有机会与来自不同文化背景的人进行交流，锻炼自己的跨文化交际能力。教师应鼓励学生自主学习，探究英语国家的文化。可以推荐一些优秀的英文书籍、电影、网站等资源，引导学生自主阅读和观看，并分享自己的感悟和体会。通过自主学习和探究，学生可以更加深入地了解英语国家的文化，提高自己的文化适应能力。

实践教学是培养学生文化适应能力的重要途径。教师可以组织一些实践活动,如英语角、英语演讲比赛、英语写作比赛等,让学生在实践中锻炼自己的跨文化交际能力。同时,教师也可以鼓励学生参加一些国际性的交流活动或实习项目,让他们在实践中亲身体验和感受不同文化的魅力。

二、如何将文化适应融入大学英语教学体系

在大学英语教学过程中,文化适应能力的培养愈发重要。它不仅能够帮助学生更好地理解和运用英语,还能够增强他们的国际视野和跨文化交际能力。

(一)将文化适应融入大学英语教学体系的策略

为了将文化适应融入大学英语教学体系,首先需要修订教学大纲,明确文化适应的教学目标。教学大纲应明确列出学生需要掌握的文化知识、技能和态度,并制订相应的教学计划和评估标准。通过明确教学目标,教师可以更加有针对性地设计教学内容和活动,确保文化适应的培养贯穿整个教学过程。

为了丰富文化教学内容,教师需要整合各种教学资源,包括教材、多媒体资源、网络资源等。首先,教材是教学的基础,教师应选择具有丰富文化背景知识的教材,确保学生能够接触到不同文化的内容。其次,多媒体和网络资源可以提供更加生动、直观的文化信息,教师可以利用这些资源设计丰富多样的教学活动,如观看英文电影、听英文歌曲、阅读英文小说等。通过整合教学资源,教师可以为学生提供更加全面、深入的文化教学内容。为了培养学生的文化适应能力,教师需要创设跨文化交际的环境,为学生提供实践机会。首先,教师可以组织国际学生交流活动,让学生有机会与来自不同文化背景的人进行交流。这种交流可以让学生亲身体验不同文化的差异和相似之处,提高他们的跨文化交际能力。其次,教师可以利用模拟国际会议、角色扮演等活动,让学生在模拟的情境中锻炼自己的

跨文化交际能力。此外，教师还可以鼓励学生参加一些国际性的交流活动或实习项目，让他们在实践中亲身体验和感受不同文化的魅力。

在培养学生的文化适应能力时，教师还应注重文化对比与反思，培养学生的批判性思维。通过对比不同文化的差异和相似之处，学生可以更加深入地了解不同文化的特点和价值观。同时，教师还应引导学生反思自己在跨文化交流中的行为和思维方式，帮助他们发现自己在文化适应过程中存在的问题和不足。通过文化对比与反思，学生可以更加客观地看待不同文化之间的差异和冲突，提高自己的跨文化交际能力。

教师是将文化适应融入大学英语教学体系的关键人物。因此，加强教师培训、提高教师自身的文化适应能力至关重要。教师可以通过参加专业培训、阅读相关书籍和文章、与同行交流等方式不断提高自己的文化适应能力和跨文化交际能力。同时，教师还应不断更新自己的教学理念和方法，将最新的研究成果和实践经验应用到教学中去。

三、文化适应与大学英语教学评价的结合

在全球化和跨文化交流日益频繁的今天，大学英语教学的目标不仅仅局限于语言知识的传授，而是更加注重培养学生的跨文化交际能力。文化适应能力作为跨文化交际能力的重要组成部分，其在大学英语教学中的重要性日益凸显。然而，当前大学英语教学评价体系更侧重于语言技能的评估，忽视了对学生文化适应能力的评价。因此，将文化适应与大学英语教学评价相结合，对于全面评价学生的英语能力、提高学生的跨文化交际能力具有重要意义。

（一）文化适应与大学英语教学评价的关系

在大学英语教学过程中，文化适应能力的培养不仅有助于学生更好地理解和运用英语，还能够拓展他们的国际视野，增强跨文化交际能力。而

教学评价则是教学过程中的重要环节，它通过对学生的学习成果进行客观、全面的评价，为教师提供教学反馈，指导教学改进，同时也为学生提供学习动力和方向。

将文化适应与大学英语教学评价相结合，一方面可以全面评价学生的英语能力，包括语言技能和文化适应能力两个方面；另一方面可以促进教师对学生文化适应能力的关注和教学投入，从而提高学生的跨文化交际能力。

（二）文化适应在大学英语教学评价中的体现

在教学内容方面，应加强对文化元素的融入和评价。教师可以根据教学大纲和课程目标，结合学生的实际情况，选择具有丰富文化背景知识的教材和教学材料。在教学过程中，教师应注重介绍英语国家的文化习俗、价值观念和社会规范等，帮助学生建立正确的文化认知。同时，在评价教学内容时，可以考查学生对文化元素的理解和运用情况，以及他们是否能够将所学知识应用到实际的跨文化交际中。

在教学方法方面，应注重创设跨文化交流的教学环境，采用多样化的教学方法和手段。例如，教师可以组织国际学生交流活动、模拟国际会议等实践活动，让学生在模拟的情境中锻炼自己的跨文化交际能力。同时，教师还可以利用多媒体资源、网络资源等现代化教学手段，为学生提供丰富的文化信息和跨文化交流的机会。在评价教学方法时，可以考查教师是否能够灵活运用各种教学方法和手段，以及这些教学方法和手段是否有助于提高学生的文化适应能力。

在学生能力评价方面，应加强对文化适应能力的评价。除了传统的语言技能测试外，还应增加对学生文化适应能力的考查。例如，可以通过问卷调查、访谈等方式了解学生对英语国家文化的认知程度；通过角色扮演、模拟情境等方式考查学生的跨文化交际能力；通过写作、演讲等方式评估学生对文化现象的分析和解读能力。在评价学生能力时，应注重对学生文化适应能力的全面评价，包括他们的文化认知、跨文化交际能力、文化敏感性和文化自信心等方面。

（三）如何促进文化适应与大学英语教学评价的结合

要促进文化适应与大学英语教学评价的结合，首先需要完善评价体系。评价体系应包含对学生文化适应能力的评价指标和评价标准，确保评价结果的客观性和全面性。同时，评价体系还应具有可操作性和指导性，能够为教师提供教学反馈，指导教学改进。教师培训是促进文化适应与大学英语教学评价相结合的重要途径。通过培训，教师可以了解文化适应的重要性以及如何在教学中培养学生的文化适应能力。同时，培训还可以帮助教师掌握有效的评价方法和手段，提高他们对学生文化适应能力的评价能力。

学生的参与是促进文化适应与大学英语教学评价相结合的关键因素。教师应鼓励学生积极参与各种跨文化交流活动和实践项目，提高他们的跨文化交际能力。同时，教师还应引导学生关注英语国家的文化现象和社会问题，培养他们的文化敏感性和文化自信心。在评价过程中，教师应注重学生的主体地位，鼓励他们积极参与评价过程并提出自己的意见和建议。

第六章　跨文化交际能力的培养与实践

第一节　跨文化交际能力的构成

一、语言能力：掌握外语的基本语法、词汇和表达方式

语言能力是指人们运用语言进行交际、表达和理解的能力。在外语学习中，掌握基本语法、词汇和表达方式是实现有效沟通的基础。

（一）基本语法的掌握

1.语法的重要性

语法是语言的骨架，它规定了语言的构成方式和变化规律。掌握基本语法规则，可以帮助我们正确组织句子，理解句子结构，从而更好地表达自己的想法。同时，语法规则也是语言规范化的基础，遵守语法规则可以使我们的表达更加准确、规范。

2.语法学习的策略

（1）系统学习：通过教材、参考书等途径，系统地学习英语语法规则，了解各种词类、时态、语态、语气等基本语法知识。

（2）大量练习：通过大量的练习，巩固所学的语法知识，提高语法运用的熟练程度。可以通过做语法练习题、阅读题、写作等方式进行练习。

（3）注重实践：将所学的英语语法知识应用到实际交际中，通过实

第六章　跨文化交际能力的培养与实践

践检验自己的学习成果。可以通过与外国人交流、参加语言角等方式进行实践。

（二）词汇的积累与运用

1. 词汇的重要性

词汇是语言的基本单位，是表达思想、传递信息的基础。掌握足够的词汇，可以使我们更加准确地表达自己的意思，避免在交流中产生误解。同时，丰富的词汇量也可以使我们的表达更加生动形象。

2. 词汇学习的策略

（1）广泛阅读：通过阅读各种文章、书籍、杂志等，积累词汇。在阅读过程中，注意词汇的发音、拼写、意义以及用法。

（2）制作词汇卡片：将生词和短语写在卡片上，随身携带，随时复习。通过反复记忆，加深对词汇的印象。

（3）联想记忆：利用联想法、词根词缀法等记忆方法，将生词与已知词汇或概念进行联系，提高记忆效率。

（4）运用词汇：将所学的词汇运用到实际交际中，通过写作、口语练习等方式巩固所学词汇。同时，也可以通过查字典、网络搜索等途径了解词汇的更多用法和例句。

（三）表达方式的掌握与运用

1. 表达方式的重要性

表达方式是语言运用的重要手段，它决定了我们如何将自己的思想、情感等信息传达给他人。掌握不同的表达方式，可以使我们的表达更加准确、生动、有趣。同时，不同的表达方式也反映了不同的语言风格和文化背景。

2. 表达方式的学习与运用

（1）了解文化背景：不同的文化背景孕育了不同的语言表达方式。在学习英语时，我们需要了解该语言的文化背景和历史传统，以便更好地理解和运用其表达方式。

（2）模仿与练习：通过模仿母语者的表达方式，我们可以逐渐掌握英语的表达习惯。同时，大量的口语练习和写作练习也可以帮助我们提高表达能力。

（3）注重语言风格：不同的语言风格适用于不同的场合和对象。在学习英语时，我们需要了解不同语言风格的特点和用法，以便在不同的场合使用合适的表达方式。

（4）培养创新思维：在表达过程中，我们需要运用创新思维来寻找新的表达方式。通过尝试使用不同的词汇、句式和修辞手法等，我们可以使表达更加生动、有趣，富有感染力。

二、文化意识：理解和尊重不同文化背景的能力

在全球化的背景下，文化意识的重要性日益凸显。文化意识不仅是个体在跨文化交流中理解和尊重不同文化的能力，也是构建和谐社会的基石。

（一）文化意识的内涵

文化意识是指个体在跨文化交流中，对不同文化的认知、理解和尊重的能力。它包括对文化差异的敏感性、对不同文化价值观的认同以及对文化多样性的包容。文化意识的核心在于理解和尊重，即理解不同文化的独特性和多样性，尊重不同文化的传统、习俗和价值观。

（二）文化意识的重要性

文化意识是跨文化交流的基础。只有具备文化意识，个体才能在跨文化交流中更好地理解对方的文化背景，避免文化冲突和误解，实现有效的沟通。在全球化时代，具备文化意识的个体更容易融入多元文化环境，更具备国际竞争力。他们能够更好地理解不同市场的需求和习惯，为企业的发展提供有力支持。文化意识是构建和谐社会的基石。只有尊重不同文化，才能增进不同民族、不同国家之间的友谊，共同推动人类社会的进步和发展。

(三)培养和提高文化意识

文化教育是培养和提高文化意识的重要途径。学校和社会应该加强文化教育,让学生了解不同文化的历史、传统、习俗和价值观。通过文化教育,学生可以更好地认识和理解不同文化,从而增强文化意识。拓宽国际视野是培养和提高文化意识的重要手段。

个体应该积极参与国际交流活动,如留学、旅行、参加国际会议等,亲身感受不同文化的魅力。通过拓宽国际视野,个体可以更好地了解不同文化的差异和相似之处,从而增强文化意识。

自我反思能力是培养和提高文化意识的重要素质。个体在跨文化交流中应该保持开放的心态,不断反思自己的行为和态度是否符合文化多样性的要求。通过自我反思,个体可以更好地认识自己在跨文化交流中的不足,从而不断改进和提高自己的文化意识。

尊重文化差异是培养和提高文化意识的核心。在跨文化交际中,个体应该尊重不同文化的传统、习俗和价值观,避免对他人产生文化歧视和偏见。同时,个体也应该积极学习和借鉴其他文化的优点和长处,促进不同文化之间的交流和融合。营造多元文化环境是培养和提高文化意识的重要条件。学校、企业和社区等应该积极营造多元文化环境,鼓励不同文化之间的交流和融合。通过组织文化活动、开展文化交流项目等方式,可以增强个体对不同文化的了解和认识,从而提高文化意识。

(四)文化意识在实际应用中的体现

在职场中,具备文化意识的个体能够更好地适应多元文化环境,与来自不同文化背景的人合作共事。他们能够理解并尊重他人的文化背景和价值观,避免文化冲突和误解,提高团队合作效率。在教育领域,具备文化意识的教师能够更好地理解和满足学生的多样化需求。他们能够关注学生的文化背景和个性差异,采用多样化的教学方法和手段,激发学生的学习兴趣和潜力。同时,他们还能够引导学生尊重和包容不同文化,培养学生的全球视野和国际竞争力。

在国际关系中，具备文化意识的国家能够更好理解和尊重其他国家的文化传统。通过加强文化交流和合作，增进相互的了解和信任，推动国际关系的和谐稳定。同时，具备文化意识的国家也能够更好地应对全球化带来的挑战和机遇，推动本国的经济和社会发展。

三、沟通技巧：有效进行跨文化交际的技巧

无论是商业合作、国际交流还是文化交流，都需要我们具备有效的跨文化交际的技巧。这些技巧不仅能帮助我们更好地理解不同文化背景下的沟通方式，还能促进文化间的交流与融合。

（一）理解文化差异

1. 文化认知：在进行跨文化交际之前，首先要对不同文化有基本的认知，包括了解不同文化的历史、传统、价值观、习俗和礼仪等。通过学习和研究，我们可以更好地理解不同文化的特点和差异，从而避免在沟通和协商中因文化差异而产生的误解和冲突。

2. 文化敏感性：文化敏感性是指对不同文化的敏感度和尊重程度。在跨文化交际中，我们要保持高度的文化敏感性，尊重对方的文化背景和价值观，避免对对方的文化进行贬低或歧视。同时，我们也要学会从对方的角度思考问题，理解对方的立场和感受。

（二）提高语言能力

1. 语言学习：语言是跨文化交际的基础。为了有效进行跨文化交际，我们需要不断提高自己的语言能力，这包括学习外语、提高口语表达能力和听力理解能力等。通过语言学习，我们可以更好地理解和表达对方的意图和观点，从而减少沟通障碍。

2. 词汇选择：在跨文化交际中，我们要注意选择恰当的词汇。由于不

同文化对同一词汇可能有不同的理解和解释，因此我们要尽量避免使用可能引起误解或歧义的词汇。同时，我们还要学会使用当地文化中的惯用语和俚语，更好地融入当地文化。

（三）非语言沟通技巧

1. 身体语言：身体语言是跨文化交际中非常重要的一部分。不同文化背景下的身体语言可能有很大的差异。因此，在跨文化交际中，我们要注意观察和理解对方的身体语言，更准确地把握对方的意图和情绪。同时，我们也要学会运用适当的身体语言来表达自己的观点和感受。

2. 面部表情：面部表情是传递情感和意图的重要方式。在跨文化交际中，我们要注意观察对方的面部表情，以了解对方的情绪状态和态度。同时，我们也要学会控制自己的面部表情，以表达出友好、尊重和合作的态度。

3. 眼神交流：眼神交流是建立信任和亲密关系的重要手段。在跨文化沟通和协商中，我们要注意与对方保持适当的眼神交流，以传递出真诚、尊重和关注的态度。通过眼神交流，我们可以更好地了解对方的想法和感受，增进双方的理解和信任。

（四）有效沟通策略

1. 倾听：倾听是有效沟通的关键。在跨文化交际中，我们要学会倾听对方的观点和意见，并尽量理解对方的立场和感受。通过倾听，我们可以更好地把握对方的需求和期望，为后续的协商和合作打下基础。

2. 明确表达：在跨文化交际中，我们要尽量使用直观、明确的语言来表达自己的观点和意见。同时，我们要注意语气和语调的运用，以传达出友好、尊重和合作的态度。明确表达有助于减少误解和冲突，促进双方的理解和信任。

3. 寻求共同点：在跨文化交际中，我们要努力寻求双方之间的共同点。通过找到共同点并围绕其进行讨论和协商，我们可以更容易地达成共识和合作。同时，寻求共同点也有助于增进双方之间的理解和信任。

4. 尊重差异：在跨文化交际中，我们要尊重彼此的文化差异。对不同文化背景下的观点和习惯，我们要保持开放和包容的心态。通过尊重差异并寻求共同点，我们可以更好地促进文化间的交流与融合。

（五）协商技巧

1. 制订明确目标：在跨文化交际中，我们要制定明确的目标。通过明确目标并制订相应的计划，我们可以更有针对性地进行协商并达成共识。同时，制订明确目标也有助于减少误解和冲突，提高协商效率。

2. 灵活应对：在跨文化交际中，我们要具备灵活应对的能力。由于文化差异和语言障碍等因素的存在，可能会出现一些预料之外的情况。在这种情况下，我们要保持冷静和耐心，灵活调整自己的沟通策略和方式，以应对各种挑战和困难。

3. 寻求共赢：在跨文化协商中，我们要寻求共赢的解决方案。通过关注双方的利益和需求并寻找共同点来达成共识和合作，我们可以实现共赢的结果并促进双方的长远发展。

四、适应性：在不同文化环境下快速适应和融入的能力

目前人们的活动范围不再局限于某个特定的地域或文化圈，而是越来越多地参与到跨文化交际中。面对不同的文化环境，一个人能否迅速适应并融入其中，成为衡量其综合素质和能力的重要指标。适应性，作为一种在不同文化环境下快速适应和融入的能力，不仅关乎个人的生存与发展，也影响着文化间的交流与融合。

（一）适应性的重要性

1. 促进个人成长：在不同的文化环境下，人们需要不断调整自己的思维方式、行为习惯，以适应新的环境。这种过程能够促进个人的成长和进步，提升个人的综合素质和竞争力。

2.推动文化融合：具有适应性的人能够更好地理解和接受不同文化，减少文化冲突和误解，促进文化间的交流与融合。这对于推动全球化和构建和谐社会具有重要意义。

3.应对复杂环境：在现代社会，人们面对的环境复杂多变。具有适应性的人能够迅速应对各种挑战和变化，保持个人的稳定和发展。

（二）适应性的培养与提升

1.增强文化敏感性：要培养和提高适应性，首先要增强自己的文化敏感性。这意味着个体要认识到不同文化的存在和差异，尊重和理解各种文化的特点和价值。通过学习和研究不同文化，我们可以更好地理解不同文化背景下的思维方式和行为习惯，为快速适应和融入新环境打下基础。

2.提高语言能力：语言是文化交流的桥梁。提高语言能力是增强适应性的重要途径。通过学习和掌握外语，我们可以更好地与不同文化背景的人进行交流，增进彼此的了解和信任。同时，提高语言能力也有助于我们更好地理解和接受不同文化的思维方式。

3.学会观察与倾听：在不同的文化环境下，观察和倾听是快速适应和融入的关键。通过观察他人的行为举止、言谈和社交方式等，我们可以更好地了解当地的文化习惯和社交规则。同时，倾听他人的观点和意见，尊重他人的选择和决策，也是建立良好人际关系和融入新环境的重要手段。

4.保持开放心态：保持开放的心态是增强适应性的重要心态。在面对不同的文化环境和挑战时，我们要保持积极、乐观和开放的心态，勇于尝试新事物、接受新观念和新思维。只有这样，我们才能更好地适应和融入新的环境并实现个人的成长和进步。

5.灵活应对变化：在现代社会，变化是常态。具有适应性的人需要具备灵活应对变化的能力。在面对新的环境和挑战时，我们要保持冷静和理性分析问题的能力并灵活调整自己的行为和策略以适应新的环境。同时，我们还要学会从失败中吸取教训并不断改进自己的方法和技能。

(三)适应性在不同文化环境下的应用

1.商业领域：在商业领域中，企业面对着来自不同文化背景的合作伙伴和客户。具有适应性的员工能够更好地理解客户的需求和期望并为客户提供更好的服务。同时他们还能够更好地与合作伙伴沟通和协商，达成互利共赢的合作协议。

2.教育领域：在教育领域中，教师和学生来自不同的文化背景和地区。具有适应性的教师能够更好地理解学生的需求和差异并为学生提供个性化的教学方案。同时他们还能够更好地融入当地社区和文化环境，为学生提供更广阔的学习和发展空间。

3.国际交流：在国际交流中，人们需要与来自不同文化背景的人进行交流和合作。具有适应性的人能够更好地理解和接受不同文化的思维方式和价值观念，并促进文化间的交流与融合。同时他们还能够更好地建立和维护人际关系，为国际合作和交流打下坚实基础。

第二节 大学英语教学中跨文化交际能力的培养途径

一、课程设置：开设跨文化交际课程，提高文化敏感度

不同文化之间的交流与融合已成为一种常态，为了培养具备国际视野、能够跨文化交流的高素质人才，高校和教育机构应当重视跨文化交际课程的设置。

(一)课程设置的目的

开设跨文化交际课程的主要目的是帮助学生了解不同文化的特点和差异，培养他们的跨文化意识和能力，提高文化敏感度。具体来说，该课程旨在实现以下几个方面的目标：

1. 增进学生对不同文化的认识和理解，减少文化冲突和误解；

2. 培养学生的跨文化意识和能力，使他们在跨文化交流中更加自信和高效；

3. 提高学生的文化敏感度，使他们能够更好地适应不同文化环境，促进文化间的交流与融合。

（二）课程内容设计

跨文化交际课程内容应涵盖文化的基本概念、不同文化的特点与差异、跨文化交流的基本技能与策略等方面。具体来说，可以包括以下几个模块：

1. 文化基础知识模块：介绍不同文化的定义、特点、分类以及该文化对人们思维和行为的影响；

2. 跨文化交际技能模块：培养学生跨文化交际的基本技能，如语言表达、非语言沟通、倾听与反馈等；

3. 文化差异与冲突解决模块：分析不同文化之间的差异和冲突，探讨解决跨文化冲突的策略和方法；

4. 跨文化适应与融合模块：探讨如何适应不同文化环境，促进文化间的交流与融合。

5. 在课程内容的设计上，应注重理论与实践相结合，通过案例分析、角色扮演、小组讨论等形式，让学生在实践中学习和掌握跨文化交际的技能。

（三）教学方法与手段

为了提高学生的文化敏感度，跨文化交际课程应采用多样化的教学方法和手段。具体来说，可以包括以下几个方面：

1. 案例分析。通过分析真实的跨文化交际案例，让学生了解不同文化背景下的交流方式和策略。

2. 角色扮演。让学生扮演不同文化背景的角色，模拟真实的跨文化交际场景，提高他们的跨文化沟通能力。

3. 小组讨论。组织学生围绕某一跨文化主题进行讨论，鼓励他们发表自己的观点和看法，培养他们的跨文化意识和能力。

4.实地考察。组织学生到不同文化背景的地区进行实地考察，让他们亲身体验和了解不同文化的特点。

5.多媒体教学。利用视频、音频、图片等多媒体教学资源，帮助学生更直观地了解不同文化的特点和差异。

（四）课程评价方式

为了全面评价学生的学习效果，跨文化交际课程应采用多元化的评价方式。具体来说，可以包括以下几个方面：

1.课堂表现。观察学生在课堂上的表现，包括参与度、发言质量、小组合作等方面。

2.案例分析报告。要求学生撰写案例分析报告，分析某一跨文化交际案例的背景、过程、结果和启示。

3.角色扮演评分。对学生在角色扮演中的表现进行评分，包括语言表达、非语言沟通、角色理解等方面。

4.小组讨论成果。评价学生在小组讨论中的贡献和成果，包括观点的新颖性、逻辑性、表达能力等方面。

5.期末考试。通过闭卷或开卷考试的形式，检验学生对跨文化交际课程知识的掌握程度。

二、教材选择：选用包含多元文化元素的教材，增强文化理解

当下，文化多样性日益凸显，不同文化之间的交流与融合成为必然趋势。为了培养具备国际视野、尊重并理解多元文化的高素质人才，教育领域在教材选择上应倾向于包含多元文化元素的教材。

（一）多元文化元素教材的重要性

选用包含多元文化元素的教材，可以帮助学生接触和了解不同文化背

景的知识和习俗。通过学习和比较不同文化，学生可以拓宽自己的文化视野，形成开放、包容的心态，从而更好地适应多元文化环境。多元文化元素的教材通过呈现不同文化的特点和差异，有助于学生理解不同文化背景下的思维方式、行为模式和社会现象。这种理解有助于减少文化偏见和误解，促进文化间的和谐共处。

学习多元文化元素的教材可以帮助学生掌握跨文化交际的基本知识和技能，如语言沟通、非语言沟通、文化差异识别等。这些能力在全球化背景下尤为重要，有助于学生更好地与不同文化背景的人进行交流与合作。多元文化元素的教材鼓励学生从不同角度思考问题，激发创新思维。通过比较不同文化背景的观点和方法，学生可以拓展自己的思维空间，形成更具创新性的观点和解决方案。

（二）如何选用包含多元文化元素的教材

1. 明确教育目标

在选用教材之前，需要明确教育目标，即希望通过学习多元文化元素达到什么样的教学效果。这有助于筛选出符合教育目标的教材。

2. 评估教材质量

在选择教材时，需要评估教材的质量。可以从以下几个方面进行评估：

（1）内容的准确性和权威性。教材所呈现的文化信息应准确、权威，避免误导学生。

（2）内容的丰富性和多样性。教材应涵盖多种文化元素，包括不同地域、民族等文化背景下的知识、价值观和习俗。

（3）教学方法的多样性。教材应采用多样化的教学方法和手段，如案例分析、角色扮演、小组讨论等，以激发学生的学习兴趣和积极性。

（4）教材的更新和维护。教材应定期更新和维护，以适应时代发展和学生需求的变化。

3. 考虑学生的需求和兴趣

在选择教材时，需要考虑学生的需求和兴趣。选择符合学生年龄、认知水平和兴趣爱好的教材，有助于学生更好地理解和接受多元文化元素。

4. 咨询专家意见

在选择教材时，可以咨询相关领域的专家的意见。专家可以根据自己的经验和知识，为教材的选择提供有价值的建议和指导。

（三）如何应用包含多元文化元素的教材

在应用包含多元文化元素的教材时，需要将多元文化元素与课程内容进行有机整合。通过引导学生分析不同文化背景下的案例和问题，使学生更好地理解课程内容和多元文化元素之间的关系。为了激发学生的学习兴趣和积极性，应采用多样化的教学方法和手段。例如，可以组织学生进行小组讨论、角色扮演、案例分析等活动，让学生在实践中学习和掌握多元文化元素。为了培养学生的跨文化交流能力，可以创设跨文化交际环境。例如，可以邀请来自不同文化背景的人士举办讲座或交流活动，让学生有机会与不同文化背景的人进行面对面交流。在教学过程中，应引导学生对所学内容进行反思和讨论。通过引导学生思考不同文化背景下的观点和方法，培养学生的批判性思维和独立思考能力。

三、教师培训：加强对英语教师的跨文化交际培训，提升教学能力

目前，单纯的语言知识传授已无法满足当今社会的需求，跨文化交际能力的培养成为大学英语教学的新方向。因此，加强对大学英语教师的跨文化交际培训，提升他们的教学能力，显得尤为重要。

（一）加强大学英语教师跨文化交际培训的重要性

大学英语教师作为培养学生跨文化交际能力的重要力量，必须具备较高的跨文化意识和能力。通过加强跨文化交际培训，大学英语教师可以更好地适应全球化教育趋势，为学生提供更高质量的英语教育。跨文化交际培训不仅有助于大学英语教师了解不同文化的特点和差异，还能提升他们

的跨文化意识和能力。这种提升将使大学英语教师在教学中更加注重文化因素的作用，更好地运用语言和文化知识进行教学，从而提高自身的教学水平和专业素养。

通过跨文化交际培训，英语教师可以将更多的文化元素融入教学中，使学生在学习语言的同时，也能了解和欣赏不同文化，增强他们的跨文化交际能力。

（二）跨文化交际培训的内容

文化知识是跨文化交际的基础。培训内容应包括不同国家、民族、历史、艺术等方面的知识，帮助英语教师了解不同文化的特点和差异，形成全面的文化视野。跨文化交际技巧是英语教师进行跨文化教学的重要工具。培训内容应包括非语言沟通、语言沟通、文化冲突解决等方面的技巧，帮助英语教师在跨文化交际中更加自信。

跨文化教学理论是指导英语教师进行跨文化教学的重要思想。培训内容应包括跨文化交际理论、跨文化教学方法等方面的知识，帮助英语教师理解跨文化教学的本质和要求，形成科学的教学理念。

（三）跨文化交际培训的方法

专题讲座是跨文化交际培训的主要形式之一。通过邀请专家学者进行专题讲座，向大学英语教师传授跨文化知识、交流技巧和教学理论，帮助他们形成全面的文化视野和教学理念。案例分析是跨文化交际培训的有效方法之一。通过分析真实的跨文化交流案例，让大学英语教师了解不同文化背景下的交流方式和策略，提高他们的跨文化意识和能力。

小组讨论是跨文化交际培训的互动形式。通过组织大学英语教师进行小组讨论，让他们分享自己的跨文化教学经验和心得，相互学习，相互借鉴，共同提高跨文化教学能力。实践操作是跨文化交际培训的重要环节。通过模拟真实的跨文化交流场景，让大学英语教师在实践中学习和掌握跨文化交流技巧，提高他们的跨文化交际能力。

（四）培训效果评估

为了确保跨文化交际培训的效果，需要进行培训效果评估。评估可以通过以下几个方面进行：通过收集英语教师的反馈意见，了解他们对培训内容的满意度、对培训方法的接受程度以及培训后的收获和体会。通过学生对英语教师跨文化教学能力的评价，了解培训对教师教学能力的提升效果。通过英语教师在实际教学中的表现和教学成果，评估培训的实际效果。

四、实践教学：组织跨文化交流活动，提供实际沟通机会

在教育领域，实践教学作为一种有效的教学方法，能够为学生提供实际沟通的机会，帮助他们提升跨文化交际能力。

（一）跨文化交流活动的重要性

跨文化交际活动能够让学生接触到来自不同文化背景的人，了解他们的习俗等。通过与这些人的互动，学生可以逐渐认识到文化的多样性和复杂性，从而培养出跨文化意识。跨文化交流活动为学生提供了实际沟通的机会。在与不同文化背景的人交流时，学生需要克服语言障碍、文化差异等因素，寻找共同点，进行有效沟通。这种实践能够帮助学生提升跨文化交际能力，增强他们的自信心。

跨文化交际活动能够让学生了解世界各地的风土人情、历史文化和经济发展等。这种经历能够拓宽学生的国际视野，让他们更加关注全球性问题，培养出国际化人才所需的全球意识。

（二）组织跨文化交流活动的策略

在组织跨文化交际活动之前，需要明确活动的目标。这些目标可以包括培养学生的跨文化意识、提升跨文化沟通能力、拓宽国际视野等。明确目标有助于制订更加具体和有针对性的活动方案。

选择合适的交流对象是组织跨文化交际活动的关键。可以通过与国外

学校建立合作关系、邀请外籍教师或留学生参与等方式，为学生提供与不同文化背景的人交流的机会。同时，也可以利用网络平台，如社交媒体、在线论坛等，拓展交流渠道。为了让学生充分参与跨文化交际活动，需要设计多样化的活动形式。例如，可以组织国际文化节、文化讲座、角色扮演游戏、模拟国际会议等活动，让学生在轻松愉快的氛围中感受不同文化的魅力。此外，还可以鼓励学生自行组织跨文化交际小组，自主设计交际活动和项目。

在组织跨文化交际活动的过程中，需要为学生提供必要的支持和指导，包括语言翻译、文化交流指导、活动安排等。同时，还需要关注学生在活动中的表现和反馈，及时调整活动方案，确保活动的顺利进行。

（三）跨文化交际活动的实践效果

通过参与跨文化交际活动，学生能够更加深入地了解不同文化的特点和差异，从而增强跨文化意识。他们开始意识到文化的多样性和复杂性，学会尊重并欣赏不同文化之间的差异。在跨文化交际活动中，学生需要克服语言障碍、文化差异等因素，与不同文化背景的人进行有效沟通。这种实践活动能够帮助学生提升跨文化沟通能力，让他们更加自信地面对国际交往中的挑战。跨文化交际活动为学生提供了了解世界各地的机会。他们通过亲身经历和感受，拓宽了国际视野，开始关注全球性问题，并形成了国际化人才所需的全球意识。

第三节 实践活动中的跨文化交际

一、文化体验活动：参与当地文化活动，亲身感受异国文化

在全球化的今天，文化多样性日益凸显，参与当地文化活动、亲身感受异国文化已成为许多人丰富生活、拓宽视野的重要途径。文化体验活动不仅能够帮助我们了解不同文化的独特魅力，还能促进不同文化间的相互理解与尊重。

（一）文化体验活动的意义

通过参与当地文化活动，我们能够亲身体验异国文化的独特魅力，深入了解其历史、传统、习俗。这种亲身体验的方式比单纯的阅读或观看更能让我们感受到文化的真实性和生动性，从而增进对异国文化的理解。参与文化体验活动可以让我们走出自己的文化圈，接触到来自不同国家和地区的人们。在与其他文化的交流和互动中，我们能够了解到世界的多样性，拓宽自己的国际视野，有助于我们更好地适应全球化的趋势，增强自己的国际竞争力。文化体验活动为不同文化之间的交流与融合提供了平台。通过参与当地文化活动，我们能够与当地人民进行深入的交流和互动，增进彼此的了解和友谊。这种交流和融合有助于消除文化隔阂和误解，促进不同文化之间的和谐共处。

（二）文化体验活动的组织与实施

在组织文化体验活动之前，需要明确活动的目标和主题。活动目标可以包括增进对异国文化的理解、拓宽国际视野、促进文化交流与融合等。主题可以根据具体的文化背景和地域特色来选择，例如传统节日、民间艺术、历史遗迹等。

选择合适的活动地点和时间对于文化体验活动的成功至关重要。地点应该具有代表性和典型性，能够充分体现当地文化的特色和魅力。时间应该考虑到当地的气候、节假日等因素，以便更好地融入当地的生活节奏和文化氛围。制订详细的活动计划是确保文化体验活动顺利进行的关键。计划应该包括活动的流程、参与人员、物资准备、安全保障等方面。同时，还需要考虑到可能出现的意外情况和应对措施，以确保活动的顺利进行。

宣传推广和招募参与者是文化体验活动成功的关键之一。可以通过社交媒体、旅游网站、学校社区等渠道进行宣传推广，吸引更多的人参与。同时，还可以与当地的旅游机构、文化组织等合作，共同推动文化体验活动的开展。在活动实施过程中，需要确保各项计划得到落实，并密切关注参与者的反馈和体验。同时，还需要根据实际情况灵活调整和改进。在活动结束后，可以进行评估和总结，以便更好地优化下一次文化体验活动的组织与实施。

（三）文化体验活动的案例分析

以下是一个关于参与当地文化活动的案例：

某大学组织了一次为期一周的"东南亚文化之旅"活动，邀请了来自不同专业的学生参加。活动选择了泰国、越南和柬埔寨三个国家作为目的地，通过参观历史遗迹、品尝当地美食、学习民间艺术等方式，让学生亲身感受异国文化的魅力。在活动中，学生与当地人民进行了深入的交流和互动，了解他们的生活方式和文化传统。通过这次活动，学生们不仅增进了对东南亚文化的理解，还拓宽了自己的国际视野和人际交往能力。

二、模拟场景练习：通过模拟真实场景，提高跨文化交际能力

由于文化差异的存在，跨文化交际往往面临着诸多挑战。为了应对这些挑战，模拟场景练习成为了一种有效的解决方法。通过模拟真实场景，参与者可以在安全、可控的环境中进行跨文化交际，从而提高自己的跨文化交际能力。

（一）模拟场景练习的定义与作用

模拟场景练习是一种通过模拟真实场景，让参与者在其中进行角色扮演、互动沟通等活动，以达到提高某种能力或技能的教学方法。在跨文化交际领域，模拟场景练习可以帮助参与者更好地理解和适应不同文化背景下的沟通方式和行为准则，从而提高他们的跨文化交际能力。具体来说，

模拟场景练习具有以下作用：

1.提供实践机会。模拟场景练习为参与者提供了真实的跨文化交际场景，使他们在实践中学习和成长。

2.增强跨文化意识。通过模拟不同文化背景下的场景，参与者可以更加深入地了解不同文化的特点和差异，从而增强跨文化意识。

3.提高沟通技巧。在模拟场景中，参与者需要运用跨文化沟通技巧进行互动和沟通，这有助于他们提高沟通能力和应对能力。

4.锻炼心理素质。跨文化交际中往往存在着语言障碍、文化差异等挑战，模拟场景练习可以帮助参与者锻炼心理素质，提高应对压力的能力。

（二）模拟场景练习的实施方法

1.确定模拟场景。根据培训目标和参与者的需求，选择具有代表性的跨文化交际场景。这些场景可以包括商务谈判、团队合作、社交聚会等。

2.设定角色和任务。为每个参与者设定特定的角色和任务，以确保他们在模拟场景中能够充分参与和互动。角色的设定应考虑不同的文化背景和性格特点，以增加模拟场景的真实性和挑战性。

3.准备道具和场景布置。根据模拟场景的需要，准备相应的道具和场景布置，如桌椅、文件、服装等。这些道具和场景布置可以增加模拟场景的真实感，使参与者更容易融入其中。

4.进行角色扮演和互动沟通。在模拟场景中，参与者按照设定的角色和任务进行角色扮演和互动。他们需要运用跨文化沟通技巧和应对能力，以完成任务并达成目标。

5.反馈和总结。在模拟场景结束后，组织者应对参与者的表现进行反馈和总结。反馈应具体、明确，并指出参与者在跨文化交际中存在的问题和改进方向。同时，组织者还可以邀请其他参与者分享自己的经验，以促进大家共同进步。

（三）模拟场景练习的效果评估

为了评估模拟场景练习的效果，可以采用以下方法进行评估：

1. 观察评估。在模拟场景练习过程中，观察者可以记录参与者的表现和行为，并对其进行评估。评估内容可以包括沟通技巧、应对能力、文化素养等方面。

2. 问卷调查。在模拟场景练习结束后，可以向参与者发放问卷，了解他们对模拟场景练习的感受和收获。问卷内容可以包括满意度、自我提升程度等内容。

3. 反思日志。鼓励参与者在模拟场景练习后撰写反思日志，记录自己的感受和体会。通过反思日志，参与者可以更加深入地了解自己的跨文化交际能力和在跨文化交际中需要改进的地方。

三、国际合作项目：参与国际项目，与不同文化背景的人合作

目前，国际合作项目日益增多，成为全球经济、科技、文化交流的重要途径。参与国际项目，与不同文化背景的人合作，不仅能够拓宽视野、增长见识，还能提高个人的跨文化交际能力，为个人的职业发展和社会进步做出贡献。

（一）国际合作项目的意义

1. 推动全球发展。国际合作项目能够集合不同国家的资源、技术和智慧，共同解决全球性问题，如气候变化、能源危机、贫困问题等。通过合作，各国团队能够相互学习、取长补短，实现共同发展。

2 促进文化交流。国际合作项目涉及不同国家和地区的参与者，他们在合作过程中会相互了解、尊重彼此的文化差异。这种文化交流有助于增进各国人民之间的友谊和信任，推动世界和平与发展。

3. 提高个人素质。参与国际项目，与不同文化背景的人合作，能够锻

炼个人的跨文化交际能力、团队协作能力、解决问题能力等。这些能力对于个人的职业发展和社会进步具有重要意义。

（二）国际合作项目面临的挑战

1. 文化差异。不同国家和地区的文化背景、价值观念、思维方式等存在差异，这可能导致在合作过程中出现沟通障碍、误解和冲突。

2. 语言障碍。国际合作项目中的参与者可能使用不同的语言，语言障碍可能导致信息传递不畅、沟通困难。

3. 时间差异。不同国家和地区的时差可能导致在合作过程中出现时间上的冲突和不便，影响项目进度和效率。

4. 法律法规差异。不同国家和地区的法律法规存在差异，这可能导致在合作过程中出现合规性问题，增加项目的风险和不确定性。

（三）国际合作项目的合作策略

1. 尊重文化差异。在合作过程中，要尊重不同文化背景下的价值观和思维方式，避免将自己的观点强加于人。通过倾听、理解和包容，建立互相信任和友好的合作关系。

2. 加强沟通与交流。沟通是国际合作项目的关键。要充分利用各种沟通工具，进行及时、有效的沟通。同时，要注重沟通技巧和方式，提高沟通效果。

3. 建立团队协作机制。国际合作项目需要团队协作，要建立明确的分工和协作机制，确保项目各环节顺利进行。同时，要注重团队成员的互补性和协同性，发挥团队的整体优势。

4. 遵循法律法规。在合作过程中，要遵循各国的法律法规，确保项目的合规性。对于可能存在的法律风险，要进行充分的评估和应对。

（四）参与国际合作项目的个人成长

1. 拓宽视野。参与国际合作项目，能够接触到来自不同国家和地区的参与者，了解他们的文化、习俗和思维方式。这种跨文化交际有助于拓宽个人的视野，增强全球意识。

2. 提高跨文化交际能力。在国际合作项目中，需要运用跨文化沟通技巧与不同文化背景的人进行交流，能够锻炼个人的跨文化交际能力，提高应对不同文化环境的能力。

3. 培养团队协作能力。国际合作项目需要团队协作，能够锻炼参与者的团队协作能力。在团队中，要学会倾听、理解和支持他人，发挥自己的优势，共同完成项目目标。

4. 增强解决问题的能力。国际合作项目中可能出现各种问题和挑战，需要参与者具备解决问题的能力。通过解决这些问题，能够锻炼参与者的思维能力、判断能力和应对能力。

四、语言实践社区：加入语言交换或国际志愿者组织，拓宽交际圈

全球化已成为不可逆转的趋势，语言作为沟通的桥梁，其重要性日益凸显。为了提升语言能力，拓宽交际圈，许多人选择加入语言交换或国际志愿者组织。这些平台不仅为学生提供了学习语言的机会，还能接触到不同文化背景的人，丰富人生体验。

（一）加入语言实践社区的意义

1. 提升语言能力。语言实践社区为学习者提供了与母语者交流的机会，通过真实的语境实践，学习者能够更好地掌握语言知识和技能，提高语言运用能力。

2. 拓宽交际圈。在语言实践社区中，学习者可以结识来自世界各地的朋友，拓宽自己的交际圈。这不仅有助于增加人际关系的多样性，还能促进不同文化间的交流和理解。

3. 丰富人生体验。参与语言实践社区的活动，可以让人们接触到不同的生活方式、习俗和思维方式，丰富人生体验。这些经历能够让人更加开

阔眼界，增加人生厚度。

（二）加入语言实践社区的方式

1.语言交换网站。许多语言交换网站为学习者提供了与母语者进行在线交流的平台。学习者可以在网站上发布自己的学习需求，寻找合适的语言伙伴进行练习。

2.国际志愿者组织。国际志愿者组织如联合国志愿人员组织（UNV）、国际青年志愿者协会（IYVA）等，经常组织各类语言实践活动。通过参与这些组织的活动，学习者可以在实践中提高语言能力，同时为社会作出贡献。

3.社交媒体群组。在社交媒体平台上，有许多语言学习群组，如微信群、QQ群、Facebook群组等。加入这些群组，学习者可以与志同道合的人一起交流学习心得，分享学习资源。

（三）加入语言实践社区的挑战及应对策略

1.语言障碍。在与母语者交流时，学习者可能会遇到语言障碍，如发音不准、词汇不足等。为了应对这些挑战，学习者可以提前做好准备，如学习常用词汇、短语和句型，了解当地的文化习俗等。同时，保持积极的心态和耐心，勇于尝试和表达，不断积累经验，提高自信心。

2.文化差异。不同国家和地区的人们在价值观、习俗、行为方式等方面存在差异，这可能导致交流中的误解和冲突。为了应对这些挑战，学习者需要尊重和理解不同文化背景的人，保持开放的心态和包容的态度。同时，通过学习和了解不同文化的历史，增强自己的跨文化交际能力。

3.时间与精力投入。参与语言实践社区需要一定的时间和精力投入。学习者需要合理安排自己的时间和精力，确保在保持日常生活和学习工作不受影响的前提下，积极参与社区活动。此外，学习者还可以利用碎片时间进行语言学习和交流，如利用手机APP记忆单词、练习听力等。

（四）个人在参与语言实践社区过程中的收获与感悟

1.语言能力的提高。通过参与语言实践社区的活动，参与者的语言能力得到了显著提高。在与母语者的交流中,可以不断纠正发音、扩大词汇量、提高语法水平。同时,参与者还学会了如何运用语言进行有效的沟通和表达。

2. 交际圈的拓宽。加入语言实践社区可以让参与者结识来自世界各地的朋友。这些朋友来自不同的国家和地区,拥有不同的文化背景和生活经历。通过与他们交流学习,参与者可以更加了解了世界各地的风土人情和文化特色。

3. 人生体验的丰富。参与语言实践社区的活动让参与者有机会接触到不同的生活方式和思维方式。这些经历让参与者的眼界更加开阔,增加了对世界的认知和理解。同时,这些经历也让参与者更加珍惜自己的生活和学习机会,更加努力地追求自己的梦想和目标。

第四节 跨文化交际能力与英语综合应用能力的提升

一、阅读多元文化材料:通过阅读了解不同文化观点和价值观

不同的国家、民族和社群拥有各自独特的文化观点。了解这些多元文化,对于促进国际理解、增强跨文化交际能力、构建和谐社会具有重要意义。

(一)阅读多元文化材料的重要性

通过阅读多元文化材料,我们可以了解不同国家和地区的文化、历史、传统和习俗,从而增进对国际社会的理解和认识。这有助于消除文化隔阂,促进不同文化间的交流与合作。多元文化材料涵盖了世界各地的文化现象和观点,通过阅读这些材料,我们可以拓宽自己的视野,了解不同文化背景下的思维方式、行为规范。这有助于我们更加全面地认识世界,提高自

己的综合素质。

通过阅读多元文化材料，我们可以学习如何与不同文化背景的人进行有效沟通，避免误解和冲突，促进彼此间的交流与合作。阅读多元文化材料不仅能够提高我们的知识水平和综合素质，还能够促进个人的成长。在接触不同文化的过程中，我们会不断反思自己的价值观和行为方式，从而不断完善自己，成为更加成熟、开放和包容的人。

（二）阅读多元文化材料的方法

在阅读多元文化材料时，我们需要根据自己的兴趣和需求选择合适的阅读材料。这些材料可以包括文学作品、历史书籍、新闻报道、纪录片等。同时，我们也可以通过互联网等渠道获取丰富的多元文化信息。阅读多元文化材料时，我们需要注重阅读质量。首先，我们需要认真阅读并理解材料的内容，了解不同文化背景下的观点和价值观。其次，我们需要思考材料中的信息，分析其背后的文化逻辑和价值观念。最后，我们需要将所学知识运用到实际生活中，提高自己的跨文化交际能力。

在阅读多元文化材料的过程中，我们可以积极参与讨论，与他人分享自己的观点和见解。通过讨论，我们可以更加深入地了解不同文化之间的差异和相似之处，促进彼此间的理解和尊重。

（三）阅读多元文化材料的影响

通过阅读多元文化材料，我们可以更加深入地了解不同文化的内涵和特点，理解不同文化背景下的思维方式、行为规范和价值观念。这有助于我们消除文化偏见和误解，增进对国际社会的理解和认识。阅读多元文化材料可以提高我们的跨文化交际能力。在了解不同文化的基础上，我们可以更加灵活地运用语言和非语言手段与不同文化背景的人进行交流，避免误解和冲突，促进彼此间的交流与合作。

在全球化背景下，具备跨文化交际能力的人才越来越受到青睐。通过阅读多元文化材料，我们可以提高自己的综合素质和跨文化交际能力，为未来的职业发展打下坚实基础。阅读多元文化材料有助于增进不同文化间的理解和尊重，促进社会的和谐与稳定。在一个多元文化的社会中，不同文化之间的交流和融合可以带来更多的创新和进步，推动社会的繁荣发展。

（四）个人在阅读多元文化材料过程中的成长

阅读多元文化材料可以让我们接触到不同的思维方式和观点，从而拓展我们的思维边界，有助于我们更加全面地认识问题，提高我们的创新能力和解决问题的能力。在阅读多元文化材料的过程中，我们会不断接触到不同文化背景下的人，这有助于我们增强同理心，更加理解和尊重他人的感受和需求。

阅读多元文化材料可以让我们更加开放和包容地对待不同的文化和观点。这种心态有助于我们在面对挑战和困难时保持冷静和理性，以更加积极和乐观的态度面对生活和工作。阅读多元文化材料可以激发我们的求知欲和好奇心，让我们不断探索和发现新的知识和领域。这种求知欲可以推动我们不断学习和进步，成为更加优秀和卓越的人。

二、听力训练中的文化元素：在听力材料中融入多元文化元素

听力作为语言交流的重要技能之一，其训练过程中融入多元文化元素显得尤为重要。不仅有助于学习者提高听力理解能力，还能增强其对不同文化的认知与尊重。

（一）听力训练中文化元素的重要性

听力材料中的文化元素可以帮助学习者更好地理解语言背后的文化内涵，从而更准确地把握语言信息。当学习者对文化背景有所了解时，他们就能更快速地理解听力材料中的信息，提高听力理解能力。融入多元文化元素的听力材料可以让学习者接触到不同国家和地区的文化、历史、传统和习俗等。这有助于拓宽学习者的文化视野，让他们更加全面地了解世界，

增强跨文化交际能力。

通过接触不同文化元素的听力材料，学习者可以培养对不同文化的敏感性。他们能够在语言交流中更好地感知和适应不同的文化背景，避免误解和冲突，促进跨文化交流的顺利进行。

（二）听力训练融入多元文化元素的方法

在选择听力材料时，可以优先考虑那些具有文化特色的内容。例如，可以选择一些介绍不同国家和地区的历史、文化、风俗、节日等方面的文章或录音，让学习者在听力训练中了解不同文化的特点。在听力训练过程中，可以适时引入相关的文化背景知识。例如，在播放一段关于某国家传统音乐的听力材料前，可以先向学习者介绍该国家音乐的历史和特点，帮助他们更好地理解这段听力材料所表达的文化内涵。

多媒体资源如图片、视频、音频等可以生动直观地展示不同文化的特点。在听力训练中，可以运用这些资源来丰富教学内容，提高学习者的兴趣和参与度。例如，可以通过观看介绍某国家文化风情的视频来辅助听力训练，让学习者在视听结合中更好地感知和理解文化元素。在听力训练中创设文化情境，让学习者在模拟的文化环境中进行语言实践。例如，可以设计一些模拟国际会议的听力任务，让学习者在模拟的跨文化交流场景中提高听力理解能力。

（三）面临的挑战及应对策略

在融入多元文化元素的听力训练中，学习者可能面临文化差异和难以适应的问题。他们可能对某些文化背景知识不熟悉或难以理解，导致听力理解困难。为了应对这一挑战，教师可以提前了解学习者的文化背景和知识水平，有针对性地选择适合的听力材料和教学方法。同时，教师还可以在听力训练过程中及时解答学习者的疑问，帮助他们克服文化障碍。在选择和整合具有多元文化元素的听力材料时，教师需要考虑听力材料的难度、真实性、相关性和时效性等因素。这需要教师具备较高的教学素养和跨文化交际能力，以确保所选材料既能满足教学需求又能贴近学习者的实际生活。为了应对这一挑战，教师可以多渠道获取教学资源，如网络、图书馆、媒体等，并注重与同事和学生之间的交流和合作，共同构建具有多元文化特色的听力资源库。

三、口语表达中的文化适应：学习如何在不同文化背景下得体表达

口语表达作为跨文化交流的核心技能之一，其得体与否直接关系到交流的效果和双方的关系。然而，由于不同文化背景下的语言习惯、社交礼仪和沟通方式的差异，往往会给口语表达带来挑战。因此，学习如何在不同文化背景下得体表达，成为了一项重要的能力。

（一）影响口语表达的文化因素

在口语表达中，文化因素是一个不可忽视的变量。不同文化背景下的语言习惯存在很大差异。例如，有些文化注重礼貌和谦逊，因此在表达时常常使用委婉和含蓄的语言；而有些文化则更加注重直接和坦率，表达时更加直接明了。

社交礼仪是不同文化背景的人们交往时遵循的规范和习惯。在口语表达中，社交礼仪体现在称呼、问候、感谢、道歉等方面。如果不了解和遵守这些礼仪规范，很容易给人留下不礼貌或不尊重对方的印象。

不同文化背景下的沟通方式也存在差异。例如，有些文化注重个人空间和隐私，因此在交流时需要保持一定的距离；而有些文化则更加注重集体和团队精神，交流时更加倾向于互动。

（二）实践中的注意事项

我们需要避免对不同文化背景的人产生刻板印象和偏见。每个人都有自己的独特性和个性特点，我们不能简单地将其归为某个文化群体的特征。在不同文化背景下进行口语表达时，我们需要根据具体情境灵活应对。例

如，在正式场合下我们需要更加严谨和正式的表达；而在轻松愉快的氛围中则可以适当放松和幽默一些。

在跨文化交流中，我们需要保持耐心和尊重。由于文化差异的存在，我们可能会遇到一些难以理解或接受的情况。此时我们需要保持冷静和理性，尊重对方的观点和感受，并尝试通过沟通和协商解决问题。

四、写作中的跨文化意识：培养在写作中考虑文化差异的习惯

写作作为跨文化交流的重要形式之一，其质量和效果往往受到文化差异的影响。因此，培养在写作中考虑文化差异的习惯，即跨文化意识，对于提高写作质量和促进跨文化交流具有重要意义。

（一）影响写作的文化因素

不同文化背景下的语言习惯存在很大差异，包括词汇、语法、句式等方面的差异。这些差异会影响作者的写作风格和表达方式，也会影响读者对作品的理解和接受程度。不同文化背景下的社会价值观也存在差异，包括道德观念、伦理标准、审美观念等方面的差异。这些差异会影响作者对作品主题的选择和表达方式，也会影响读者对作品的接受和评价。

历史传统是不同文化背景下人们共同遵守的规范和习惯，包括节日习俗、礼仪规范、信仰观念等方面的差异。这些差异会影响作者的写作风格和语言运用，也会影响读者对作品的理解和感受。

（二）实践中的挑战与应对

由于文化差异的存在，我们可能会遇到一些难以理解和适应的情况。此时，我们需要保持开放和包容的心态，尊重不同文化的差异和多样性，并尝试通过学习和交流来增进对不同文化的理解和适应。语言障碍是跨文化交际中的常见问题。为了克服这一障碍，我们可以学习一些常用的外语表达方式和特定的术语和概念，以提高自己在不同语言环境中的表达能力。

在写作中考虑文化差异需要我们对写作风格和语言运用进行一定的调整。这可能会带来一定的挑战和困难，但只要我们保持灵活和开放的心态，不断尝试和调整自己的写作风格和语言运用方式，就能够逐渐适应不同的文化背景并创作出符合要求的作品。

第七章　跨文化交际与英语听说读写教学

第一节　跨文化交际在英语听力教学中的运用

一、选择与跨文化交际相关的听力材料

无论是在国际商务会议、文化交流活动，还是在日常的人际交往中，我们都需要与来自不同文化背景的人进行沟通。因此，选择与跨文化交际相关的听力材料，对于提高我们的跨文化交际能力至关重要。

（一）提高语言理解与感知能力

选择与跨文化交际相关的听力材料，首先可以帮助我们提高语言理解与感知能力。这些材料通常包含了各种口音、语速和表达方式，有助于我们适应不同文化背景下的语言特点。通过反复练习和听辨，我们可以逐渐提高自己对不同语音、语调和词汇的敏感度，从而更加准确地理解他人的意图。

此外，跨文化交际听力材料中的语言现象往往具有一定的复杂性，如词汇的隐喻含义、文化特定的表达方式等。通过学习和理解这些材料，我们可以拓宽自己的语言视野，丰富自己的语言知识体系，进一步提高自己的语言理解和感知能力。

（二）增强文化敏感性和包容性

选择与跨文化交际相关的听力材料，还可以帮助我们增强文化敏感性和包容性。这些材料通常包含了各种文化背景下的价值观、信仰、习俗和礼仪等内容，有助于我们了解不同文化之间的差异和共同点。通过学习和理解这些材料，我们可以逐渐培养自己的文化敏感性，尊重和理解不同文化。

同时，跨文化交际听力材料也能够帮助我们增强文化包容性。在面对不同文化背景下的观点和行为时，我们能够保持开放和包容的心态，避免偏见和歧视的产生。这种文化包容性对于我们建立良好的人际关系和推动国际合作具有重要意义。

（三）培养跨文化沟通技巧

选择与跨文化交际相关的听力材料，还有助于我们培养跨文化沟通技巧。这些材料通常包含了各种跨文化交际场景下的对话和表达方式，有助于我们了解不同文化背景下的沟通习惯和技巧。通过学习和模仿这些材料中的表达方式，我们可以逐渐掌握跨文化沟通的技巧和方法，更加自信地与他人进行交流。

此外，跨文化交际听力材料中的对话和表达往往具有一定的复杂性和多样性，需要我们具备较高的语言能力和沟通技巧。通过反复练习和反思，我们可以逐渐提高自己的跨文化交际能力，更好地应对各种跨文化交际场景。

（四）拓展国际视野和全球意识

选择与跨文化交际相关的听力材料，还能够帮助我们拓展国际视野和全球意识。这些材料通常涉及国际政治、经济、文化等方面的内容，有助于我们了解世界各地的发展状况和热点问题。通过学习和理解这些材料，我们可以逐渐拓展自己的国际视野，了解不同国家和地区的发展特点和趋势。

同时，跨文化交际听力材料也能够培养我们的全球意识。在全球化的背景下，各国之间的联系日益紧密，我们需要具备全球意识来应对各种挑战和机遇。通过学习和理解跨文化交际听力材料中的国际问题和全球现象，我们可以逐渐培养自己的全球意识，更好地参与国际交流和合作。

二、培养学生捕捉文化信息的听力技巧

听力技巧作为跨文化交际的重要组成部分，对于捕捉和理解不同文化背景下的信息具有至关重要的作用。

（一）明确听力训练目标

在培养学生捕捉文化信息的听力技巧之前，首先需要明确听力训练的目标。这包括提高学生对不同文化背景下语音、语调、语速的敏感度，以及对特定文化表达方式和非语言因素的理解能力。只有明确了训练目标，才能有针对性地制订训练计划和教学策略。

（二）选择合适的听力材料

选择合适的听力材料是培养学生捕捉文化信息听力技巧的关键。首先，听力材料应具有丰富的文化内涵，能够涵盖不同国家和地区的文化特色、价值观念、历史传统等方面的内容。其次，材料应具有一定的难度梯度，以适应不同学生的听力水平。同时，材料应具有真实性和实用性，能够反映真实场景中的文化交流和互动。

在选择听力材料时，教师可以结合教材内容、网络资源、影视作品等多种渠道进行筛选。例如，可以选择一些包含不同文化元素的英语原声电影、纪录片、访谈节目等作为听力材料，让学生在观看过程中感受不同文化的魅力。

（三）采用多样化的听力训练方法

在播放听力材料之前，教师可以先向学生介绍材料的背景信息，引导

学生根据题目或图片进行预测。这有助于学生提前了解材料的内容和主题，为捕捉文化信息做好准备。精听是指学生仔细听取材料的每一个细节，力求理解每一个单词和句子。而泛听则更注重整体理解和把握材料的主题和意图。在教学过程中，教师应将精听与泛听相结合，让学生在精听中提高语言敏感度，在泛听中培养文化感知能力。

在听完材料后，教师可以组织学生进行小组讨论，分享彼此的理解和感受。这有助于学生互相学习、互相启发，发现不同文化之间的共性和差异。同时，通过小组讨论，学生还可以锻炼自己的口头表达能力和批判性思维能力。为了让学生更好地理解和运用所听到的文化信息，教师可以设计一些角色扮演和模拟场景的活动。例如，可以让学生模拟一个国际商务谈判的场景，让学生运用所学的文化知识和沟通技巧进行交流和合作。这样的活动有助于学生将理论知识与实际应用相结合，提高跨文化交际能力。

（四）关注非语言因素的培养

在跨文化交际中，非语言因素如肢体语言、面部表情、语气语调等同样重要。因此，在培养学生捕捉文化信息的听力技巧时，也应关注非语言因素。

教师可以引导学生观察和分析不同文化背景下的非语言因素的表达方式和含义。例如，可以向学生展示不同国家的肢体语言图片或视频，让学生猜测其含义并讨论其中的文化差异。在了解不同文化背景下的非语言因素后，教师可以组织学生进行模仿和练习。例如，可以让学生模仿不同国家的问候方式、握手方式等，让学生在实践中感受不同文化的魅力。

（五）注重评价与反馈

在教学过程中，教师应注重对学生的评价和反馈。通过评价学生的听力表现和跨文化交际能力，教师可以发现学生的优点和不足，并给出针对性的建议和指导。同时，学生也可以通过教师的反馈了解自己的学习情况和进步程度，从而调整自己的学习方法和策略。

三、分析听力材料中的文化差异现象

在跨文化交际的背景下，听力材料往往承载着丰富的文化信息，这些信息反映了不同文化背景下的习俗和沟通方式等方面的差异。因此，分析听力材料中的文化差异现象，对于提高跨文化交际能力具有重要意义。

（一）听力材料中的文化差异现象分析

习俗差异是听力材料中另一个重要的文化差异现象。不同文化背景下的习俗差异可能导致学习者在理解听力材料时产生困惑。例如，在一些文化中，人们在见面时会行握手礼或拥抱礼，而在另一些文化中，人们则可能采用鞠躬、合十等方式表达问候。此外，不同文化在节日庆祝、饮食习惯、婚丧嫁娶等方面也存在显著的习俗差异。这些习俗差异在听力材料中的体现，可能使学习者感到陌生或难以理解。

沟通方式差异也是听力材料中常见的文化差异现象。不同文化背景下的沟通方式可能存在显著差异，包括言语表达、非言语表达以及沟通风格等方面。例如，在一些文化中，人们倾向于直接、明确地表达自己的观点和感受，而在另一些文化中，人们则可能更加注重礼貌和委婉的表达方式。此外，不同文化在倾听、反馈和回应等方面也存在差异。这些沟通方式差异在听力材料中的体现，可能导致学习者在理解对方意图和感受时产生困难。

词汇与表达方式差异是听力材料中最为直观的文化差异现象。不同文化背景下的语言具有独特的词汇和表达方式，这些差异可能导致学习者在理解听力材料时遇到障碍。例如，一些文化特有的词汇或表达方式在其他文化中可能不存在或具有不同的含义。此外，不同文化在表达相同概念时也可能采用不同的词汇或表达方式。这些词汇与表达方式差异在听力材料中的体现，可能使学习者感到困惑或误解对方的意图。

（二）文化差异现象对听力理解的影响

文化差异现象对听力理解的影响主要体现在以下几个方面：

由于文化差异的存在，学习者在理解听力材料时可能会出现误解和偏差。他们可能会根据自己的文化背景和经验去解释和判断对方的行为和意图，从而导致对信息的误读和误解。文化差异还可能导致沟通障碍。在跨文化交际中，由于沟通方式、表达习惯和词汇选择等方面的差异，学习者可能难以准确地传达自己的意思或理解对方的意图。这种沟通障碍会影响双方的交流效果，甚至可能导致冲突和误解。

文化差异还可能导致情感隔阂。由于价值观、习俗和沟通方式等方面的差异，学习者可能难以与对方建立深厚的情感联系。他们可能会感到陌生、疏离或无法融入对方的文化圈子，从而影响跨文化交际的效果。

（三）应对策略与建议

为了应对听力材料中的文化差异现象，提高跨文化交际能力，以下是一些应对策略与建议：

学习者应积极拓宽自己的文化视野，了解不同文化背景下的习俗和沟通方式等方面的差异。通过阅读、观看、交流等方式，增加对不同文化的了解和认识，有助于减少误解和偏见。学习者应提高自己的语言敏感度，注意不同文化背景下的词汇和表达方式差异。在倾听过程中，注意捕捉和理解文化特有的词汇和表达方式，有助于更准确地理解对方的意图和感受。

在跨文化交际中，学习者应尊重对方的文化差异，避免以自己的文化背景和经验去解释和判断对方的行为和意图。尊重文化差异有助于建立平等、友好的交流关系，促进双方的理解和沟通。学习者应培养跨文化沟通技巧，包括言语表达、非言语表达以及沟通风格等方面的技巧。通过学习和实践，掌握不同文化背景下的沟通方式和技巧，有助于更有效地传达自己的意思，理解对方的意图。

四、设计基于跨文化交际的听力练习活动

为了提高学生的跨文化交际能力,特别是在倾听方面的能力,设计一系列基于跨文化交际的听力练习活动显得尤为重要。这些活动旨在帮助学生熟悉不同文化背景下的语音、语调、语速以及特定的文化表达方式,从而提高他们的跨文化敏感度和理解能力。

(一)设计原则

1. 真实性原则。活动材料应真实反映不同文化背景下的交际场景,使学生能够在真实语境中学习和练习。

2. 多样性原则。活动应涵盖不同文化、不同场景、不同话题,以满足学生的多样化需求。

3. 互动性原则。活动设计应鼓励学生之间的互动与合作,提高学习的趣味性和参与度。

4. 渐进性原则。活动难度应逐步增加,从简单到复杂,以适应学生的学习进度和能力水平。

(二)活动设计

1. 角色扮演与模拟场景

(1)活动目标

通过模拟真实的跨文化交际场景,让学生在角色扮演中体验不同文化背景下的交际过程,提高跨文化交际能力。

(2)活动步骤

①准备阶段

教师选择具有典型跨文化交际特征的场景,如商务谈判、旅游交流、学术研讨等,并准备相应的场景材料,如对话脚本、背景介绍等。

②分组阶段

学生按照兴趣和能力分组，每组选择一个场景进行角色扮演。

③角色扮演阶段

学生在模拟场景中进行角色扮演，注意模仿不同文化背景下的语音、语调、语速以及特定的文化表达方式。教师可以提供指导，帮助学生更好地理解和表现角色。

④反馈阶段

角色扮演结束后，教师组织学生进行反馈和讨论，分享在角色扮演过程中的感受和经验，分析不同文化背景下的交际特点和差异。

2. 文化听力挑战

（1）活动目标

通过一系列文化听力挑战任务，提高学生对不同文化背景下语音、语调、语速以及特定文化表达方式的敏感度和识别能力。

（2）活动步骤

①准备阶段

教师选择涵盖不同文化、不同场景、不同话题的听力材料，如电影片段、纪录片、访谈节目等，并准备相应的挑战任务，如识别特定词汇、理解文化隐喻、判断交际意图等。

②听力挑战阶段

学生按照教师的要求完成听力挑战任务，注意捕捉和理解材料中的文化信息。教师可以根据材料的难度和学生的能力水平，适当调整挑战任务的难度和要求。

③讨论阶段

听力挑战结束后，教师组织学生进行讨论和分享，分析材料中的文化现象和交际特点，讨论不同文化背景下的交际差异和应对策略。

④总结阶段

教师总结学生在活动中的表现和收获，强调文化差异对跨文化交际的影响，并提出改进和提高的建议。

3.跨文化听力对话分析

（1）活动目标

通过分析真实的跨文化听力对话材料，帮助学生了解不同文化背景下的交际特点和差异，提高跨文化交际能力。

（2）活动步骤

①准备阶段：教师选择具有典型跨文化交际特征的对话材料，如国际商务谈判、学术交流、旅游咨询等，并准备相应的分析框架和问题。

②听力理解阶段：学生首先进行听力理解，尝试捕捉对话中的关键信息和文化背景。教师可以提供必要的词汇和背景知识。

③分析阶段：学生按照教师提供的分析框架和问题，对对话材料进行深入分析，包括分析对话中的文化元素、交际策略、语言特点等方面。教师可以引导学生进行小组讨论，分享彼此的分析结果和观点。

④总结阶段：教师总结学生的分析结果和观点，强调不同文化背景下的交际特点和差异，并引导学生思考如何在实际跨文化交际中应用这些知识。

（三）**活动实施与评估**

1.活动实施。教师应根据学生的学习进度和能力水平，合理安排活动的实施时间和顺序。同时，教师应关注学生在活动中的表现和反应，及时提供指导和帮助。

2.活动评估。教师可以通过观察、记录、测试等方式对活动进行评估。评估内容包括学生在活动中的参与度、理解度、表达能力等方面。同时，教师还应关注学生在活动中的情感态度和跨文化交际能力的发展情况。

第二节 口语教学中的跨文化交际技巧

一、教授跨文化交际中的礼貌用语和得体表达

由于文化背景、社会习俗等方面的差异，我们在与不同文化背景的人进行交流时，常常会遇到误解和冲突。因此，了解和掌握跨文化交际中的礼貌用语和得体表达显得尤为重要。

（一）跨文化交际中的礼貌用语和得体表达的重要性

礼貌用语和得体表达是跨文化交际中的核心要素。在不同的文化背景下，人们对于礼貌用语和得体的理解和实践存在着显著的差异。这种差异往往会导致交流中的误解和冲突。因此，了解和尊重不同文化背景下的礼貌用语和得体表达规则，对于建立有效的跨文化交际关系至关重要。

首先，礼貌用语和得体表达有助于建立和谐的人际关系。在跨文化交际中，使用适当的礼貌用语和表达方式可以表达对他人的尊重和关心，增强彼此的信任和好感。这有助于建立积极的人际关系，为后续的沟通合作奠定良好的基础。

其次，礼貌用语和得体表达可以避免误解和冲突。不同的文化背景往往导致人们对同一句话或同一行为有不同的理解。通过使用礼貌用语和得体的表达方式，可以减少误解和冲突的发生，使交流更加顺畅和有效。

最后，礼貌用语和得体表达是跨文化交际能力的重要组成部分。在全球化背景下，掌握跨文化交际中的礼貌用语和得体表达技能，对于个人的职业发展具有重要意义。

（二）教授跨文化交际中礼貌用语和得体表达的方法

要教授跨文化交际中的礼貌用语和得体表达，首先要让学生了解不同

文化背景下的礼貌用语和得体表达规则。这包括了解不同文化背景下的称谓、问候语、感谢、道歉等基本交际用语的使用规则，以及了解不同文化背景下的交际礼仪和习俗。教师可以通过讲解、案例分析、角色扮演等方式，让学生深入了解不同文化背景下的礼貌用语和得体表达规则。跨文化敏感度和意识是掌握跨文化交际中礼貌用语和得体表达技能的基础。因此，在教学过程中，教师应注重培养学生的跨文化敏感度和意识，包括引导学生关注不同文化背景下的差异和相似之处，帮助学生树立尊重和包容不同文化的观念，以及鼓励学生主动了解和探索不同文化背景下的交际规则和习俗。

为了让学生更好地掌握跨文化交际中的礼貌用语和得体表达技能，教师可以创设跨文化交际的模拟场景，让学生在实践中学习和体验。这些模拟场景可以包括商务谈判、旅游交流、学术研讨等不同文化背景下的交际场景。在模拟场景中，教师可以设定具体的交际任务和要求，让学生在完成任务的过程中学习和掌握礼貌用语和得体表达技能。

在教学过程中，教师应注重对学生的反馈和评估。这包括对学生在模拟场景中的表现进行评估和指导，帮助学生发现自己在礼貌和得体表达方面存在的问题和不足，并提供相应的改进建议。同时，教师还可以通过问卷调查、小组讨论等方式，收集学生对教学内容和方法的反馈意见，不断优化教学过程和方法。

二、培养学生进行跨文化对话和谈判的能力

对于当代大学生而言，掌握跨文化对话和谈判的能力，不仅有助于提升个人竞争力，还能在国际化舞台上更好地展示和发挥个人价值。因此，高校教育应重视并加强对学生跨文化对话和谈判能力的培养。

（一）跨文化对话和谈判能力的重要性

跨文化对话和谈判能力是指在不同文化背景下，人们通过有效沟通达

成共识、解决问题或实现目标的能力。随着全球化的深入发展,各国之间的交流与合作日益频繁。具备跨文化对话和谈判能力的个人和团队,能够更好地理解和尊重不同文化背景下的观点和利益,从而推动国际交流与合作的顺利进行。在全球化竞争日益激烈的今天,具备跨文化对话和谈判能力的个人往往更容易在求职市场上脱颖而出。他们能够更好地适应国际化工作环境,与不同文化背景的人进行有效沟通,为公司创造更多价值。跨文化对话和谈判的过程,也是不同文化相互了解、相互尊重、相互融合的过程。通过参与跨文化对话和谈判,人们能够更好地理解不同文化的特点和价值,增进对不同文化的包容和尊重。

(二)培养学生进行跨文化对话和谈判能力的策略

为了培养学生的跨文化对话和谈判能力,首先要加强文化教育,提高学生的文化敏感度。高校可以通过开设跨文化交际课程、组织文化体验活动等方式,让学生接触和了解不同文化背景下的价值观念、社会习俗、交际规则等。同时,还应引导学生关注国际时事,了解不同国家和地区的政治、经济、文化等方面的动态,提高他们对全球化趋势的认识和理解。为了让学生更好地掌握跨文化对话和谈判的技巧和方法,高校可以引入实际案例,模拟跨文化对话和谈判场景。通过角色扮演、案例分析等方式,让学生在模拟场景中亲身体验跨文化对话和谈判的过程,感受不同文化背景下的沟通障碍和冲突点,并学会如何运用适当的策略和方法解决问题。这种教学方式不仅能够提高学生的实践能力,还能增强他们的自信心和应对挑战的能力。

跨文化对话和谈判需要具备较强的批判性思维和沟通能力。高校应通过课堂教学、小组讨论、辩论赛等方式,培养学生的批判性思维和沟通能力。在课堂教学中,教师可以引导学生对不同文化背景下的观点进行分析和评价,培养他们的独立思考和判断能力。在小组讨论和辩论赛中,学生可以锻炼自己的口头表达能力和辩论技巧,提高自己在跨文化对话和谈判中的应对能力。

为了让学生更好地掌握跨文化对话和谈判的能力，高校应积极拓展国际交流渠道，增加学生的实践经验。例如，可以组织学生参加国际学术会议、文化交流活动、国际实习等项目，让他们亲身感受不同文化背景下的工作和生活环境，积累跨文化对话和谈判的实践经验。同时，还可以邀请来自不同国家和地区的专家学者来校进行学术交流和讲座，为学生提供更多了解和接触不同文化的机会。

为了全面评估学生的跨文化对话和谈判能力，高校应建立多元化的评价体系。除了传统的笔试和面试外，还可以引入口语测试、模拟谈判、团队合作等方式来评估学生的跨文化对话和谈判能力。同时，还可以邀请企业界和业界专家参与评价过程，提供更加客观和实用的评价意见。这种评价体系不仅能够全面反映学生的跨文化对话和谈判能力，还能为他们未来的职业发展提供有益的指导。

三、引导学生分析口语中的文化误解与冲突

在跨文化交流中，由于文化差异的存在，口语交流往往容易出现误解与冲突。因此，引导学生分析口语中的文化误解与冲突，对于提高他们的跨文化交际能力具有重要意义。

（一）文化误解与冲突的定义

文化误解是指在跨文化交流中，由于双方文化背景、社会习俗等方面的差异，导致对对方言行产生错误理解的现象。而文化冲突则是指在跨文化交流中，由于双方文化差异导致的言行冲突和矛盾。文化误解与冲突是跨文化交际中的常见现象，它们可能阻碍有效沟通，甚至引发不必要的争执和矛盾。

（二）文化误解与冲突的产生原因

不同国家和地区拥有独特的文化背景，这些背景差异可能导致双方在

交流中对同一事物产生不同的理解和解释。不同文化背景下的价值观念可能存在差异，这些差异可能导致双方在交流中产生分歧和冲突。

不同语言之间的表达方式可能存在差异，这些差异可能导致信息在传递过程中产生误解。不同文化背景下的沟通方式可能存在差异，如直接表达与间接表达、个人主义与集体主义等，这些差异可能导致双方在交流中产生误解和冲突。

（三）引导学生分析口语中的文化误解与冲突的方法

通过收集和分析实际案例，引导学生了解口语中的文化误解与冲突。教师可以选取一些典型的跨文化交际案例，让学生在分析案例的过程中了解不同的文化背景、价值观念、语言表达和沟通方式等方面的差异，并探讨这些差异如何导致误解与冲突的产生。通过角色扮演的方式，让学生在模拟的跨文化交际场景中体验文化误解与冲突。教师可以设定不同的文化背景和情境，让学生分别扮演不同文化背景下的角色，进行口语交流。在交流过程中，教师可以引导学生关注文化差异对交流的影响，并帮助他们分析误解与冲突产生的原因。

通过小组讨论的方式，让学生共同探讨口语中的文化误解与冲突。教师可以设定一个与跨文化交际相关的话题，让学生分组进行讨论。在讨论过程中，教师可以引导学生分享自己的经历和看法，并引导他们分析文化差异对口语交流的影响。通过小组讨论，学生可以更深入地了解文化误解与冲突的产生原因和应对策略。

引导学生对自己的跨文化交流经历进行反思和总结。教师可以要求学生回顾自己曾经的跨文化交际经历，思考自己在交流中是否遇到过文化误解与冲突，以及是如何处理的。通过反思和总结，学生可以更清晰地认识到自己在跨文化交际中的不足之处，并思考如何提高自己的跨文化交际能力。

（四）应对口语中文化误解与冲突的策略

在跨文化交流中，要尊重对方的文化背景和价值观念，避免对对方言行进行过度解读或评判。在交流中要保持耐心，注意倾听，尽量理解对方的意图和观点。当遇到文化差异导致的误解时，要及时解释以消除误会。在跨文化交际中，要灵活应对各种情况。当遇到文化冲突时，可以尝试寻找共同点或妥协方案，以达成双方都能接受的共识。应加强语言学习，提高口语表达能力。通过学习和掌握不同语言之间的表达方式，可以减少因语言表达差异导致的误解。当遇到难以解决的文化误解与冲突时，可以寻求专业人士或导师的帮助和指导。他们可以提供更具体的建议和支持，来应对跨文化交流中的挑战。

四、组织模拟跨文化交际场景的口语练习

为了提高学生的跨文化交际能力，组织模拟跨文化交际场景的口语练习显得尤为重要。

（一）模拟跨文化交际场景口语练习的目的

通过模拟真实的跨文化交际场景，让学生在实际操作中感受文化差异，学会在不同文化背景下进行有效沟通。在模拟场景中，学生需要关注并理解不同文化背景下的言行举止，从而培养跨文化敏感度和跨文化意识。通过模拟实践，学生可以在相对安全的环境中尝试解决跨文化交际中的问题和冲突，从而增强自信心和应对挑战的能力。

（二）模拟跨文化交际场景口语练习的设计原则

模拟场景应尽可能接近真实的跨文化交际场景，包括文化背景、人物角色、交流内容等，以便学生能够更好地融入其中。设计不同文化背景下的模拟场景，涵盖不同行业、不同领域、不同层次的跨文化交际需求，以满足学生的多样化需求。

模拟场景应强调学生之间的互动和合作，鼓励学生积极参与讨论和角色扮演，提高口语表达能力和团队协作能力。设计应具有一定的灵活性，

允许学生在模拟场景中自由发挥和创新，以应对各种突发情况和挑战。

（三）模拟跨文化交际场景口语练习的实施步骤

1. 场景选择与准备

（1）确定模拟场景：根据教学目的和学生需求，选择具有代表性的跨文化交际场景，如商务谈判、国际会议、文化交流活动等。

（2）角色分配：根据学生的兴趣和能力，分配不同的角色和任务，确保每个学生都能参与到模拟场景中。

（3）准备材料：准备相关的背景资料、道具、服装等，营造真实的跨文化交际氛围。

2. 场景演练

（1）介绍背景：向学生介绍模拟场景的背景信息，包括文化背景、人物关系、交流目的等，以便学生更好地理解场景。

（2）角色扮演：学生按照分配的角色扮演，进行口语交际练习。教师可以适时给予指导和帮助，确保练习顺利进行。

（3）互动讨论：在模拟场景结束后，组织学生进行互动讨论，分享自己的感受和体会，探讨跨文化交际中的问题和挑战。

3. 反馈与总结

（1）教师反馈：教师对学生的表现进行点评和反馈，指出学生在跨文化交际中的优点和不足，并提出改进建议。

（2）学生自评：鼓励学生进行自我评价和反思，总结自己在模拟场景中的表现和经验教训，以便更好地提高跨文化交际能力。

（3）总结归纳：对模拟跨文化交际场景的口语练习整体进行总结归纳，梳理学生在跨文化交际中需要注意的问题和技巧，为今后的学习提供参考。

（四）模拟跨文化交际场景口语练习的评估与反馈

制订明确的评估标准，包括口语表达能力、跨文化敏感度、团队协作能力等方面，以便对学生的表现进行客观评价。采用多种评估方法相结合的方式进行评估，如观察记录、角色扮演评分、互动讨论表现等，以确保评估结果的全面性和准确性。建立完善的反馈机制，及时向学生提供反馈信息和改进建议。同时，鼓励学生积极参与反馈过程，提出自己的意见和建议，以促进教学质量的不断提高。

第三节 跨文化交际与英语阅读理解的深化

一、解析阅读材料中的文化隐含意义

在阅读各类文本材料时，我们不仅需要关注其表面的文字信息，更需深入挖掘其背后的文化隐含意义。文化隐含意义是指文本中未直接表达但深刻反映特定文化背景、价值观念、社会习俗等方面的深层含义。

（一）文化隐含意义的重要性

文化隐含意义是文本与读者之间沟通的桥梁，它承载了作者对于特定文化的认知、理解和态度。通过解析文化隐含意义，读者能够更深入地了解文本背后的文化内涵，从而增强对文化的敏感性和理解力。同时，这一过程也有助于促进跨文化交流，减少文化误解和冲突。

第一，解析文化隐含意义有助于增进对多元文化的理解。在全球化背景下，我们不可避免地要面对来自不同文化背景的人们和其价值观念。通过深入挖掘文本中的文化隐含意义，我们可以更加全面地了解不同文化的独特性和多样性，从而增进对不同文化的理解和尊重。

第二，解析文化隐含意义有助于促进跨文化交际。在跨文化交际中，我们不仅需要关注表面的语言信息，更需理解文本背后的文化内涵。通过解析文化隐含意义，我们可以更好地理解不同文化背景下的思想和行为方式，减少文化误解和冲突，促进文化间的相互理解和融合。

（二）解析文化隐含意义的方法

解析阅读材料中的文化隐含意义需要运用一定的方法和技巧。语境分析法是解析文化隐含意义的重要方法。它要求我们关注文本所处的语言环境和文化背景，理解文本与周围环境的关联。通过分析文本中的语言、词汇、句子结构等因素，我们可以发现其中蕴含的文化信息。例如，在文学作品中，作者可能通过特定的修辞手法、意象运用等方式来表达对文化的看法和态度。文化比较法是通过对比不同文化背景下的文本材料来解析文化隐含意义的方法。通过对比不同文化中的价值观念、社会习俗等方面的差异和共性，我们可以发现文本中蕴含的文化隐含意义。例如，在探讨不同文化中的家庭观念时，我们可以通过对比不同文化中的家庭结构、家庭角色和家庭责任等方面的差异，来深入理解文本中蕴含的家庭观念。

符号分析法是解析文本中的符号所承载的文化隐含意义的方法。符号是文化的重要载体之一，它可能包括语言符号、图像符号、行为符号等。通过分析文本中的符号运用，我们可以发现其中蕴含的文化信息和价值观念。例如，在广告中，品牌标志、产品形象等符号可能承载着特定的文化价值观念和消费观念。跨学科研究法是将其他学科的理论和方法应用于解析文化隐含意义的过程。通过借鉴人类学、社会学、心理学等学科的理论和方法，我们可以更全面地理解文本背后的文化内涵。例如，在解析文学作品中的文化隐含意义时，我们可以运用心理学理论来分析人物的心理活动和行为动机；在解析历史文献中的文化隐含意义时，我们可以运用人类学理论来分析历史事件背后的文化因素。

（三）解析文化隐含意义的实践应用

解析阅读材料中的文化隐含意义不仅有助于增进对多元文化的理解，还具有广泛的实践应用价值。在教育领域，解析文化隐含意义有助于培养学生的跨文化意识和能力。通过引导学生关注文本背后的文化内涵和价值观念，教师可以帮助学生更好地理解不同文化背景下的思维和行为方式，提高跨文化交际的能力。在跨文化交际领域，解析文化隐含意义有助于减少文化误解和冲突。通过深入理解不同文化背景下的文本材料，我们可以更好地理解对方的思维和行为方式，减少因文化差异产生的误解和冲突。同时，这也有助于促进不同文化之间的交流和融合。

在文学研究领域，解析文化隐含意义有助于更深入地理解文学作品。通过分析文学作品中的文化隐含意义，我们可以更好地理解作者的创作意图和作品的主题思想。同时，这也有助于推动文学研究的深入和发展。

二、培养学生运用跨文化交际知识理解文本

对于学生而言，掌握跨文化交际知识，并将其应用于文本理解中，不仅能够提高他们的语言能力，还能促进他们对多元文化的认识和理解。

（一）培养学生运用跨文化交际知识理解文本的重要性

跨文化交际知识涵盖了语言、文化、社会习俗等多个方面，学生通过运用这些知识理解文本，能够更好地把握文本中的语言细节和文化内涵，从而提高他们的语言理解能力和表达能力。通过运用跨文化交际知识理解文本，学生能够更加深入地了解不同文化在背景、价值观、思维方式等方面的差异和共性，从而增进对不同文化的理解和尊重。这种文化理解有助于培养学生的跨文化意识和全球视野，为未来的国际化发展奠定基础。

学生在理解文本的过程中，需要运用跨文化交际知识来分析和解读文本中的文化元素，这有助于他们在实际交流中更好地理解和应对不同文化背景下的交际场景。通过培养这种能力，学生将能够更好地适应全球化的社会环境，促进不同文化之间的交流和融合。

（二）培养学生运用跨文化交际知识理解文本的策略

在进行文本教学之前，教师可以通过介绍相关文化背景知识，为学生打下文化基础。例如，在教授文学作品时，教师可以介绍作品所处的时代

背景、社会环境和文化特色等方面的信息，帮助学生更好地理解作品的主题思想和文化内涵。通过对比不同文化背景下的文本材料，教师可以引导学生发现其中的文化差异和共性。例如，在教授不同国家的文学作品时，教师可以引导学生对比不同作品中的文化元素和表达方式，从而深入理解不同文化背景下的价值观和思维方式。

教师在教学过程中应强调跨文化意识的重要性，引导学生关注不同文化之间的差异和联系。例如，在教授国际政治新闻时，教师可以引导学生分析不同国家的政治体制、价值观念和国际关系等方面的差异，从而培养学生的跨文化意识。教师可以通过创设跨文化交际情境，让学生在模拟的交际场景中运用跨文化交际知识理解文本。例如，教师可以设计一些角色扮演活动，让学生在模拟的商务谈判、文化交流等场景中运用所学知识进行实践，有助于学生更好地掌握跨文化交际技能，提高他们的文本理解能力。

教师应鼓励学生自主阅读和探究涉及多元文化的文本材料，培养他们的自主学习能力和探究精神。通过自主阅读和探究，学生可以更加深入地了解不同文化的内涵和特色，提高他们的文化敏感性和理解力。

教师可以通过组织课堂互动和讨论活动，引导学生分享自己的理解和见解，促进学生之间的交流和碰撞。在互动和讨论中，学生可以相互学习、相互启发，共同提高跨文化交际能力和文本理解能力。

（三）实施过程中的注意事项

学生在跨文化交际能力和文本理解能力方面存在差异，教师在实施教学策略时应充分考虑学生的个体差异，因材施教，确保每个学生都能够得到适当的指导和帮助。教师在教学过程中应灵活运用多种教学方法和手段，如案例分析、小组讨论、角色扮演等，以激发学生的学习兴趣和积极性，提高他们的学习效果。教师应关注学生的反馈和反应，及时调整教学策略和方法，确保教学效果的持续优化。同时，教师还应鼓励学生提出问题和建议，促进师生之间的交流和互动。

三、开展基于阅读材料的跨文化讨论

为了培养学生的跨文化意识和交际能力,开展基于阅读材料的跨文化讨论显得尤为重要。

(一)基于阅读材料开展跨文化讨论的重要性

阅读材料通常包含丰富的文化内涵,通过讨论可以帮助学生更深入地理解不同文化在价值观、习俗、信仰等方面的差异和共性。这种深入的理解有助于学生形成开放包容的跨文化心态。跨文化讨论要求学生从不同的文化视角审视问题,并运用所学知识进行分析和评判。这种过程能够培养学生的批判性思维能力,使他们能够更加客观、全面地看待问题。

跨文化讨论为学生提供了一个口语表达的平台。在讨论中,学生需要清晰地表达自己的观点,并对他人的观点进行回应。这种锻炼能够提高学生的口语表达能力和沟通技巧。通过跨文化讨论,学生可以接触到不同文化背景下的观点和思维方式,从而增进对不同文化的理解和尊重。这种交流有助于打破文化隔阂,促进不同文化之间的和谐共处。

(二)开展基于阅读材料跨文化讨论的策略

阅读材料的选择是开展跨文化讨论的关键。教师应选择具有代表性、典型性和启发性的阅读材料,确保材料内容能够引起学生的兴趣和思考。同时,材料应涵盖不同文化背景下的观点和案例,以便学生进行对比和分析。在讨论开始前,教师应设定明确的讨论目标,明确讨论的目的和意义。目标可以包括加深对文化的理解、提高批判性思维能力、锻炼口语表达能力等。同时,教师应确保讨论目标与学生的实际需求和能力水平相匹配。

在讨论开始前,教师应引导学生提前阅读材料并进行思考。学生可以通过查阅相关资料、与同学交流等方式进行准备,有助于学生形成自己的观点和立场,并为讨论做好充分准备。在讨论过程中,教师应营造积极的讨

论氛围，鼓励学生积极参与并发表自己的观点。教师可以通过提问、引导等方式激发学生的思考，鼓励他们对他人的观点进行回应和反驳。同时，教师应保持中立和客观的态度，确保讨论过程的公正和公平。

在讨论结束后，教师应适时进行总结和反馈。总结可以帮助学生梳理讨论的主要内容和观点，加深对文化的理解。反馈可以针对学生的表现进行点评和建议，帮助他们认识到自己的优点和不足，以便在未来的讨论中有所提高。跨文化讨论不应仅仅局限于课堂之内，教师还可以鼓励学生进行延伸阅读和探究。学生可以通过阅读更多的跨文化相关书籍、观看相关电影或纪录片等方式进一步了解不同文化，拓宽自己的视野和知识面。

（三）基于阅读材料跨文化讨论的实施效果

通过基于阅读材料的跨文化讨论，学生可以更加深入地了解不同文化的内涵和差异，从而增强自己的跨文化意识和交际能力。这种能力对于未来的国际化发展具有重要意义。跨文化讨论要求学生从不同的文化视角审视问题，并运用所学知识进行分析和评判。这个过程能够培养学生的批判性思维能力，使他们能够更加客观、全面地看待问题。

在讨论过程中，学生需要清晰地表达自己的观点，并对他人的观点进行回应和反驳。这种锻炼能够提高学生的沟通能力和自信心，使他们更加自信地面对未来的挑战。通过跨文化讨论，学生可以更加深入地了解彼此的文化背景和观点，从而增进相互之间的理解和尊重。这种理解和尊重有助于促进班级的和谐与团结，营造积极向上的班级氛围。

第四节　英语写作中的跨文化意识培养

一、引导学生关注写作中的文化敏感性

在跨文化交际中，写作作为沟通的重要工具，其文化敏感性显得尤为

重要。对于正在学习和成长的学生而言，培养他们的文化敏感性不仅有助于提高写作水平，还有助于培养他们的全球视野和跨文化交际能力。

（一）培养跨文化意识

要引导学生关注写作中的文化敏感性，首先需要培养他们的跨文化意识。通过广泛的阅读，学生能够更好地理解不同文化之间的差异，培养他们的跨文化意识。

组织学生参加文化交流活动，如国际学生交流、文化讲座、文化体验等，让他们亲身感受不同文化的魅力。通过与其他文化背景的人交流，学生能够更加深入地了解不同文化之间的差异和共性，培养他们的跨文化意识。开设文化对比课程，引导学生对不同文化进行比较和分析。通过对比不同文化的语言习惯、价值观念、社会习俗等方面的差异，让学生更加清晰地认识到文化敏感性的重要性。

（二）掌握文化敏感性的写作技巧

在引导学生关注文化敏感性的过程中，我们还需要教授他们一些实用的写作技巧，帮助他们更好地将文化敏感性融入到写作中。

在写作前，要充分了解读者的文化背景和阅读习惯。通过了解读者的文化背景，我们能够更加准确地把握读者的需求和期望，从而避免因为文化差异而导致的误解或冲突。在写作中，要尊重不同文化之间的差异，避免使用带有偏见或歧视的词汇和表达方式。同时，要注意避免过度简化或概括某种文化，以免给读者留下刻板印象。

在写作中，可以适当地运用一些文化元素来丰富文本内容。但是，在运用文化元素时，要确保其准确性和恰当性，避免因为对文化元素的理解不足或误用导致误解或冲突。

针对不同文化背景的读者，我们需要灵活调整语言风格。例如，在面向西方读者的文本中，我们可以采用更加直接简洁的表达方式；而在面向东方读者的文本中，则可以更加注重细节和情感的表达。

（三）实践与应用

要真正培养学生的文化敏感性，需要将理论知识与实践相结合。通过布置相关的写作任务，让学生在实践中体验和运用文化敏感性的写作技巧。例如，教师可以要求学生撰写一篇关于不同文化背景下人们饮食习惯的文章，使学生通过查阅资料和实地调查等方法来深入了解不同文化下的饮食习惯差异，并在写作中体现出对文化差异的尊重和理解。

此外，教师还可以组织学生进行写作交流和评价活动。在交流过程中，学生可以分享自己的写作经验和心得，相互学习和借鉴。在评价过程中，教师可以对学生的作品进行点评和指导，帮助学生发现并纠正可能存在的文化偏见或误解。通过这种方式，学生能够在实践中不断提高自己的文化敏感性和写作水平。

二、如何在写作中处理文化差异

随着国际交流的日益频繁，如何在写作中妥善处理文化差异，以确保信息的准确传达和理解的顺畅，成为每位写作者需要面对的重要课题。

（一）培养跨文化意识

要处理文化差异，首先要培养写作者的跨文化意识。在写作教学中，教师可以引入来自不同文化背景的文本、案例和故事，让学生接触并了解不同文化的思维方式、价值观念和社会习俗。通过对比和分析，学生可以更加清晰地认识到文化差异的存在，并逐渐形成跨文化意识。

教师应明确强调处理文化差异在写作中的重要性，让学生认识到在写作中忽视文化差异可能导致的误解和冲突。通过讨论和案例分析，教师可以引导学生认识到文化差异对写作的影响，并激发他们处理文化差异的意识和动力。

(二)尊重文化差异

在写作中处理文化差异的核心是尊重。尊重意味着在理解和接纳不同文化的同时，避免使用带有偏见或歧视的词汇和表达方式。教师应向学生强调文化平等尊重不同文化的差异，让学生明白每种文化都有其独特之处，都值得被尊重和理解。在写作中，学生应尽量避免使用贬低或歧视某种文化的语言和表达方式。

(三)运用跨文化写作技巧

在处理文化差异时，教师可以教授学生一些实用的跨文化写作技巧，帮助他们更好地将文化差异融入写作中。在写作中，使用清晰、明确的语言是处理文化差异的关键。学生应尽量避免使用含糊不清或容易引起误解的词汇和表达方式。同时，他们还应学会使用具体的案例和细节来阐述观点，以便读者更好地理解。针对不同文化背景的读者，学生还需要灵活调整写作风格，学生可以更好地适应不同文化背景的读者需求。

在写作中引用权威资料是增加文本可信度和权威性的重要手段。学生应学会查找和引用来自不同文化背景的权威资料和数据，以支持自己的观点。这不仅可以增加文本的说服力，还可以帮助读者更好地理解文化差异。

(四)建立跨文化沟通桥梁

除了以上提到的技巧和方法外，建立跨文化沟通桥梁也是处理文化差异的重要手段。参与跨文化交际活动可以帮助学生更好地了解不同文化之间的差异和共性。教师应鼓励学生积极参加国际学生交流、文化讲座和实践活动等，以拓宽他们的国际视野和跨文化交际能力。

跨文化沟通能力是指在不同文化背景下有效沟通的能力。教师可以通过角色扮演、模拟对话和小组讨论等方式，帮助学生练习和提高跨文化沟通能力。通过反复练习和实践，学生可以逐渐掌握跨文化沟通的技巧和方法，并在写作中加以运用。

三、分析跨文化写作中的常见错误与应对策略

由于文化差异的存在，跨文化写作中常常会出现一些错误，这些错误可能导致信息的误解、沟通的障碍，甚至可能引发不必要的冲突。因此，分析跨文化写作中的常见错误，并探讨相应的应对策略，对于提高跨文化写作的质量和效果具有重要意义。

（一）跨文化写作中的常见错误

在跨文化写作中，忽视文化差异是最常见的错误之一。许多写作者往往习惯性地以自己的文化背景和价值观为基准，忽视了目标读者的文化背景和价值观，导致信息传达的不准确和误解。例如，在某些文化中，直接表达意见和批评是常见的沟通方式，而在另一些文化中，这种直接性可能被视为冒犯和不尊重。由于不同文化之间的语言差异，写作者在跨文化写作中常常会遇到词汇和表达方式的选择问题。如果选择了不恰当的词汇和表达方式，就可能导致信息的误解或混淆。例如，在某些文化中，一些词汇可能具有特定的文化含义或象征意义，而在其他文化中则没有这样的含义或意义。

在跨文化写作中，读者的阅读习惯和偏好也是一个重要的考虑因素。如果写作者没有充分考虑读者的阅读习惯和偏好，就可能导致读者对文本的理解和接受程度降低。例如，在某些文化中，读者更喜欢详细、具体的描述，而在另一些文化中，读者可能更喜欢简洁、明了的表达方式。在跨文化写作中，非语言因素如格式、排版、字体、颜色等也会对信息的传达产生重要影响。如果写作者没有充分考虑这些非语言因素，就可能导致信息的误解或混淆。

（二）应对策略

为了避免跨文化写作中的错误，写作者首先需要增强跨文化意识。这

包括了解不同文化的价值观、思维方式、社会习俗等方面的知识，以及认识到自己在跨文化写作中可能存在的偏见和误解。通过增强跨文化意识，写作者可以更加准确地把握目标读者的文化背景和需求，从而避免在写作中出现忽视文化差异的错误。

在跨文化写作中，选择合适的词汇和表达方式至关重要。为了避免使用不恰当的词汇和表达方式，写作者可以借助词典、翻译软件等工具进行选择。同时，写作者还可以参考目标文化中的文本和案例，了解目标读者常用的词汇和表达方式，并在写作中加以运用。

在跨文化写作中，写作者需要充分考虑读者的阅读习惯和偏好，这包括了解读者的阅读速度、阅读目的、阅读环境等方面的信息，并根据这些信息选择合适的文本长度、结构、语气和风格。通过考虑读者的阅读习惯和偏好，写作者可以更加有效地传达信息，提高读者的阅读体验和理解程度。

在跨文化写作中，非语言因素也是不可忽视的。写作者需要充分了解目标文化中的格式、排版、字体、颜色等非语言因素的使用规范和习惯，并在写作中加以遵循。注意非语言因素，可以确保信息的准确传达和读者的正确理解。在跨文化写作中，如果写作者的语言能力有限或无法完全理解目标文化的细节和差异，可以寻求专业翻译和校对人员的帮助。专业翻译和校对人员具有丰富的跨文化经验和语言技能，可以帮助写作者识别并纠正文本中的错误和不当之处，从而提高跨文化写作的质量和效果。

四、提供跨文化写作的实践机会与反馈

为了有效提升学生的跨文化写作能力，不仅需要理论知识的传授，更需要提供丰富的实践机会和及时的反馈。

（一）提供跨文化写作的实践机会

教师可以通过创设模拟的跨文化交际情境，为学生提供实践跨文化写

作的机会。例如，教师可以模拟国际商务谈判、国际会议发言、跨文化邮件往来等场景，要求学生根据特定的文化背景和交际目的，撰写相应的跨文化文本。这种模拟情境的方式可以让学生身临其境地感受跨文化写作的挑战，从而激发他们的学习兴趣和动力。

为了使学生更好地了解跨文化写作的实际应用，教师可以引入真实案例进行分析和讨论。这些案例可以来自国际企业、政府机构、国际组织等，涵盖不同文化背景下的沟通场景和文本类型。通过分析真实案例，学生可以更加深入地了解跨文化写作的复杂性和多样性，并学习如何在实践中运用所学知识。与来自不同文化背景的学生开展合作项目，是提供跨文化写作实践机会的另一种有效方式。通过合作项目，学生可以亲身体验跨文化交际的挑战和乐趣，并在实践中学习和掌握跨文化写作的技巧和方法。教师可以根据教学目标和学生的实际情况，设计合适的合作项目，如跨文化研究报告、国际市场调研报告等，让学生在合作中提升跨文化写作能力。

随着网络技术的发展，越来越多的网络平台为学生提供了跨文化写作的实践机会。例如，学生可以通过社交媒体、在线论坛、博客等平台，与来自不同文化背景的人进行交流，并撰写跨文化文本。这些平台可以让学生更加便捷地接触和了解不同文化，提高跨文化沟通能力。同时，教师还可以利用网络平台对学生的跨文化写作进行远程指导和反馈。

（二）给予跨文化写作的反馈

在给予跨文化写作反馈时，教师应首先明确反馈的目的。反馈的目的应该是帮助学生了解自己在跨文化写作中的优点和不足，并引导他们如何改进和提升。因此，教师在反馈时应注重针对性和建设性，避免过于笼统或过于负面的评价。

在跨文化写作中，文化差异是导致误解和冲突的主要原因之一。因此，教师在给予反馈时应特别关注文化差异对文本的影响。教师可以指出学生在处理文化差异时存在的问题，如忽视文化差异、使用不恰当的词汇和表达方式等，并给出相应的改进建议。同时，教师还应鼓励学生深入了解不同文化的背景和特点，提高跨文化敏感性。

除了关注文化差异外，教师还应从文本质量的角度对学生的跨文化写作进行反馈，包括文本的结构、逻辑、语言表达等方面。教师可以指出学生在文本质量方面存在的问题，如结构混乱、逻辑不清、语言表达不准确等，并给出具体的修改建议。通过关注文本质量，教师可以帮助学生提高跨文化写作的准确性和清晰度。

每个学生的跨文化写作能力和水平都有所不同，因此教师在给予反馈时应注重个性化指导。教师可以根据学生的实际情况和需要，提供针对性的指导和建议。例如，对于跨文化写作经验较少的学生，教师可以提供更多的示例和模板；对于跨文化写作能力较强的学生，教师可以引导他们挑战更高难度的任务和文本类型。通过个性化指导，教师可以帮助学生更好地发挥自己的优势和潜力。

在给予反馈时，教师应鼓励学生进行反思和改进。教师可以引导学生思考自己在跨文化写作中存在的问题和不足，并探讨如何改进和提升。同时，教师还应鼓励学生积极寻求他人的建议和帮助，不断提高自己的跨文化写作能力。通过反思和改进，学生可以不断积累经验和教训，提高自己的跨文化写作水平和能力。

第五节　跨文化交际与英语翻译的准确性

一、强调翻译中的文化对等与传达

翻译不仅仅是语言的转换，更是一种文化的交流与传播。在翻译过程中，如何实现源语言与目标语言之间的文化对等与传达，一直是翻译界探讨的热点问题。

（一）文化对等与传达的重要性

翻译的首要任务是准确传达原文的信息。然而，由于不同文化背景下的语言差异和文化差异，原文中的某些信息可能在另一种文化中无法找到完全对应的表达方式。在这种情况下，译者需要在保持原文信息准确性的基础上，尽可能地实现文化对等，以确保目标语言读者能够准确理解原文信息。

翻译是文化交流的桥梁。通过翻译，不同文化背景下的人们可以相互了解、相互学习。在翻译过程中，注重文化对等与传达有助于减少误解和偏见，促进不同文化之间的和谐共处。

翻译是传承文化遗产的重要手段。许多优秀的文学作品、历史文献和哲学著作都需要通过翻译才能为更多人所了解和传承。在翻译这些作品时，注重文化对等与传达有助于保留原文的文化内涵和特色，让目标语言读者更好地领略原文的韵味和魅力。

（二）翻译中文化对等与传达面临的挑战

不同语言之间存在巨大的差异，包括词汇、语法、修辞等方面。这些差异使得在翻译过程中实现文化对等与传达变得困难。译者需要在不同语言之间寻找合适的表达方式，以确保目标语言读者能够准确理解原文信息。文化差异是翻译最大的挑战之一。不同文化背景下的价值观念、思维方式、社会习俗等方面都存在差异，这些差异可能导致原文中的某些信息在另一种文化中无法找到完全对应的表达方式。在这种情况下，译者需要在保持原文信息准确性的基础上，尽可能地实现文化对等，以避免误解和偏见。

语境差异也是翻译中需要面对的挑战。同一句话在不同的语境下可能有不同的含义。在翻译过程中，译者需要充分考虑语境因素，以确保目标语言读者能够准确理解原文信息。

（三）应对策略

为了实现文化对等与传达，译者需要深入了解源语言与目标语言的文化背景，包括了解两种文化的思维方式、社会习俗等。通过深入了解文化背景，译者可以更好地理解原文中的文化内涵和特色，并在翻译过程中更好地实现文化对等与传达。在翻译过程中，译者需要灵活运用各种翻译技巧，如直译、意译、音译等。根据具体情况选择合适的翻译技巧有助于更好地实现文化对等与传达。同时，译者还需要注意保持原文的语言风格和特色，让目标语言读者能够领略到原文的韵味和魅力。

加强跨文化交流是实现文化对等与传达的重要途径。通过与来自不同文化背景的人进行交流，译者可以更加深入地了解不同文化之间的差异和相似之处，从而更好地实现文化对等与传达。此外，跨文化交流还有助于减少误解和偏见，促进不同文化之间的和谐共处。在翻译过程中，译者可以借助各种辅助工具来提高翻译质量。例如，可以使用词典、语料库等工具来查找合适的词汇和表达方式；可以使用翻译软件来辅助翻译和校对；还可以使用网络资源来查找相关的文化信息和背景知识。借助辅助工具可以帮助译者更好地实现文化对等与传达。

二、解析文化负载词的准确翻译方法

文化负载词（Culture-loaded Words）是指那些承载着特定文化信息、反映人类社会生活的词汇。这些词汇通常与某一文化群体的历史、习俗、价值观等密切相关，因此在翻译过程中需要特别注意其文化内涵的传递。由于不同文化之间的差异，很多词汇在一种文化中有着丰富的内涵，但在另一种文化中却可能缺乏对应或意义有所不同。因此，如何准确翻译文化负载词，使其在不同文化中得以有效传递，是翻译工作者面临的重要挑战。

（一）文化负载词的特点

1.文化独特性。文化负载词是某一文化所特有的，反映了该文化的历史、习俗、价值观等。

2.语义丰富性。文化负载词通常具有丰富的文化内涵，其意义不仅限于字面意思，还包含了文化背景、历史渊源等方面的信息。

3.语境依赖性。文化负载词的意义依赖于特定的语境，不同的语境下可能有不同的含义。

（二）文化负载词的翻译方法

直译法是最常用的翻译方法之一，它尽量保持原文的词义、句法和修辞手段。对于某些文化负载词，如果其文化内涵在目标语言中有所对应，可以采用直译法。例如，"龙"在中国文化中象征着权力、威严和吉祥，而在英语中也有"dragon"一词与之对应，虽然其文化内涵略有差异，但可以通过上下文进行解释和补充。然而，由于不同文化之间的差异，很多文化负载词在目标语言中并没有完全对应的词汇。在这种情况下，直译法可能会导致误解或歧义。因此，在使用直译法时，需要谨慎考虑其适用性和局限性。

意译法是根据原文的意义进行翻译，而不拘泥于原文的词汇和句法结构。对于某些文化负载词，如果其文化内涵在目标语言中难以找到完全对应的词汇，可以采用意译法。例如，"红包"在中国文化中是一种特殊的礼物形式，通常用于庆祝节日或特殊场合。在英语中并没有与之完全对应的词汇，因此可以采用意译法将其翻译为"gift envelope"或"red packet"，并在上下文中进行解释和补充。意译法能够较好地传达原文的意思和文化内涵，但也可能导致原文的文化特色在一定程度上被淡化或消失。因此，在使用意译法时，需要权衡并谨慎选择。

音译法是按照原文的发音进行翻译的方法。对于某些文化负载词，如果其文化内涵在目标语言中难以找到对应或相似的词汇，并且其发音在目标语言中具有独特的文化意义，可以采用音译法。例如，"功夫"是中国武术的特有词汇，在英语中并没有与之完全对应的词汇。因此，可以采用音译法将其翻译为"kung fu"，并在上下文中进行注解以解释其文化内涵。音译法能够保留原文的文化特色和发音特点，但也可能导致读者对原文意义的理解产生困难。因此，在使用音译法时，需要添加注解以解释其文化内涵和发音特点。

释义法是用解释性语言对原文进行翻译的方法。对于某些文化负载词，如果其文化内涵在目标语言中难以找到对应或相似的词汇，并且其意义难以通过音译或意译进行准确传达，可以采用释义法。例如，"太极"是中国武术和哲学的重要概念之一，在英语中并没有与之完全对应的词汇。因此，可以采用释义法将其翻译为"Tai Chi, a form of Chinese martial art and philosophy that emphasizes balance and harmony."并在上下文中进行进一步解释和补充。释义法能够较好地传达原文的意义和文化内涵，但也可能导致原文的言简意赅性在一定程度上被削弱。因此，在使用释义法时，需要尽量保持原文的简洁明了和易于理解。

（三）翻译文化负载词时需要注意的问题

在翻译文化负载词时，需要注意以下问题：了解原文的文化背景和历史渊源，准确理解原文的意义和文化内涵，权衡不同翻译方法的利弊并选择合适的方法，注意保持原文的文化特色和言简意赅性，在上下文中进行解释和补充以帮助读者理解原文的意义和文化内涵。

三、培养学生运用跨文化交际策略进行翻译

翻译作为跨文化交际的重要桥梁，不仅需要准确传达原文的信息，还需要考虑文化背景、语言习惯、社会习俗等多方面的因素。因此，培养学生的跨文化交际能力，使他们能够运用跨文化交际策略进行翻译，对于提高翻译质量、促进文化交流具有重要意义。

（一）跨文化交际与翻译的关系

在翻译过程中，译者需要跨越语言和文化的障碍，将原文的信息准确

地传达给目标读者。这要求译者不仅要具备扎实的语言基础,还需要具备深厚的文化素养和跨文化交际能力。

跨文化交际与翻译之间存在着密不可分的关系。首先,翻译本身就是一种跨文化交际活动,需要译者在不同文化之间进行转换和沟通。其次,跨文化交际策略可以帮助译者更好地理解原文的文化背景和社会习俗,从而更准确地传达原文的意思。最后,通过跨文化交际策略的运用,译者可以更好地适应目标读者的文化习惯和语言习惯,使翻译作品更易于接受和理解。

(二)培养学生运用跨文化交际策略进行翻译的重要性

跨文化交际策略的运用可以使译者更准确地理解原文的文化内涵和语义,从而避免误解和歧义的产生。同时,跨文化交际策略还可以帮助译者更好地适应目标读者的文化习惯和语言习惯,使翻译作品更符合目标读者的阅读习惯和审美标准。因此,培养学生运用跨文化交际策略进行翻译可以显著提高翻译质量。

翻译是文化交流的桥梁,通过翻译可以使不同文化背景的人们相互了解和沟通。在翻译过程中,跨文化交际策略的运用可以帮助译者更好地理解原文的文化内涵和语义,从而更好地传达原文的文化信息。同时,跨文化交际策略还可以使译者更好地适应目标读者的文化习惯和语言习惯,从而更容易被目标读者接受和理解。因此,培养学生运用跨文化交际策略进行翻译可以促进不同文化之间的交流和理解。

在翻译领域,具备跨文化交际能力的学生将更具竞争力。他们能够更好地适应不同文化背景的客户和项目需求,更准确地传达原文的文化信息和语义。因此,培养学生运用跨文化交际策略进行翻译可以增强他们的就业竞争力。

(三)如何培养学生运用跨文化交际策略进行翻译

文化素养是跨文化交际的基础。为了培养学生的跨文化交际能力,首先需要加强他们的文化素养教育。学校可以开设相关课程或活动,如世界文化、跨文化交际等，让学生了解和认识不同文化的特点和差异。同时，学校还可以鼓励学生参加国际交流项目或活动，亲身感受不同文化的魅力和差异。

语言能力是翻译的基础。为了培养学生运用跨文化交际策略进行翻译的能力，需要提高他们的语言能力。学校可以加强英语等外语的教学和培训，提高学生的听说读写能力。同时，学校还可以鼓励学生多阅读原著和经典作品，提高他们的语言素养和语感。跨文化交际能力是翻译的关键。为了培养学生运用跨文化交际策略进行翻译的能力，需要培养他们的跨文化交际能力。学校可以开设相关课程或活动，如跨文化交际技巧、跨文化沟通等，让学生掌握跨文化交际的基本知识和技能。同时，学校还可以鼓励学生参加国际交流项目或活动，与不同文化背景的人进行交流和沟通。

实践是提高翻译能力的关键。为了培养学生运用跨文化交际策略进行翻译的能力，需要加强实践训练。学校可以组织学生参与翻译实践项目或活动，如翻译比赛、翻译实践课程等。在实践过程中，学生需要运用跨文化交际策略进行翻译，并不断反思和总结自己的翻译经验和教训。通过实践训练，学生可以更好地掌握跨文化交际策略的运用技巧和方法。

四、分析翻译实践中的跨文化问题与解决方案

翻译过程中涉及的跨文化问题日益凸显，这些问题既来自源语与目标语之间的语言差异，也来自不同文化背景下的思维方式、社会习俗等方面的差异。

（一）翻译实践中的跨文化问题

文化背景差异是翻译实践中最常见的跨文化问题之一。不同文化背景下的社会习俗、历史传统等都会影响到语言的表达和理解。例如，一些在源语中常见的比喻、俗语或俚语，在目标语中可能找不到对应的表达，或者即使有对应的词汇，其文化内涵也可能存在显著差异。这种差异可能导

致译文在目标语读者中产生误解或歧义。不同文化背景下的思维方式也会对翻译实践产生影响。例如，一些文化中强调个人主义和直接表达，而另一些文化则更注重集体主义和委婉表达。这种差异可能导致译者在翻译过程中难以准确传达原文的意图和情感。此外，不同文化对时间、空间、权力等概念的理解也存在差异，这些差异也可能对翻译实践产生影响。

语言结构差异是翻译实践中不可避免的问题。不同语言在语法、词汇、句式等方面存在差异，这些差异可能导致译者在翻译过程中遇到困难。例如，一些源语中的复杂句式在目标语中可能难以找到对应的表达；一些源语中的词汇在目标语中可能没有对应的词汇或存在多个对应的词汇但意义不同。这些差异可能导致译文在语法、语义或风格上产生问题。

（二）解决跨文化问题的方案

为了更好地应对翻译实践中的跨文化问题，译者需要具备一定的文化素养。这包括对不同文化的了解、对不同文化背景下社会习俗、价值观、历史传统的认识等。因此，加强文化素养教育是提高译者跨文化交际能力的重要途径。学校可以开设相关课程或活动，让学生了解和认识不同文化的特点和差异；同时，译者也可以通过阅读相关书籍、参加文化交流活动等途径提高自己的文化素养。

在翻译实践中，译者需要深入了解源语与目标语文化的差异。这包括对两种语言的文化背景、社会习俗、价值观等方面的了解。只有深入了解这些差异，译者才能更好地理解原文的意图和情感，并准确地传达给目标语读者。此外，译者还需要关注两种语言中的语言结构差异，并在翻译过程中灵活运用翻译技巧和方法来应对这些差异。

在翻译实践中，译者需要灵活运用翻译策略来应对跨文化问题。例如，对于文化背景差异较大的问题，译者可以采用解释性翻译或加注的方式来解释原文的文化内涵；对于思维方式差异较大的情况，译者可以采用调整译文的表达方式来适应目标语读者的思维方式；对于语言结构差异较大的情况，译者可以采用意译或改写的方式来传达原文的意思。此外，译者还可以采用归化或异化的策略来平衡源语与目标语之间的差异，使译文既符合目标语读者的阅读习惯又保留原文的文化特色。

实践是提高译者跨文化交际能力的重要途径。通过实践训练，译者可以不断积累翻译经验，提高应对跨文化问题的能力。学校可以组织学生进行翻译实践项目或活动，如翻译比赛、翻译实践课程等；同时，译者也可以积极参与各种翻译实践项目或活动，如国际会议、文化交流活动等。在实践过程中，译者需要不断反思和总结自己的翻译经验和教训，不断完善自己的翻译技能和方法。

第六节 听说读写教学中跨文化交际的综合应用

一、设计融合跨文化交际的听说读写综合活动

为了培养学生的跨文化交际能力，设计融合跨文化交际的听说读写综合活动显得尤为重要。

（一）活动设计目标

本综合活动的设计目标是通过听说读写的形式，让学生深入了解不同文化背景下的语言、习俗、价值观等，培养学生的跨文化敏感性和适应性，提高他们的跨文化交际能力。

（二）活动内容设计

1.听：文化讲座与角色扮演

在文化讲座环节，可以邀请来自不同文化背景的人士进行分享，如外籍教师、留学生、文化研究者等。他们可以从自己的亲身经历出发，介绍自己国家的文化特色、社会习俗、语言习惯等。讲座内容可以包括节日庆

典、饮食文化、服饰风格、社交礼仪等内容。

在讲座结束后，安排角色扮演环节。学生分组扮演不同文化背景的人物，模拟真实场景进行对话。例如，可以模拟在国际商务会议、旅行、留学等场景中与外国人交流的情况。通过角色扮演，学生可以在实践中体验跨文化交际的过程，提高自己的跨文化交际能力。

2. 说：文化辩论与演讲

在文化辩论环节，设定一个与跨文化交际相关的议题。学生分组进行辩论，阐述自己的观点和论据。在辩论过程中，学生需要了解不同文化背景下的观点和立场，并学会用尊重和理解的态度进行沟通和交流。

在演讲环节，学生可以选择自己感兴趣的文化话题进行演讲。例如，可以介绍某个国家的文化特色、历史传统、名人故事等。通过演讲，学生可以提高自己的语言表达能力和自信心，同时也可以让其他同学了解更多的文化信息。

3. 读：文化阅读与讨论

在文化阅读环节，为学生提供一系列与文化相关的阅读材料，如小说、散文、诗歌、新闻报道等。这些材料可以来自不同的国家和文化背景，涉及不同的主题和领域。学生需要认真阅读这些材料，并理解其中的文化内涵和语境。

在阅读结束后，安排讨论环节。学生分组讨论阅读材料中的文化现象、文化差异等问题。在讨论过程中，学生需要学会倾听他人的观点，理解不同文化背景下的思维方式和表达方式，并尝试提出自己的见解和解决方案。

4. 写：文化写作与创作

在文化创作环节，学生可以选择自己感兴趣的文化话题进行写作。写作形式可以包括日记、故事、议论文等。在写作过程中，学生需要运用所学的文化知识和跨文化交际策略来表达自己的观点和感受。同时，学生还可以尝试创作一些具有文化特色的作品，如诗歌、散文等。

在文化创作环节，鼓励学生发挥自己的想象力和创造力，结合所学的文化知识进行创作。例如，可以创作一幅描绘某个国家风景的画作、一首表达某个节日氛围的歌曲等。通过创作，学生可以更深入地了解不同文化的魅力，提高自己的文化素养和创造力。

（三）活动实施建议

1. 合理安排时间。确保活动的时间安排合理，既要保证学生有足够的时间进行学习和实践，又要避免时间过长导致学生疲劳和厌倦。

2. 提供足够资源。为学生提供丰富的文化学习材料和实践机会，如安排外籍教师和留学生加入、举办文化讲座、提供阅读材料等。同时，也要鼓励学生自主寻找和分享文化信息。

3. 注重实践应用。在活动中注重实践应用环节的设计和实施，如角色扮演、辩论、演讲、写作等。通过实践应用，学生可以更好地掌握跨文化交际技能并提高自己的跨文化交际能力。

4. 加强互动合作。鼓励学生之间的互动合作和分享交流，营造积极向上的学习氛围。同时，也要注重教师的引导和反馈作用，及时给予学生指导和帮助。

二、引导学生在实际交际中运用跨文化知识

目前，培养学生的跨文化交际能力，尤其是引导学生在实际交际中运用跨文化知识，已成为教育领域的重要任务。

（一）引导学生运用跨文化知识的策略

要引导学生在实际交际中运用跨文化知识，首先要培养他们的跨文化意识。教师可以通过课堂讲解、案例分析、角色扮演等方式，让学生了解不同文化背景下的语言、习俗、价值观等方面的差异，并引导学生从跨文化交际的角度思考问题。同时，教师还可以鼓励学生多参与国际交流活动，

如参加国际文化节、留学交流等，以提高他们的跨文化体验和实践能力。

除了培养学生的跨文化意识外，还需要加强跨文化知识的学习与训练。教师可以通过设计专门的跨文化课程或模块，系统地介绍不同文化背景下的知识，并引导学生进行深入的探讨和思考。此外，教师还可以利用现代技术手段，如多媒体教学、在线课程等，为学生提供丰富的跨文化学习资源和互动平台。同时，教师还可以组织学生进行模拟跨文化交际实践，如模拟商务谈判、文化交流活动等，让学生在实践中学习和运用跨文化知识。

要引导学生在实际交际中运用跨文化知识，还需要创设真实的跨文化交际环境。教师可以通过组织国际交流项目、搭建国际交流平台等方式，为学生提供与外国人交流的机会。在这些实际交际场景中，学生可以亲身体验不同文化背景下的交际方式和规范，并尝试运用所学的跨文化知识进行沟通和协商。同时，教师还可以邀请外籍教师或留学生参与课堂教学和实践活动，为学生提供更真实的跨文化交际体验。

在引导学生运用跨文化知识的过程中，还需要引导他们学会反思与总结。教师可以组织学生进行小组讨论或班级分享会等活动，让学生分享自己在跨文化交际中的经验和感受，并引导他们分析自己在交际中的优点和不足。同时，教师还可以鼓励学生进行自我反思和总结，以便他们更好地了解自己在跨文化交际中的表现，不断提高自己的跨文化交际能力。

（二）具体实施建议

在课程设置方面，学校可以开设专门的跨文化交际课程或模块，并将其纳入课程体系中。在选择教材时，应优先选择具有权威性和实用性的跨文化交际教材，并结合实际情况进行适当调整和补充。

在教学方法与手段方面，教师应采用多样化的教学方式，如案例分析、角色扮演、模拟实践等，以激发学生的学习兴趣和积极性。同时，教师还可以利用现代技术手段，如多媒体教学、在线课程等，为学生提供更加丰富和生动的跨文化学习资源和互动平台。

在实践教学方面，学校可以提供国际交流项目、搭建国际交流平台等实践活动，为学生提供与外国人交流的机会。同时，学校还可以与国内外企业、机构等合作开展项目合作，让学生在实践中学习和运用跨文化知识。在评估与反馈方面，学校应建立完善的评估体系，对学生的跨文化交际能力进行全面、客观的评估。同时，教师还应及时给予学生反馈和指导，帮助他们更好地了解自己在跨文化交际中的表现，并不断完善自己的跨文化交际能力。

三、分析听说读写中的跨文化交际案例

为了更好地理解和适应不同文化背景下的交际，我们需要从听说读写四个方面深入分析跨文化交际的案例。

（一）听：跨文化听力理解案例

在跨文化交际中，听力理解是获取信息、理解对方意图的关键环节。然而，由于不同文化背景下的语言习惯、口音、语速等因素的差异，听力理解往往面临诸多挑战。

1. 案例一：国际商务谈判

在一次国际商务谈判中，中方代表与外方代表就产品价格进行磋商。外方代表以较快的语速和浓厚的口音陈述了自己的观点，导致中方代表在理解上产生困难。在这种情况下，中方代表通过积极倾听、耐心询问和反复确认的方式，逐渐理解了外方代表的意图，外方代表后续也放慢了语速，为中方代表进行详细解答，并最终双方达成了满意的协议。

2. 启示：在跨文化交际中，听力理解需要耐心和细心。当遇到语言障碍时，应积极寻求帮助，通过多次沟通和确认来确保信息的准确传递。

（二）说：跨文化口语表达案例

口语表达是跨文化交际中直接沟通、传递信息的主要方式。然而，由

于不同文化背景下的语言习惯、表达方式、礼仪规范等方面的差异，口语表达往往容易引发误解和冲突。

1. 案例二：跨文化旅游交流

一位中国游客在参观外国博物馆时，向一位外国工作人员询问展品信息。由于中国游客的外语水平有限，他使用了较为简单的词汇和句子结构来表达自己的需求。然而，由于外国工作人员对中国游客的口语表达存在误解，导致双方产生了沟通障碍。在这种情况下，中国游客通过借助手势、图片等非语言手段，外国工作人员放慢语速，为中国游客耐心地解释，最终与外国工作人员达成了有效的沟通。

2. 启示：在跨文化交际中，口语表达需要尊重对方的文化背景和语言习惯。当遇到表达困难时，可以运用非语言手段来辅助沟通，以提高沟通效果。

（三）读：跨文化阅读理解案例

阅读理解是跨文化交际中获取知识和信息的重要途径。然而，由于不同文化背景下的文字表达、思维方式、价值观念等方面的差异，阅读理解往往面临诸多挑战。

1. 案例三：跨文化学术研究

一位中国学者在阅读一篇来自外国的学术论文时，发现其中涉及的文化背景和理论框架与自己熟悉的领域存在较大差异。在这种情况下，中国学者通过查阅相关资料、阅读其他学者的研究成果、与同行交流等方式，逐渐理解了这篇论文的核心观点和研究方法。

2. 启示：在跨文化交际中，阅读理解需要广泛涉猎、深入学习。当遇到文化差异时，应积极寻求解决方案，通过查阅资料、交流讨论等方式来加深对不同文化的理解和认识。

（四）写：跨文化写作表达案例

写作表达是跨文化交际中传递信息、表达观点的重要方式。然而，由于不同文化背景下的写作规范、语言风格、价值观念等方面的差异，写作表达往往容易引发误解和冲突。

1. 案例四：跨文化商务邮件

一位中国商务人士在撰写一封给国外客户的商务邮件时，由于不了解对方的写作规范和语言风格，导致邮件内容显得过于直接和生硬，给客户留下了不专业的印象，并影响了双方的合作关系。在这种情况下，中国商务人士通过请教专业人士、查阅相关资料等方式，逐渐了解了国外客户的写作规范和语言风格，并重新撰写了一封更加得体、专业的商务邮件。

2. 启示：在跨文化交际中，写作表达需要遵循对方的写作规范和语言风格。当不确定如何表达时，可以请教专业人士或查阅相关资料来确保信息的准确传递。同时，也要注意在表达中体现尊重和理解对方的文化背景和价值观念。

四、评估学生在听说读写中的跨文化交际能力

为了培养学生的跨文化交际能力，教育工作者需要在教学中注重对学生听说读写四个方面的培养与评估。

（一）评估学生跨文化交际能力的重要性

评估学生的跨文化交际能力对于提高教育质量、促进学生全面发展具有重要意义。首先，评估能够帮助学生了解自己的跨文化交际能力水平，从而有针对性地提高自己在听说读写四个方面的能力。其次，评估有助于教师了解学生在跨文化交际中的优势和不足，从而调整教学策略，提高教学效果。最后，评估还能够为学校提供有关学生跨文化交际能力的数据支持，为学校制订教育政策提供参考。

（二）评估学生在倾听中的跨文化交际能力

在倾听的方面，评估学生的跨文化交际能力主要关注学生对不同文化

背景下语言信息的理解能力。以下是一些评估策略和方法：

1. 听力测试。设计包含不同文化背景的听力材料，测试学生对语言信息的理解能力。听力材料可以包括不同口音、语速和语言表达习惯的音频文件，以及包含文化背景信息的对话或演讲等。

2. 角色扮演。模拟跨文化交际场景，让学生扮演不同文化背景的角色进行听力训练。教师可以评估学生在听力理解中的准确性、速度和理解深度等方面的表现。

3. 观察反馈。通过观察学生在听力过程中的表情、动作和言语反馈，了解他们的理解程度和困惑之处。教师可以根据观察结果提供针对性的指导和帮助。

（三）评估学生在说中的跨文化交际能力

在说的方面，评估学生的跨文化交际能力主要关注学生在不同文化背景下的口语表达能力。以下是一些评估策略和方法：

1. 口语表达测试。要求学生就某个话题进行口语表达，评估他们的语音、语调、语速和语言表达习惯等方面的表现。话题可以涉及不同文化背景的内容，以检验学生的跨文化口语表达能力。

2. 角色扮演和模拟对话。模拟跨文化交际场景，让学生扮演不同文化背景的角色进行对话练习。教师可以评估学生在对话中的交流能力、文化敏感性和应变能力等方面的表现。

3. 互评和反馈。鼓励学生之间进行互评和反馈，以提高他们的跨文化口语表达能力。互评和反馈可以帮助学生发现自己的优点和不足，从而针对性地进行改进和提高。

（四）评估学生在读中的跨文化交际能力

在读的方面，评估学生的跨文化交际能力主要关注学生对不同文化背景下文字信息的理解能力。以下是一些评估策略和方法：

1. 阅读理解测试。设计包含不同文化背景的阅读材料，测试学生对文字信息的理解能力。阅读材料可以包括不同文化背景下的新闻报道、文学作品、学术论文等。

2. 文本分析。要求学生分析不同文化背景下的文本内容，了解其中的文化元素和背景信息。教师可以评估学生在文本分析中的准确性、深度和广度等方面的表现。

3. 小组讨论和分享。鼓励学生进行小组讨论和分享，以提高他们的跨文化阅读能力。小组讨论和分享可以帮助学生更深入地理解不同文化背景下的文本内容，并培养他们的批判性思维和跨文化意识。

（五）评估学生在写中的跨文化交际能力

在写的方面，评估学生的跨文化交际能力主要关注学生在不同文化背景下的书面表达能力。以下是一些评估策略和方法：

1. 写作任务。设计包含不同文化背景的写作任务，要求学生撰写相关的文章或报告。教师可以评估学生在语言准确性、逻辑性和文化敏感性等方面的表现。

2. 写作指导与反馈。提供有针对性的写作指导和反馈，帮助学生提高他们的跨文化书面表达能力。指导和反馈可以包括语法、拼写、句式结构等方面的建议，以及文化元素和背景信息的补充。

3. 作品展示与互评。鼓励学生展示自己的作品并进行互评，以提高他们的跨文化书面表达能力。作品展示和互评可以帮助学生更深入地了解不同文化背景下的写作风格和技巧，并培养他们的批判性思维和跨文化意识。

第八章　跨文化交际与英语教学评价

第一节　跨文化交际在英语教学评价中的地位

一、明确跨文化交际在教学评价中的核心地位

在教学评价中，明确跨文化交际的核心地位，不仅有助于培养学生的全球视野和跨文化沟通能力，还能促进学生全面、多元地发展。

（一）教学评价与跨文化交际的关系

教学评价是教育中的重要环节，它通过对学生的学习成果进行客观、公正的评估，为教师提供教学反馈，帮助学生了解自己的学习状况，从而调整学习策略，提高学习效果。在教学评价中，跨文化交际能力的培养与评估密不可分。

首先，教学评价的目标是培养具有跨文化交际能力的人才。在全球化的背景下，学生需要具备与不同文化背景的人进行有效沟通的能力。因此，教学评价应关注学生在跨文化交际方面的表现，以培养学生的跨文化交际能力为重要目标。

其次，教学评价的内容应涵盖跨文化交际的各个方面。跨文化交际涉及语言、文化、社会等多个领域，因此在教学评价中，应全面考虑学生的

跨文化交际能力。通过教学评价，可以全面了解学生在跨文化交际中的优势和不足，为他们提供有针对性的指导。

最后，教学评价的方法应体现跨文化交际的特点。跨文化交际注重实践性和互动性，因此在教学评价中，应采用多种方法进行评价，如角色扮演、模拟对话、小组讨论等。这些方法能够让学生在实践中体验跨文化交际的过程，提高他们的跨文化交际能力。

（二）跨文化交际在教学评价中的核心地位

在全球化的今天，学生需要具备跨文化交际能力以应对多元化的社会挑战。跨文化交际能力不仅有助于学生更好地理解和尊重不同文化，还能提高他们在国际舞台上的竞争力。因此，在教学评价中明确跨文化交际的核心地位，有助于促进学生的全面发展。现代教育注重培养学生的综合素质和创新能力，而跨文化交际能力正是其重要组成部分。在教学评价中明确跨文化交际的核心地位，有助于引导教师对学生在跨文化交际方面的培养，从而推动教育目标的实现。

学生的综合素质包括知识、能力、情感态度等多个方面，而跨文化交际能力正是评价学生综合素质的重要指标之一。在教学评价中明确跨文化交际的核心地位，有助于全面客观地评价学生的综合素质，为他们的未来发展提供有力支持。

（三）实践意义及建议

教师应转变传统的教学理念，注重培养学生的跨文化交际能力。在教学过程中，教师应积极引入多元文化元素，让学生在实践中体验跨文化交际的过程，提高他们的跨文化交际能力。学校应完善教学评价体系，将跨文化交际能力纳入评价体系中，并制订相应的评价标准和方法。同时，应鼓励教师采用多种方法进行评价，如角色扮演、模拟对话、小组讨论等，以体现跨文化交际的实践性和互动性。

教师是培养学生跨文化交际能力的主要力量。因此，学校应加强师资培训，提高教师的跨文化交际能力。通过培训，教师可以更好地理解和应用跨文化交际理论，将其融入教学过程中，提高教学效果。学校应积极开展跨文化交际活动，如国际文化节、外语角等，营造多元文化氛围。这些活动能够让学生接触不同文化背景下的人和事，提高他们的跨文化交际能力，并培养他们的全球视野和开放心态。

二、制订体现跨文化交际能力的评价标准

在教学评价中，制订体现跨文化交际能力的评价标准，不仅有助于提升学生的跨文化交际能力，还能促进教育教学的国际化与多元化。

（一）制订体现跨文化交际能力的评价标准的重要性

1. 促进学生全面发展。制订体现跨文化交际能力的评价标准，能够引导学生关注自身在跨文化交际方面的表现，提升他们的跨文化交际能力，进而促进他们的全面发展。

2. 提升教学质量。通过制订评价标准，教师可以更加明确教学目标，有针对性地开展教学活动，提高教学效果。同时，评价结果也能为教师提供教学反馈，帮助他们改进教学方法和手段。

3. 推动教育教学国际化。制订体现跨文化交际能力的评价标准，有助于推动教育教学的国际化进程。通过培养学生的跨文化交际能力，可以使学生更好地适应全球化的发展趋势，提高他们的国际竞争力。

（二）制订体现跨文化交际能力的评价标准的策略

在制订评价标准时，首先要明确评价目标。评价目标应体现跨文化交际能力的内涵，包括语言能力、文化知识、社会交往能力和跨文化意识等方面。同时，评价目标应具有可操作性和可衡量性，以便教师和学生能够明确了解评价标准的具体要求。评价内容应涵盖跨文化交际能力的各个方面，包括听、说、读、写等语言技能，以及文化知识、社会交往能力和跨

文化意识等方面的内容。同时，评价内容应具有针对性和层次性，能够根据学生的实际水平和需求进行差异化评价。

为了全面、客观地评价学生的跨文化交际能力，应采用多种评价方法。例如，可以通过笔试、口试、角色扮演、模拟对话等方式评价学生的语言能力和社会交往能力；通过问卷调查、观察记录等方式评价学生掌握的文化知识和跨文化意识。同时，还可以结合学生的自我评价、同伴评价和教师评价等多种评价方式，以获得更全面准确的评价结果。

在评价过程中，应制订具体的评价标准。评价标准应具有明确性、可操作性和可衡量性，以便教师和学生能够清晰地了解评价的具体要求。例如，在语言技能方面，可以制订针对不同语言技能的评分标准和评分细则；在文化知识方面，可以制订针对不同文化主题的测试题目和评分标准；在社会交往能力方面，可以制订针对不同交际情境的评分标准等。

（三）实践意义及建议

1.提升学生跨文化交际能力。制订体现跨文化交际能力的评价标准，能够引导学生关注自身在跨文化交际方面的表现，激发他们的学习兴趣和动力，进而提升他们的跨文化交际能力。

2.推动教学改革与创新。通过制订评价标准，教师可以更加明确教学目标，有针对性地开展教学活动，提高教学效果。同时，评价结果也能为教师提供教学反馈，推动教学改革与创新。

3.加强师资培训。为了有效实施体现跨文化交际能力的评价标准，需要加强师资培训。通过培训，教师可以更好地理解跨文化交际能力的内涵和评价标准的具体要求，提高他们在教学中的跨文化交际培养能力。

4.营造良好的跨文化交流氛围。学校应积极营造良好的跨文化交流氛围，鼓励学生参与各种跨文化交流活动，如国际文化节、外语角等。这些活动能够让学生接触不同文化背景下的人和事，提高他们的跨文化交际能力，并培养他们的全球视野和开放心态。

三、强调跨文化交际在形成性和终结性评价中的作用

在教育领域，跨文化交际能力的培养与评价日益受到重视。形成性评价和终结性评价作为教学评价的两个重要环节，对于提升学生的跨文化交际能力具有至关重要的作用。

（一）形成性评价中跨文化交际的作用

形成性评价是在教学过程中进行的评价，旨在监控学生的学习过程，提供及时反馈，帮助学生调整学习策略，促进学生的学习进步。在形成性评价中，跨文化交际的作用主要体现在以下几个方面：

形成性评价注重对学生学习过程的关注，能够及时发现学生在跨文化交际中存在的问题，如语言障碍、文化误解等。通过及时的反馈和指导，教师可以帮助学生纠正错误，提高跨文化交际能力。同时，形成性评价鼓励学生积极参与跨文化交际活动，培养他们的跨文化意识和跨文化沟通能力。形成性评价能够为教师提供教学反馈，帮助他们了解学生的学习状况和需求。在跨文化交际教学中，教师可以通过形成性评价了解学生对于跨文化交际知识的掌握情况，发现教学中的不足，进而调整教学策略和方法，提高教学质量。

形成性评价强调学生的主动参与和自我反思，能够培养学生的自主学习能力。在跨文化交际教学中，学生可以通过自我评价和同伴评价等方式，了解自己在跨文化交际中的优势和不足，进而制订针对性的学习计划，提高自主学习能力。

（二）终结性评价中跨文化交际的作用

终结性评价是在教学结束后进行的评价，旨在对学生的学习成果进行全面客观地评价。在终结性评价中，跨文化交际的作用主要体现在以下几个方面：

终结性评价能够对学生的跨文化交际能力进行全面客观地评价。通过评估学生在语言、文化、社会等方面的表现，可以了解他们的跨文化交际能力水平，为他们的未来发展提供参考。终结性评价能够检验教学目标是否达成。通过终结性评价，可以了解这些教学目标是否达成，进而为改进教学方法提供依据。

终结性评价的结果能够激励学生。当学生在跨文化交际方面取得优异成绩时，他们会感到自豪和满足，进而更加努力地学习；而当他们在某些方面表现不佳时，也会激发他们改进和提高的动力。这种激励作用有助于提高学生的跨文化交际能力。

（三）跨文化交际在两种评价中的实践意义

跨文化交际在形成性和终结性评价中的作用，使得评价更加多元和全面。通过关注学生在跨文化交际过程中的表现和学习成果，能够全面了解学生的跨文化交际能力水平和发展潜力，为他们提供更全面、客观的评价结果。跨文化交际在形成性和终结性评价中的作用，使得评价更加有针对性。通过及时的反馈和指导，教师能够帮助学生纠正错误、提高跨文化交际能力；而终结性评价则能够全面评估学生的跨文化交际能力水平，为他们的未来发展提供参考。两种评价结果相结合有助于提高学生的学习效果和跨文化交际能力。

跨文化交际在形成性和终结性评价中的结果，有助于推动教育教学的国际化。通过培养学生的跨文化交际能力，可以使学生更好地适应全球化的发展趋势，提高他们的国际竞争力。同时，跨文化交际的评价也能够促进教育教学的国际化进程，推动教育教学的改革和创新。

四、鼓励学生在评价中展示跨文化交际能力

在教育领域，如何培养学生的跨文化交际能力，并鼓励他们在评价中展示这一能力，成为了教育工作者面临的重要任务。

（一）评价的重要性

评价在教育过程中起着至关重要的作用。它不仅能够帮助教师了解学生的学习情况，为教学提供反馈和改进的依据，还能够激发学生的学习动力，促进他们的全面发展。在培养学生的跨文化交际能力方面，评价同样具有不可替代的作用。通过评价，教师可以了解学生的跨文化交际知识掌握情况，发现他们的优势和不足，进而提供有针对性的指导和帮助。同时，评价还能够鼓励学生积极参与跨文化交际活动，培养他们的跨文化意识和跨文化沟通能力。

（二）跨文化交际能力的内涵

跨文化交际能力是指在不同文化背景下，个体与他人进行有效沟通与交流的能力。它涵盖了语言、文化、社会等多个领域，具体表现为以下几个方面：

1. 语言能力。包括听、说、读、写等语言技能，能够运用准确、得体的语言进行跨文化交流。

2. 文化知识。了解不同文化的历史、传统、价值观等，具备文化敏感性，尊重并理解不同文化背景的人。

3. 社会交往能力。能够在不同文化背景下与他人建立良好的人际关系，进行有效的沟通与合作。

4. 跨文化意识。具备跨文化意识和思维习惯，能够识别和应对跨文化交际中的冲突与误解。

（三）如何在评价中鼓励学生展示跨文化交际能力

为了鼓励学生展示跨文化交际能力，教师需要设计具有跨文化交际元素的评价任务。这些任务可以包括跨文化案例分析、角色扮演、模拟对话等，让学生在完成任务的过程中，运用所学的跨文化交际知识和技能，展示他们的跨文化交际能力。同时，教师还可以在评价任务中设置一些具有挑战性的情境，如文化差异、语言障碍等，检验学生在复杂环境中的跨文化交际能力。

为了全面客观地评价学生的跨文化交际能力，教师需要提供多元化的评价方式和标准。除了传统的笔试、口试等方式外,还可以采用自我评价、同伴评价、教师评价等多种评价方式。在评价标准方面,除了关注学生的语言能力和文化知识外,还应注重评价学生的社会交往能力和跨文化意识。同时,评价标准应具有可操作性和可衡量性,以便学生能够明确了解评价的具体要求。为了鼓励学生积极展示跨文化交际能力,教师需要营造积极的评价氛围。首先,教师应给予学生充分的鼓励和肯定,让他们感受到自己的努力和进步得到了认可。其次,教师应关注学生的个体差异和发展需求,提供个性化的指导和帮助。最后,教师应倡导开放包容的评价文化,鼓励学生勇于尝试、敢于表达,培养他们的跨文化意识和跨文化沟通能力。

为了使学生能够更好地展示跨文化交际能力,教师需要将评价与实际情境相结合。例如,在模拟对话中,教师可以设置一些真实的跨文化交际场景,如商务谈判、文化交流等,让学生在模拟的情境中展示自己的跨文化交际能力。同时,教师还可以邀请具有不同文化背景的人参与评价,为学生提供更真实、客观的评价反馈。为了充分发挥学生的主体作用,教师应引导学生参与评价过程。首先,教师可以让学生参与评价任务的设计和评价标准的制订,使评价更符合学生的实际需求和发展水平。其次,教师可以让学生参与评价结果的讨论和分析,帮助他们了解自己的优势和不足,制订针对性的学习计划。最后,教师还可以鼓励学生进行自我评价和同伴评价,培养他们的自我反思和合作能力。

第二节 英语教学评价中的文化因素考量

一、分析评价内容中的文化敏感性

目前,文化敏感性已经成为评价内容不可或缺的一部分。无论是教育评价、工作绩效评价还是社会评价,都需要考虑文化因素对个人或组织行为的影响。文化敏感性不仅涉及对文化差异的认知和理解，更包括对文化差异的尊重和适应。

（一）文化敏感性的表现形式

尊重文化差异是文化敏感性的重要表现。评价者应该认识到不同文化背景的人和行为具有独特的价值和意义，不应该用自身的文化标准去衡量他人。在评价过程中，评价者应该避免对他人产生歧视或偏见，尊重他人的文化习惯和信仰。理解和接纳多元文化也是文化敏感性的重要表现。评价者应该积极了解不同文化的历史、传统、价值观等，理解其独特的文化特点和发展规律。同时，评价者还应该具备开放的心态和包容的胸怀，接纳不同文化背景的人和行为，避免因为文化差异而产生冲突和误解。

灵活应对文化冲突是文化敏感性的高级表现。在评价过程中，不同文化背景的人可能会因为文化差异而产生冲突和误解。具备文化敏感性的评价者应该能够及时发现和解决这些冲突，通过沟通、协商等方式化解矛盾，促进不同文化之间的和谐共处。

（二）影响文化敏感性的因素

个人因素是影响文化敏感性的重要因素之一。个人的文化背景、教育经历、生活经历等都会影响其文化敏感性的高低。例如，具有多元文化背景的人可能更容易理解和接纳不同文化；受过良好教育的人可能更具备开放的心态和包容的胸怀。

组织因素也会对文化敏感性产生影响。组织的文化氛围、价值观、管理风格等都会影响组织成员的文化敏感性。如果组织能够倡导多元文化的氛围和包容性的管理风格，那么组织成员的文化敏感性也会相应提高。

社会因素也会对文化敏感性产生影响。社会的文化背景、历史传统、价值观念等都会影响个体的文化敏感性。在一个开放、包容、多元的社会环境中，个体更容易形成文化敏感性的意识。

（三）提升文化敏感性的策略

增强文化意识是提升文化敏感性的基础。评价者应该积极学习不同文化的知识，了解不同文化的历史、传统、价值观等，增强自身的文化意识和文化敏感性。培养开放心态是提升文化敏感性的关键。评价者具备了开放的心态和包容的胸怀，才能接纳不同文化背景的人和行为，避免因为文化差异而产生偏见或歧视。

拓展跨文化交流是提升文化敏感性的重要途径。评价者应该积极参与跨文化交际活动，与不同文化背景的人进行沟通和交流，了解他们的文化习惯和信仰，增强自身的文化敏感性和跨文化交流能力。反思和调整评价实践是提升文化敏感性的有效手段。评价者应该不断反思自己在评价过程中的表现，发现自身在文化敏感性方面的不足，并及时进行调整和改进。同时，评价者还应该积极学习和借鉴他人的经验和做法，不断提高自身的文化敏感性和评价能力。

二、考虑评价任务与真实跨文化交际场景的结合

为了有效地培养学生的跨文化交际能力，评价任务的设计需要紧密结合真实的跨文化交际场景。

（一）评价任务与真实跨文化交际场景结合的重要性

通过将评价任务与真实跨文化交际场景结合，学生能够在模拟的真实环境中运用所学的跨文化交际知识和技能，提高他们的跨文化交际能力。这种结合有助于学生更好地理解文化差异，学会尊重并适应不同文化背景的人和行为，提升他们的跨文化敏感性和适应能力。

传统的评价方式往往局限于纸笔测试或单一的模拟场景，难以全面、真实地评估学生的跨文化交际能力。而将评价任务与真实跨文化交际场景结合，可以让学生在更加复杂、真实的环境中进行交流和互动，从而更准确地评估他们的跨文化交际能力。这种评价方式不仅更具挑战性，也更能反映学生的真实水平。

将评价任务与真实的跨文化交际场景结合，不仅关注学生的跨文化交际能力，还涉及学生的思维能力、创新能力、团队协作能力等多方面的能力。这种评价方式有助于促进学生的全面发展，提升他们的综合素质和国际竞争力。

（二）实施策略

为了将评价任务与真实跨文化交际场景结合，教师需要设计具有真实性的评价任务。这些任务应该尽可能接近真实的跨文化交际场景，让学生感受到身临其境。例如，可以设计一些模拟商务谈判、国际文化交流活动等任务，让学生在完成任务的过程中体验跨文化交际的挑战和乐趣。在评价任务中引入多元文化元素是将评价任务与真实跨文化交际场景结合的重要手段。教师可以设计一些涉及不同文化背景的任务，让学生在完成任务的过程中了解不同文化的特点、价值观和习俗等。这种引入多元文化元素的方式有助于增强学生的文化敏感性，提高他们的跨文化交际能力。

为了让学生更好地体验真实的跨文化交际场景，教师可以创设模拟真实场景。这些场景可以通过模拟软件、角色扮演、实地参观等方式实现。在模拟场景中，学生可以扮演不同文化背景的角色，进行真实的跨文化交流和互动。这种创设模拟真实场景的方式有助于学生更好地理解和适应不同文化背景的特点。将评价任务与真实跨文化交际场景结合时，教师应强调过程性评价。在评价过程中，教师应关注学生的表现、思考过程、解决问题的能力等方面，而不仅仅是结果。这种过程性评价有助于教师更全面地了解学生的跨文化交际能力，并为他们提供有针对性的指导和帮助。

（三）案例分析

以某高校的商务英语专业为例，该学校为了培养学生的跨文化交际能力，将评价任务与真实跨文化交际场景紧密结合。学校设计了一系列模拟商务谈判任务，让学生在模拟的商务谈判场景中运用所学的商务英语和跨文化交际知识，与不同文化背景的人进行交流和互动。同时，还邀请了具有丰富国际商务经验的企业家作为评价者,对学生的表现进行点评和指导。通过这种评价方式,学生的跨文化交际能力得到了显著提升,同时也为学生未来的职业发展奠定了坚实的基础。

(四)未来的发展方向

未来,我们可以进一步拓展评价任务的多样性,设计更多与真实跨文化交际场景相关的任务。例如,可以设计一些关于国际旅游、文化交流、国际合作等领域的任务,让学生在更广泛的领域中体验跨文化交际的挑战和乐趣。随着科技的不断发展,我们可以利用先进技术来支持评价任务与真实跨文化交际场景的结合。例如,可以利用虚拟现实技术来创设更加逼真的模拟场景;利用大数据分析来评估学生的表现并提供个性化的反馈等。这些技术的应用将有助于提高评价的准确性和有效性。

为了更好地培养学生的跨文化交际能力,我们可以加强国际合作与交流。例如,可以与国际学校或机构合作开展跨文化交流活动;邀请具有不同文化背景的教师或专家来校授课或开设讲座等。这些合作与交流将有助于学生更好地了解不同文化背景的特点,提高他们的跨文化敏感性和适应能力。

三、确保评价公正性,避免文化偏见的影响

在跨文化交流日益频繁的背景下,确保评价的公正性,避免文化偏见的影响,显得尤为重要。评价公正性不仅关乎个体的权益,也关系到社会的公平与正义。

(一)文化偏见的概念及其影响

文化偏见是指个体或群体在评价他人或事物时,因受到自身文化背景和经验的影响,而产生的对异文化的不公平、不合理的看法和态度。文化偏见可能导致评价者对异文化背景的个体或群体产生误解、歧视或偏见,

从而影响评价的公正性。

文化偏见的影响主要体现在以下几个方面：

1. 误导评价决策。文化偏见可能导致评价者忽视或低估异文化背景的个体或群体的能力和贡献，从而做出不公正的评价决策。

2. 损害个体权益。文化偏见可能使某些个体因其文化背景而受到不公平的对待，如受到歧视、排斥或剥夺机会等，损害其合法权益。

3. 破坏社会和谐。文化偏见可能导致不同文化背景的个体或群体之间产生隔阂、矛盾和冲突，破坏社会的和谐与稳定。

（二）文化偏见产生的原因

文化偏见产生的原因复杂多样，主要包括以下几个方面：

1. 刻板印象。人们往往根据自身的经验和观念，对某个文化群体形成固定的看法和印象，这种刻板印象往往带有偏见色彩。

2. 信息不对称。由于信息来源和获取渠道的限制，人们可能无法全面了解异文化的特点和价值观，从而产生误解和偏见。

3. 文化冲突。不同文化之间可能存在价值观、信仰、习俗等方面的差异和冲突，这些差异和冲突可能导致人们对异文化产生偏见。

4. 权力结构。在某些情况下，权力结构可能导致某些文化群体处于弱势地位，从而受到不公正的对待和偏见。

（三）确保评价公正性、避免文化偏见影响的策略

为确保评价的公正性，避免文化偏见的影响，我们可以从以下几个方面入手：

1. 提高文化意识。评价者应具备高度的文化意识，认识到不同文化之间的差异和多样性，尊重并理解异文化的特点和价值观。通过学习和交流，不断提高自身的文化敏感性和跨文化交际能力。

2. 公正客观的评价标准。制定公正客观的评价标准，确保评价标准不受文化偏见的影响。评价标准应基于事实和数据，避免主观臆断和刻板印

象的干扰。同时，评价标准应具有普遍性和可操作性，能够适用于不同文化背景的个体或群体。

3. 多元化的评价主体。引入多元化的评价主体，包括不同文化背景的个体或群体，以确保评价的公正性和客观性。多元化的评价主体能够提供不同视角的评价意见，有助于避免单一文化视角的局限性和偏见。

4. 透明的评价过程。确保评价过程的透明度和公开性，让评价者了解评价的标准、方法和过程。透明的评价过程有助于减少评价者的主观性和偏见，提高评价的公正性和可信度。

5. 持续的培训和教育。对评价者进行持续的培训和教育，提高他们的跨文化交际能力和文化敏感性。培训和教育应关注文化多样性的认识、文化偏见的识别和避免等内容，帮助评价者更好地理解和适应不同文化背景的个体或群体。

6. 建立反馈机制。建立有效的反馈机制，及时收集和处理评价者和被评价者的反馈意见。通过反馈机制，我们可以了解评价过程中存在的问题和不足，及时调整和改进，确保评价的公正性和有效性。

四、反思评价结果，关注文化因素对成绩的影响

在教育评价中，我们常常关注学生的学习成绩，以此来衡量教学效果和学生的学习能力。然而，我们往往容易忽视文化因素对成绩的影响。文化因素，包括学生的文化背景、家庭环境、社会经验等，都可能对学生的学习成绩产生影响。

（一）文化因素对成绩的影响

学生的文化背景是他们学习的重要基础。不同的文化背景可能导致学生在思维方式、学习风格、语言表达等方面存在差异。例如，某些文化可能更加注重集体主义和合作精神，而另一些文化则可能更加注重个人主义

和创新能力。这些差异可能导致学生在某些学科或任务上表现出不同的优势和劣势,从而影响他们的学习成绩。家庭环境是学生学习和成长的重要场所。不同的家庭环境可能提供不同的学习资源、教育机会和支持程度。例如,来自经济条件较好的家庭的学生可能拥有更多的学习资源和机会。此外,家庭的教育方式、价值观和期望也可能对学生的学习成绩产生影响。

学生的社会经验也是影响他们学习成绩的重要因素。不同的社会经验可能导致学生在认知、情感和行为方面存在差异。例如,某些学生可能拥有更多的实践经验和社交技能,能够更好地适应学习和生活环境;而另一些学生则可能缺乏这些经验,导致他们在学习和生活中面临更多的困难和挑战。

(二)反思评价结果

在反思评价结果时,我们需要关注文化因素对成绩的影响,并考虑如何减少这些影响,提高评价的公平性和有效性。为了更准确地评价学生的学习成绩,我们需要深入了解他们的文化背景,包括他们的家庭环境、社会经验、语言习惯等方面。通过深入了解学生的文化背景,我们可以更好地理解他们的学习需求和困难,为他们提供个性化的教学和指导。

为了减少文化因素对成绩的影响,我们需要采用多元化的评价方式和标准。这包括采用多种评价工具和方法,如笔试、口试、作品展示等;同时,我们也需要考虑不同学科和领域的特殊性和差异性,制订更加符合学科特点的评价标准。通过多元化评价方式和标准,我们可以更全面地了解学生的学习情况和发展潜力,减少文化偏见和歧视的可能性。

师生之间的沟通和交流是减少文化因素对成绩影响的重要途径。通过加强师生之间的沟通和交流,我们可以更好地了解学生的需求和困难,为他们提供更加及时和有效的支持和帮助。同时,我们也可以通过交流和讨论,促进学生之间的交流,培养他们的跨文化交际能力。为了减少文化因素对成绩的影响,我们需要为学生提供平等的教育机会和资源。这包括提供平等的教学设施、教材和学习资源;同时,我们也需要关注家庭经济困难学生的教育问题,为他们提供更多的帮助和支持。通过提供平等的教育机会和资源,我们可以为学生创造更加公平和公正的学习环境,减少文化偏见和歧视的可能性。

第三节 跨文化交际能力的评价标准与方法

一、制订具体的跨文化交际能力评价标准

在教育领域,培养学生的跨文化交际能力已成为重要的教学目标之一。然而,要有效地培养学生的跨文化交际能力,首先需要制订一套具体、明确且可操作的评价标准。

(一)制订跨文化交际能力评价标准的原则

在制定跨文化交际能力评价标准时,应遵循以下原则:

1. 科学性。评价标准应基于跨文化交际的相关理论和实证研究,确保评价结果的客观性和准确性。

2. 全面性。评价标准应涵盖跨文化交际能力的各个方面,包括认知、情感和行为三个方面的要素。

3. 可操作性。评价标准应具有明确的指标和可量化的评分标准,便于教师和学生进行实际操作和评价。

4. 适应性。评价标准应适应不同文化背景和学科领域的特点,具有一定的灵活性和可扩展性。

(二)跨文化交际能力评价标准的具体内容

根据以上原则,我们可以制订以下具体的跨文化交际能力评价标准:

1. 认知能力评价标准

（1）文化意识：了解并尊重不同文化的价值观和习俗，避免文化偏见和歧视。

（2）文化敏感性：能够敏锐地察觉和识别不同文化背景下的交际信号和暗示。

（3）文化分析能力：能够分析和评价不同文化背景下的交际行为、策略和效果。

2. 情感能力评价标准

（1）文化认同感：能够认同和尊重不同文化的差异，保持开放和包容的心态。

（2）文化适应性：能够适应不同文化背景的交际环境，克服文化冲击和适应障碍。

（3）文化共情能力：能够理解和体验不同文化背景的人们的情感和需求，建立同理心。

3. 行为能力评价标准

（1）语言沟通能力：能够使用恰当的语言和表达方式与不同文化背景的人进行交流，避免语言障碍和误解。

（2）非语言沟通能力：能够运用适当的体态语言、面部表情和声音等非语言手段与不同文化背景的人进行交流。

（3）冲突解决能力：能够在跨文化交际中妥善处理冲突和分歧，寻求双方都能接受的解决方案。

（4）团队合作能力：能够在跨文化团队中有效合作，发挥个人优势并尊重他人意见。

（5）文化融合能力：能够促进不同文化背景的人们之间的融合和交流，推动文化的多样性和包容性发展。

(三)评价标准的应用与反馈

在实际教学中,教师可以根据这些评价标准来设计和组织跨文化交际的教学活动,如角色扮演、案例分析、小组讨论等。同时,教师也可以利用这些评价标准来评价学生的跨文化交际能力,为学生提供有针对性的反馈和指导。

评价标准的反馈机制是确保评价有效性和持续改进的关键。教师可以通过定期收集和分析学生的评价结果,了解学生在跨文化交际方面的优势和不足,并根据反馈结果调整教学策略和方法。此外,教师还可以通过与学生面对面地交流和讨论,了解他们对评价标准的看法和建议,以便进一步完善评价标准。

二、采用多样化的评价方法衡量跨文化交际能力

在教育领域,培养学生的跨文化交际能力已成为重要的教学目标。然而,如何准确、全面地衡量学生的跨文化交际能力,是一个具有挑战性的问题。

(一)多样化的评价方法

自我评估法是一种让学生对自己的跨文化交际能力进行自我评价的方法。通过设计问卷或量表,引导学生反思自己在跨文化交际中的表现,评估自己在不同维度上的能力水平。这种方法能够帮助学生更深入地了解自己的优势和不足,从而有针对性地提升跨文化交际能力。

角色扮演法是一种模拟真实跨文化交际场景的评价方法。通过设定特定的文化背景和交际任务,让学生扮演不同文化背景的角色,进行跨文化交际实践。教师可以观察学生在角色扮演中的表现,评估他们的语言沟通、非语言沟通、文化意识等方面的能力。这种方法能够让学生在实践中体验跨文化交际的复杂性,提高他们的跨文化交际能力。

案例分析法是通过分析真实的跨文化交际案例来评价学生的跨文化交际能力的方法。教师可以提供一系列跨文化交际案例，要求学生分析案例中的文化冲突、交际策略、解决方案等，并撰写分析报告。通过分析学生的报告，教师可以评估学生对跨文化交际问题的理解能力和分析能力。这种方法能够让学生接触到真实的跨文化交际场景，提高他们的实践能力和问题解决能力。

360度反馈法是一种从多个角度收集反馈信息评价学生的跨文化交际能力的方法。除了教师的评价外，还可以邀请同学、导师、实习单位负责人等参与评价，从多个角度了解学生的跨文化交际表现。通过汇总和分析不同来源的反馈信息，教师可以更全面地了解学生的跨文化交际能力水平，并为学生提供有针对性的指导和建议。

跨文化交际能力测试是一种通过标准化测试来衡量学生的跨文化交际能力的方法。这些测试通常包括语言测试、文化意识测试、冲突解决能力测试等，能够客观地评估学生在不同维度上的能力水平。通过参加这些测试，学生可以了解自己的跨文化交际能力水平，并据此制订提升计划。

（二）实施多样化评价方法的策略

在实施多样化评价方法时，首先需要明确评价的目标和标准。评价目标应该与教学目标相一致，确保评价能够反映学生的跨文化交际能力水平。评价标准应该具体、明确、可量化，便于教师和学生进行实际操作和评价。不同的评价方法适用于不同的教学场景和学生群体。因此，在选择评价方法时，需要结合实际情况进行考虑。例如，对于初学者或基础较差的学生，可以采用自我评估法和角色扮演法等方法来帮助他们建立基本的跨文化交际意识和能力；对于高年级或基础较好的学生，可以采用案例分析法、360度反馈法等方法来进一步提升他们的跨文化交际能力。

为了更全面地评价学生的跨文化交际能力，可以将多种评价方法结合使用。例如，在学期初可以采用自我评估法了解学生的基础水平；在教学过程中可以采用角色扮演法和案例分析法来提升学生的实践能力；在学期末可以采用跨文化交际能力测试和360度反馈法来全面评估学生的跨文化交际能力水平。评价不仅仅是为了了解学生的能力水平，更重要的是为了帮助他们提升跨文化交际能力。因此，在实施多样化评价方法时，需要注重反馈和指导。教师可以根据学生的评价结果，为他们提供有针对性的建议和指导，帮助他们明确自己的优势和不足，并制订提升计划。

三、运用真实或模拟的跨文化交际场景进行评价

在评估学生的跨文化交际能力时，采用真实或模拟的跨文化交际场景进行评价是一种行之有效的方法。这种方法能够让学生在较为真实的情境中展现其跨文化交际技能，从而更准确地反映其能力水平。

（一）真实或模拟跨文化交际场景的设计

在选择真实或模拟的跨文化交际场景时，应考虑学生的年龄、专业背景、语言水平以及实际应用的需求。场景可以涵盖商务会议、国际交流、旅游服务、教育合作等多个领域，确保学生能够在多样化的情境中展现其跨文化交际技能。场景设计应尽可能真实、具体，能够反映出不同文化背景的交际特点和挑战。在模拟场景中，可以通过角色扮演、情景模拟等方式来还原真实的跨文化交际情境。在真实场景中，可以组织学生参与国际交流活动、实地考察等，让学生在真实的跨文化交际环境中实践。

场景设置应充分考虑文化背景、交际任务、参与人员等要素。在模拟场景中，可以通过布置场景、准备道具、安排角色等方式来营造真实的跨文化交际氛围。在真实场景中，需要提前了解目的地的文化背景、习俗习惯等信息，以便更好地融入当地文化环境。

（二）运用真实或模拟跨文化交际场景进行评价的实施步骤

运用真实或模拟跨文化交际场景进行评价，需要安排实践活动。实践

活动可以包括角色扮演、情景模拟、国际交流、实地考察等多种形式。在实践活动中，教师应给予学生充分的指导和支持，确保学生能够在真实的或模拟的跨文化交际场景中充分展现其技能。

在实践活动过程中，教师需要仔细观察学生的表现，并记录关键信息。这些信息可以包括学生的语言沟通、非语言沟通、文化意识、文化适应、冲突解决等方面的表现。通过观察和记录，教师可以更准确地了解学生的跨文化交际能力水平。在实践活动结束后，教师需要对学生的表现进行分析和评估。分析和评估包括对学生跨文化交际能力的整体评价、对学生在不同维度上的表现进行评分或评级、分析学生在跨文化交际中存在的问题和不足等方面。通过分析和评估，教师可以更全面地了解学生的跨文化交际能力水平，并为学生提供有针对性的反馈和指导。

在分析和评估之后，教师需要向学生提供反馈和指导。反馈应具体明确，能够帮助学生了解自己的跨文化交际能力水平以及存在的问题和不足。指导应具体、有针对性，能够帮助学生制订提升计划并提升其跨文化交际能力。

（三）运用真实或模拟跨文化交际场景进行评价的优势与挑战

1. 优势

（1）真实性：真实或模拟的跨文化交际场景能够让学生在较为真实的情境中展现其跨文化交际技能，从而更准确地反映其能力水平。

（2）实践性：通过实践活动，学生能够亲身体验跨文化交际的过程和挑战，从而更深入地理解跨文化交际的复杂性和多样性。

（3）综合性：真实或模拟的跨文化交际场景能够涵盖跨文化交际的多个方面，从而更全面地评价学生的跨文化交际能力。

2. 挑战

（1）场景设计难度：设计真实或模拟的跨文化交际场景需要充分考虑文化背景、交际任务、参与人员等要素，难度较大。

（2）实施成本较高：实施真实或模拟的跨文化交际场景需要投入大量的人力、物力和财力，成本较高。

（3）评估难度：在真实或模拟的跨文化交际场景中，学生的表现可能受到多种因素的影响，如心理状态、环境因素等，因此评估难度较大。

四、鼓励学生自我评价和同伴评价，培养反思能力

在当今的教育环境中，培养学生的自我评价和同伴评价能力，以及反思能力，已成为教育的重要目标之一。这种能力不仅有助于学生更好地理解自己的学习过程和成果，还能促进他们的个人成长和全面发展。

（一）自我评价与同伴评价的重要性

1.增强学习动力。当学生有机会对自己的学习进行自我评价时，他们会更加关注自己的学习过程和成果，从而增强学习动力。此外，同伴评价也能促使学生从他人的角度审视自己的学习，发现自己的不足，并寻求改进方法。

2.培养自主学习能力。自我评价和同伴评价有助于学生培养自主学习能力。通过自我评价，学生可以了解自己的学习需求，制订学习计划，并调整学习策略。而同伴评价则能为学生提供不同的视角和建议，帮助他们更好地认识自己的学习状况。

3.促进反思能力的发展。反思能力是指个体对过去的经历进行回顾、分析和总结的能力。自我评价和同伴评价能够促使学生对自己的学习经历进行反思，思考自己的学习方法和效果，从而培养他们的反思能力。

（二）实施自我评价和同伴评价的策略

1.创设安全的评价环境

为了鼓励学生进行自我评价和同伴评价，教师需要创设一个安全的评价环境。在这个环境中，学生应该感到自由、放松，并且愿意分享自己的

想法和感受。教师可以通过以下方式来创设这样的环境：

（1）强调评价的目的是学习和成长，而不是批评和指责。

（2）尊重学生的个性和差异，允许他们有不同的观点和表达方式。

（3）为学生提供足够的支持和鼓励，让他们敢于表达自己的看法。

2. 设计明确的评价标准

为了让学生能够进行准确的自我评价和同伴评价，教师需要设计明确的评价标准。这些标准应该具体、可衡量，能够反映出学生的学习目标和要求。例如，在评价一篇作文时，教师可以从内容、结构、语言等方面设定评价标准，并给出具体的评分细则，使学生在进行自我评价和同伴评价时有一个明确的参照物。

3. 引导学生进行自我评价

教师可以通过以下方式引导学生进行自我评价：

（1）提问引导。教师可以提出一些开放性的问题，引导学生思考自己的学习过程和成果。例如："你觉得自己在这次任务中表现得如何？""你觉得自己在哪些方面做得比较好？哪些方面还需要改进？"

（2）自我反思。教师可以鼓励学生进行自我反思，回顾自己的学习经历，分析自己的优点和不足。通过反思，学生可以更深入地了解自己的学习情况，为未来的学习提供借鉴。

4. 促进同伴评价的开展

同伴评价能够为学生提供不同的视角和建议，有助于他们更全面地认识自己的学习状况。教师可以通过以下方式促进同伴评价的开展：

（1）分组讨论。教师可以将学生分成小组，让他们在小组内互相评价彼此的作品或表现。在讨论过程中，教师可以提供必要的指导和支持，确保评价的准确性和公正性。

（2）匿名评价。为了消除学生在评价过程中的顾虑和压力，教师可以采用匿名评价的方式。这样，学生就可以更自由地表达自己的看法和建议，不用担心被评价者产生负面情绪。

5.给予及时的反馈和指导

在学生完成自我评价和同伴评价后,教师需要给予及时的反馈和指导。反馈应该具体、有针对性,能够帮助学生了解自己的优点和不足,并提供改进的建议。同时,教师还应该鼓励学生积极接受他人的评价和建议,勇于面对自己的不足并寻求改进方法。

(三)培养反思能力的具体措施

1.教授反思方法。教师可以通过教授反思方法来帮助学生培养反思能力。例如,教师可以引导学生使用"五步反思法"来回顾自己的学习经历,即描述经历、识别感受、分析原因、提出解决方案和制订行动计划。通过这种方法,学生可以更系统地对自己的学习进行反思和总结。

2.提供反思机会。教师可以为学生提供更多的反思机会,例如在学习任务完成后要求学生写反思日记或总结报告。这些活动可以帮助学生更深入地思考自己的学习过程和成果,培养他们的反思能力。

3.鼓励批判性思维。批判性思维是反思能力的重要组成部分。教师可以通过引导学生对问题进行多角度思考、提出质疑和寻找证据等方式来培养他们的批判性思维。这种思维方式有助于学生更全面地认识问题并寻求最佳解决方案。

第四节 文化适应与英语教学评价的关联

一、分析文化适应在英语教学评价中的重要性

英语作为全球通用语言之一,其教学已经超越了单纯的语言学习范畴,而涉及文化、交际等多个方面。因此,在英语教学评价中,文化适应的重

要性日益凸显。

（一）文化适应在英语教学中的意义

文化适应在英语教学中具有重要意义。首先，它有助于学生更深入地理解英语语言和文化背景，提高语言学习的深度和广度。其次，文化适应能够培养学生的跨文化交际能力，使学生在国际交流中更加自信得体。最后，文化适应还有助于培养学生的全球视野和多元文化意识，为未来的发展奠定坚实基础。

（二）文化适应在英语教学评价中的重要性

英语教学评价不仅关注学生的语言知识掌握程度，还关注他们的语言运用能力和跨文化交际能力。文化适应作为跨文化交际能力的重要组成部分，能够反映学生在语言学习中的全面发展。通过对学生的文化适应能力进行评价，教师可以更全面地了解学生在英语学习中的优势和不足，为他们提供有针对性的指导和支持。

在英语教学中，培养学生的跨文化交际能力是一项重要任务。而文化适应是跨文化交际能力的基础。通过对学生的文化适应能力进行评价，教师可以了解学生在跨文化交际中的表现，发现他们在跨文化交际中存在的问题和不足，并引导他们积极改进。这样，学生的跨文化交际能力就能得到不断提高。

（三）如何在英语教学评价中关注文化适应

在英语教学评价中，需要设定明确的文化适应评价标准。这些标准应该包括学生对英语国家文化的了解程度、文化适应能力以及跨文化交际能力等内容。通过设定明确的评价标准，教师可以更准确地评估学生的文化适应能力，并为他们提供有针对性的指导。为了培养学生的文化适应能力，教师需要在英语教学中融入更多的文化元素，包括选择具有文化特色的教学内容、设计具有文化意义的教学活动以及利用多媒体等教学资源展示不同文化的特点和差异。通过融入文化元素的教学内容和活动，学生可以更深入地了解英语国家的文化习惯、价值观念和社会规范，提高他们的文化敏感性和适应能力。

参与跨文化交际实践是培养学生文化适应能力的重要途径。教师可以通过组织国际交流、模拟跨文化交际场景等活动，让学生亲身体验跨文化交际的过程和挑战。这些活动不仅能够帮助学生了解不同文化的特点和差异，还能培养他们的跨文化交际能力和全球视野。在英语教学评价中，教师需要及时反馈和评估学生的文化适应能力，可以通过课堂观察、作业分析、口语测试等方式进行。通过及时反馈和评估，教师可以了解学生在文化适应方面的表现和进步情况，并为他们提供有针对性的指导和支持。同时，学生也能更清楚地了解自己的文化适应能力水平，并制订相应的提升计划。

二、考查学生在评价过程中表现出的文化适应能力

教育不仅仅是知识的传授，更是对学生综合素质的培养，其中包括学生在面对不同文化背景时能够表现出的适应能力和尊重态度。在评价过程中，如何观察并评估学生的文化适应能力，成为教育工作者需要深入思考的问题。

（一）评价学生文化适应能力的意义

评价学生的文化适应能力，有助于教师更全面地了解学生的学习状态和发展潜力，为制订个性化的教育方案提供依据。同时，这也是促进学生跨文化交流、培养全球视野的重要途径。此外，通过评价，学生也能够更加清晰地认识到自己在文化适应方面的优点和不足，从而有针对性地提升自我。

（二）评价学生文化适应能力的维度

1.语言交流能力。语言是文化的重要载体，也是文化适应的基础。评

价学生的语言交流能力，可以观察其在不同文化背景下的口语表达和书面沟通能力。

2. 习俗理解能力。不同文化有着不同的社会习俗和行为规范。评价学生的习俗理解能力，可以观察其是否能够理解和尊重不同文化的习俗，避免产生文化冲突。

3. 跨文化交际能力。跨文化交际能力是学生文化适应能力的综合体现。评价学生的跨文化交际能力，可以观察其在多元文化背景下的社交技巧、合作能力和冲突解决能力。

（三）评价学生文化适应能力的方法

1. 观察法。通过观察学生在日常学习、生活中的表现，了解其文化适应能力的真实情况。教师可以记录学生的语言使用、习俗遵守、价值表达等方面的行为，并进行分析。

2. 问卷调查法。设计针对文化适应能力的问卷，让学生进行自我评估。问卷可以包含语言交流、习俗理解、价值认同、跨文化交际等方面的内容，以全面了解学生的文化适应能力。

3. 访谈法。通过与学生进行面对面的交流，深入了解其文化适应能力的具体情况。教师可以就学生的语言使用、习俗理解、价值认同等方面的内容进行提问，并倾听学生的回答。

4. 项目评价法。结合具体的学习项目或实践活动，评价学生的文化适应能力。教师可以设计一些需要学生在多元文化背景下完成的任务或项目，观察学生在完成任务过程中的表现。

（四）提升学生文化适应能力的策略

1. 加强文化教育。通过课堂教学、课外活动等多种途径，加强学生对不同文化的了解和认识。教师可以介绍不同文化的历史、习俗、价值观等方面的知识，帮助学生形成开放、包容的文化心态。

2. 创设多元文化环境。在学校中创设多元文化环境，让学生在实践中感受不同文化的魅力。学校可以组织一些跨文化交流活动，如国际文化节、语言角等，让学生有机会与来自不同文化背景的人进行交流。

3.培养跨文化交际能力。通过模拟真实场景、角色扮演等方式，培养学生的跨文化交际能力。教师可以设计一些需要学生运用语言交流、习俗理解、价值认同等能力来解决问题的任务或项目，让学生在实践中提升文化适应能力。

4.鼓励自我反思。鼓励学生进行自我反思，发现自己的文化适应能力的优点和不足，并制订相应的提升计划。教师可以通过定期的自我评估、小组讨论等方式，引导学生深入思考自己的文化适应能力问题。

第五节 跨文化交际视角下的英语教学评价体系构建

一、明确跨文化交际在英语教学评价中的指导地位

在英语教学评价中，明确跨文化交际的指导地位，不仅有助于提升英语教学质量，更能培养出适应全球化时代需求的英语人才。

（一）英语教学评价的现状与问题

当前，英语教学评价在很大程度上仍然以语言知识的掌握程度为主要评价标准，忽视了跨文化交际能力的培养。这种评价方式存在以下问题：

1.评价内容单一。传统的英语教学评价往往只关注学生的词汇量、语法知识和阅读能力等语言技能方面，而忽视了学生在跨文化交际中的实际表现。

2.评价方法片面。现有的英语教学评价多采用笔试形式，难以全面评估学生的跨文化交际能力。此外，传统的评价方式往往只关注学生的个人表现，忽视了学生在团队合作和互动中的表现。

3. 评价目的的偏离。一些英语教学评价过于追求分数和成绩，忽视了对学生跨文化交际能力的培养和提升。这种评价方式容易使学生产生应试心理，忽视对实际交际能力的培养。

（二）跨文化交际在英语教学评价中的指导地位

为了解决上述问题，我们需要明确跨文化交际在英语教学评价中的指导地位。具体而言，可以从以下几个方面入手：

1. 评价内容多元化。在英语教学评价中，除了关注语言技能方面的掌握程度外，还应注重对学生跨文化交际能力的评估。这包括学生对不同文化的理解、尊重和适应能力，以及在国际交流中的实际表现等方面。

2. 评价方法多样化。为了全面评估学生的跨文化交际能力，我们需要采用多样化的评价方法。除了传统的笔试形式外，还可以结合口语测试、角色扮演、小组讨论等多种方式，更加真实地反映学生的跨文化交际能力。

3. 评价目的明确化。英语教学评价的目的应该是促进学生的全面发展，而不是仅仅追求分数和成绩。因此，在评价过程中，我们应该注重对学生跨文化交际能力的培养和提升，鼓励他们在国际交流中积极展现自己的才华和魅力。

（三）实践策略

为了明确跨文化交际在英语教学评价中的指导地位并付诸于实践，我们可以采取以下实践策略：

1. 加强教师培训。教师是英语教学评价的重要执行者，他们的跨文化交际能力将直接影响学生的学习效果。因此，我们需要加强对教师的培训，提高他们的跨文化交际意识和能力，以便更好地指导学生进行跨文化交际实践。

2. 完善评价体系。我们需要建立完善的英语教学评价体系，将跨文化交际能力的培养纳入评价范畴。在评价过程中，我们应该注重对学生实际表现的评估，并结合多种评价方式和方法，全面反映学生的跨文化交际能力。

3. 创设多元文化环境。为了培养学生的跨文化交际能力，我们需要为他们提供一个多元文化的学习环境。学校可以组织国际文化节、英语角等活动，让学生接触和了解不同文化，从而增强他们的跨文化意识和能力。

4. 鼓励学生参与国际交流。参与国际交流是提升学生跨文化交际能力的重要途径。学校可以积极组织国际交流活动，如留学、国际志愿者活动等，让学生亲身体验不同文化背景下的生活和学习方式，从而提升他们的跨文化交际能力。

二、构建融合跨文化交际能力的多维评价体系

构建一个融合跨文化交际能力的多维评价体系，对于全面、准确地评估学生的英语综合应用能力，以及指导英语教学改革，具有十分重要的意义。

（一）多维评价体系的构建原则

在构建融合跨文化交际能力的多维评价体系时，应遵循以下原则：

1. 全面性原则。评价体系应涵盖跨文化交际能力的各个方面，包括语言技能、文化意识、交际策略等，以全面评估学生的英语综合应用能力。

2. 科学性原则。评价体系应基于科学的理论和方法，采用客观、公正的评价指标和评价方法，确保评价结果的准确性和有效性。

3. 实践性原则。评价体系应紧密结合英语教学实践，反映学生的实际需求和发展方向，为英语教学改革提供有力支持。

4. 发展性原则。评价体系应关注学生的全面发展，鼓励学生在跨文化交际能力的各个方面不断进步和提高。

（二）多维评价体系的构建

基于上述原则，我们可以构建一个融合跨文化交际能力的多维评价体

系，该体系包括以下几个方面：

语言技能评价是英语教学评价的基础，也是跨文化交际能力评价的重要组成部分。在语言技能评价中，我们可以采用传统的笔试形式，如听力测试、阅读理解、写作等，以评估学生的语言理解和表达能力。同时，我们还应注重口语测试，通过模拟真实场景、角色扮演等方式，评估学生的口语表达能力和交际能力。

文化意识评价是跨文化交际能力评价的关键环节。在文化意识评价中，我们可以通过问卷调查、案例分析、文化讨论等方式，评估学生对不同文化的了解、理解和尊重程度。例如，我们可以设计一些涉及文化差异的问题或情境，让学生进行分析和讨论，以了解他们的文化意识和跨文化交际能力。交际策略评价是评估学生实际交际能力的重要环节。在交际策略评价中，我们可以通过观察学生在交际过程中的表现，如礼貌用语的使用、非言语交际的运用等，来评估他们的交际策略运用能力。此外，我们还可以结合学生的自我反思和同伴评价等方式，全面了解他们的交际策略运用情况。

综合性评价是对学生英语综合应用能力的全面评估。在综合性评价中，我们可以将语言技能评价、文化意识评价和交际策略评价相结合，形成一个全面的评价结果。我们可以根据学生的表现，从语言技能、文化意识、交际策略等方面给出具体的评价意见和建议，帮助他们了解自己的优点和不足，从而有针对性地提高自己的跨文化交际能力。

（三）实施策略与建议

1. 加强教师培训。教师是评价体系实施的关键。通过加强教师培训，提高他们对跨文化交际能力的认识和重视程度，以及掌握科学的评价方法和技巧，将有助于更好地实施多维评价体系。

2. 完善评价工具。开发和完善适合多维评价体系的评价工具，如测试题库、评价量表等，将有助于提高评价的客观性和准确性。

3. 注重过程性评价。在评价过程中，应注重对学生学习过程的观察和记录，以及对学生进步的及时反馈和鼓励，激发他们的学习积极性和自信心。

4.加强家校合作。加强与家长的沟通和合作，让家长了解评价体系的内容和目的，共同关注和支持学生的英语学习和人能力发展。

三、确保评价体系的科学性、公正性和有效性

在教育领域中，评价体系是衡量学生学习成果、教师教学质量以及学校整体教育水平的重要工具。一个科学、公正、有效的评价体系不仅能够客观反映学生的真实水平，还能为教师提供有针对性的教学反馈，促进教育质量的持续提升。然而，要确保评价体系的科学性、公正性和有效性，并非易事，需要我们从多个方面进行深入探讨和实践。

（一）评价体系的科学性

科学性是评价体系的基石，它要求评价体系必须基于科学的教育理论、心理学原理和统计方法，确保评价结果的客观性和准确性。为了确保评价体系的科学性，我们可以从以下几个方面入手：

1.明确评价目标。评价体系的设计应首先明确评价目标，即要评价什么、为什么评价以及评价的结果将如何被使用。只有明确了评价目标，才能有针对性地设计评价内容、方法和标准。

2.选择合适的评价方法。评价方法的选择应基于评价目标和评价对象的特点。例如，对于语言技能的评价，可以采用笔试、口试等多种方法相结合；对于跨文化交际能力的评价，需要结合文化意识、交际策略等多个方面进行综合评估。

3.制订科学的评价标准。评价标准是评价体系的核心，它决定了评价结果的准确性和可靠性。制订评价标准时，应充分考虑评价目标的要求和评价对象的实际情况，确保评价标准的客观性、公正性和可操作性。

4.使用统计方法进行数据分析。在收集评价数据后，应使用科学的统计

方法进行数据分析，以得出准确的评价结果。例如，可以使用描述性统计方法分析数据的分布情况，使用推断性统计方法检验不同组别之间的差异等。

（二）评价体系的公正性

公正性是评价体系的生命线，它要求评价体系在评价过程中不偏不倚、公平对待所有评价对象。为了确保评价体系的公正性，我们可以从以下几个方面入手：

1. 避免主观偏见。评价者在评价过程中应尽量避免主观偏见的影响，确保评价结果的客观性。为此，可以采用匿名评价、多人评价等方式来减少主观偏见的影响。

2. 确保评价标准的一致性。评价标准的一致性是确保评价公正性的重要保障。在制订评价标准时，应确保各项标准之间的协调性和一致性，避免出现相互矛盾或重复的情况。

3. 公开透明。评价体系的公开透明是确保公正性的重要手段。评价者应将评价过程、方法和结果向评价对象和相关人员公开，接受监督和质询，以确保评价过程的公正性和结果的可靠性。

4. 平等对待所有评价对象。在评价过程中，应平等对待所有评价对象，不因个人背景、能力等因素而有所偏袒或歧视。同时，也应关注弱势群体的特殊需求，确保他们在评价过程中得到公平对待。

（三）评价体系的有效性

有效性是评价体系的最终目标，它要求评价体系能够真实反映评价对象的实际情况，为教育教学提供有价值的反馈。为了确保评价体系的有效性，我们可以从以下几个方面入手：

1. 关注评价结果的实用性。评价结果的实用性是衡量评价体系有效性的重要指标。评价结果应能够为教师提供有针对性的教学反馈，帮助学生了解自己的优点和不足，促进他们的全面发展。

2. 持续改进评价体系。评价体系是一个不断完善的过程。在实践中，我们应不断总结经验教训，发现评价体系存在的问题和不足，并及时改进和完善。通过持续改进评价体系，我们可以确保评价体系可以更好地适应教育教学发展的需要。

3. 加强评价结果的沟通和反馈。评价结果的沟通和反馈是确保评价体系有效性的重要环节。评价者应及时将评价结果反馈给评价对象和相关人员，并与他们进行充分的沟通和交流，帮助他们了解评价结果的含义和价值，并制订相应的改进措施。

4. 多元化评价手段的运用。为了更全面地了解评价对象的实际情况，我们可以采用多种评价手段相结合的方式。例如，可以采用定量评价和定性评价相结合的方式，运用问卷调查、访谈、观察等多种方法收集评价数据，以确保评价结果的全面性和准确性。

四、不断反思和完善基于跨文化交际的教学评价体系

基于跨文化交际的教学评价体系，旨在全面、准确地评估学生在跨文化交际方面的学习成果，为教学提供有针对性的反馈，促进学生跨文化交际能力的持续提升。然而，教学评价体系的构建并非一蹴而就，需要我们在实践中不断反思和完善。

（一）反思的必要性

在跨文化交际教学评价体系的构建过程中，反思是不可或缺的一环。通过反思，我们可以发现评价体系存在的问题和不足，有针对性地进行改进和完善。随着全球化的深入发展，跨文化交际教学的需求也在不断变化。我们需要通过反思，了解当前评价体系是否适应这些变化，是否能够满足学生的实际需求。反思有助于我们发现评价过程中存在的问题和不足，如评价标准是否明确、评价方法是否科学、评价数据是否可靠等。通过改进这些问题，我们可以提升评价质量，使评价结果更加准确、客观。

教学评价体系的目的之一是为教学提供反馈。通过反思评价体系的实施情况，我们可以了解教学效果如何，以及哪些方面需要改进。这有助于教师针对性地调整教学策略，提升教学质量。

（二）完善的内容

在反思的基础上，我们需要对基于跨文化交际的教学评价体系进行完善。评价目标是评价体系的核心。我们需要明确评价学生在跨文化交际方面的哪些能力或素质，有针对性地设计评价内容和方法。同时，评价目标应与教学目标相一致，确保评价能够真正反映学生的学习成果。

评价标准是评价体系的依据。我们需要根据评价目标，制订具体、明确、可操作的评价标准。评价标准应具有客观性、公正性和一致性，确保评价结果的可靠性和有效性。同时，我们还需要关注评价标准的科学性和合理性，确保评价能够真实反映学生的跨文化交际能力。

评价方法是评价体系的手段。我们需要采用多种评价方法相结合的方式，全面准确地评估学生的跨文化交际能力。例如，可以采用笔试、口试、角色扮演、案例分析等多种方法进行评价。同时，我们还需要关注评价方法的可操作性和实用性，确保评价过程能够顺利进行。评价数据的收集与分析是评价体系的重要组成部分。我们需要建立完善的评价数据收集系统，及时、准确地收集评价数据。同时，我们还需要运用科学的统计方法对评价数据进行分析，以得出准确的评价结果。通过对评价数据的分析，我们可以了解学生在跨文化交际方面的优势和不足，为教学提供有针对性的反馈。

（三）实施策略

建立有效的反馈机制是完善评价体系的关键。我们需要及时将评价结果反馈给教师和学生，并与他们进行充分的沟通和交流。通过反馈机制，我们可以了解教师和学生对评价体系的看法和建议，为完善评价体系提供有益的信息。

教师是评价体系实施的关键。我们需要加强教师培训，提高他们对跨文化交际教学的认识和重视程度。同时，我们还需要培养教师掌握科学的评价方法和技巧，使他们能够更好地实施评价体系。学生是评价体系的主体。我们需要鼓励学生积极参与评价过程，发表自己的看法和建议。通过学生的参与，我们可以更好地了解学生的需求和期望，为完善评价体系提供有益的参考。

评价体系是一个不断完善的过程。在实践中，我们需要不断总结经验教训，发现评价体系存在的问题和不足，并及时进行改进和创新。通过持续改进和创新，我们可以使评价体系更加完善、科学、有效。

参考文献

[1] 朱芬，邵静. 基于跨文化交际的大学英语教学模式建构 [M]. 成都：四川大学出版社, 2019.

[2] 陈爱玲. 跨文化交际语境下的大学英语教学探究 [M]. 北京：中国书籍出版社, 2021.

[3] 熊文熙，范俊玲，肖玲. 大学英语教学与跨文化交际能力培养研究 [M]. 北京：华文出版社, 2021.

[4] 黄小琴. 跨文化交际语境下大学英语教学生态体系的构建 [M]. 中国原子能出版社, 2023.

[5] 许丽云，刘枫，尚利明. 大学英语教学的跨文化交际视角研究与创新发展 [M]. 北京：中国商务出版社, 2020.

[6] 王静. 跨文化交际视域下大学英语教学理论与实践融合研究 [M]. 北京：中国书籍出版社, 2022.

[7] 何树勋. 跨文化交际下的大学英语教学改革模式研究 [M]. 成都：四川大学出版社, 2019.

[8] 张鑫，张波，胡小燕. 跨文化交际视阈下大学英语教学理论构建与创新路径 [M]. 长春：吉林大学出版社, 2020.

[9] 杨玲梅. 多元背景下的大学公共英语教学与跨文化交际研究 [M]. 北

京：北京工业大学出版社,2019.

[10]高旭峰.跨文化交际与大学英语教学理论与实践研究[M].延吉：延边大学出版社,2022.

[11]蒋文玲,戴明姝,于蓓蓓.跨文化交际与大学英语教学研究[M].天津：天津科学技术出版社,2017.

[12]伍伟.跨文化交际与大学英语教学研究[M].长春：吉林大学出版社,2017.

[13]薛少一,李轶.基于跨文化交际的大学英语教学研究[M].长春：东北师范大学出版社,2017.

[14]吴桂先.跨文化交际视角下大学英语文化教学的理论与实践[M].哈尔滨：哈尔滨出版社,2023.

[15]刘茜雯.大学英语跨文化交际教学理论解读与方法[M].长春：吉林人民出版社,2019.

[16]拜晋慧,赵群.跨文化交际与大学英语翻译教学[M].北京：北京工业大学出版社,2017.

[17]韩璐.跨文化交际能力背景下的大学英语教学探索[M].长沙：中南大学出版社,2018.

[18]张彩霞.跨文化交际视角下大学英语教学的改革[M].北京：中国水利水电出版社,2018.

[19]张琼芳,吴锦文,王向菲.基于跨文化交际人才培养的大学英语阅读与翻译教学研究[M].吉林出版集团股份有限公司,2019.

[20]赵思佳.跨文化交际视角下的大学英语教学[M].北京：北京燕山出版社,2017.

[21]邱晓芬.跨文化交际背景下的大学英语教学研究[M].天津：天津科学技术出版社,2017.

[22]李欣.跨文化交际视域下的大学英语教学[M].长春：吉林文史出版

社, 2016.

[23] 袁春. 跨文化交际视域下的大学英语教学 [M]. 武汉：湖北科学技术出版社, 2015.

[24] 袁彩荣. 大学英语翻译教学中跨文化交际能力的培养探究 [M]. 长春：吉林大学出版社, 2016.

[25] 史艳云. 大学英语中的跨文化交际 [M]. 长春：吉林人民出版社, 2020.

[26] 王冬梅. 大学英语教学的跨文化教育探析 [M]. 长春：吉林科学技术出版社, 2021.

[27] 郭晶晶. 跨文化交际与英语教学的融合研究 [M]. 北京：北京工业大学出版社, 2019.

[28] 邓军莉. 英语思维与跨文化交际能力探索 [M]. 长春：吉林出版集团股份有限公司, 2023.

[29] 朱慧阳. 英语教学与跨文化交际研究 [M]. 长春：吉林出版集团股份有限公司, 2021.

[30] 路梅, 宫昀. 跨文化交际理论与英语教学模式研究 [M]. 天津：天津科学技术出版社, 2023.

[31] 李婷. 跨文化交际研究与高校英语教学创新探索 [M]. 北京：九州出版社, 2019.

[32] 霍然. 跨文化英语教学研究 [M]. 吉林出版集团股份有限公司, 2019.